O LUGAR DO FANDANGO CAIÇARA
PATRIMÔNIO, RITUAL E DIREITOS HUMANOS

Editora Appris Ltda.
1.ª Edição - Copyright© 2024 da autora
Direitos de Edição Reservados à Editora Appris Ltda.

Nenhuma parte desta obra poderá ser utilizada indevidamente, sem estar de acordo com a Lei nº 9.610/98. Se incorreções forem encontradas, serão de exclusiva responsabilidade de seus organizadores. Foi realizado o Depósito Legal na Fundação Biblioteca Nacional, de acordo com as Leis nos 10.994, de 14/12/2004, e 12.192, de 14/01/2010.

Catalogação na Fonte
Elaborado por: Dayanne Leal Souza
Bibliotecária CRB 9/2162

R696l 2024	Rodrigues, Carmem Lúcia 　　O lugar do Fandango Caiçara: patrimônio, ritual e direitos humanos / Carmem Lúcia Rodrigues. – 1. ed. – Curitiba: Appris, 2024. 　　　257 p. : il. color. ; 23 cm. (Coleção Ciências Sociais). 　　　Inclui referências. 　　　ISBN 978-65-250-6167-2 　　1. Fandango Caiçara. 2. Ritual. 3. Patrimônio cultural. 4. Direitos humanos. I. Rodrigues, Carmem Lúcia. II. Título. III. Série. 　　　　　　　　　　　　　　　　　　　　　　　　　　CDD – 323

Livro de acordo com a normalização técnica da ABNT

Appris editora

Editora e Livraria Appris Ltda.
Av. Manoel Ribas, 2265 – Mercês
Curitiba/PR – CEP: 80810-002
Tel. (41) 3156 - 4731
www.editoraappris.com.br

Printed in Brazil
Impresso no Brasil

Carmem Lúcia Rodrigues

O LUGAR DO FANDANGO CAIÇARA
PATRIMÔNIO, RITUAL E DIREITOS HUMANOS

FICHA TÉCNICA

EDITORIAL	Augusto Coelho
	Sara C. de Andrade Coelho
COMITÊ EDITORIAL	Marli Caetano
	Andréa Barbosa Gouveia - UFPR
	Edmeire C. Pereira - UFPR
	Iraneide da Silva - UFC
	Jacques de Lima Ferreira - UP
SUPERVISOR DA PRODUÇÃO	Renata Cristina Lopes Miccelli
ASSESSORIA EDITORIAL	William Rodrigues
REVISÃO	Stephanie Ferreira Lima
PRODUÇÃO EDITORIAL	Adrielli de Almeida
DIAGRAMAÇÃO	Jhonny Alves dos Reis
CAPA	João Vitor

COMITÊ CIENTÍFICO DA COLEÇÃO CIÊNCIAS SOCIAIS

DIREÇÃO CIENTÍFICA Fabiano Santos (UERJ-IESP)

CONSULTORES
- Alícia Ferreira Gonçalves (UFPB)
- Artur Perrusi (UFPB)
- Carlos Xavier de Azevedo Netto (UFPB)
- Charles Pessanha (UFRJ)
- Flávio Munhoz Sofiati (UFG)
- Elisandro Pires Frigo (UFPR-Palotina)
- Gabriel Augusto Miranda Setti (UnB)
- Helcimara de Souza Telles (UFMG)
- Iraneide Soares da Silva (UFC-UFPI)
- João Feres Junior (Uerj)
- Jordão Horta Nunes (UFG)
- José Henrique Artigas de Godoy (UFPB)
- Josilene Pinheiro Mariz (UFCG)
- Leticia Andrade (UEMS)
- Luiz Gonzaga Teixeira (USP)
- Marcelo Almeida Peloggio (UFC)
- Maurício Novaes Souza (IF Sudeste-MG)
- Michelle Sato Frigo (UFPR-Palotina)
- Revalino Freitas (UFG)
- Simone Wolff (UEL)

Para Carlos Rodrigues Brandão
encantado em 2023

AGRADECIMENTOS

Lembrar-me de todas as pessoas que, direta ou indiretamente, ajudaram-me na pesquisa de campo e contribuíram para que eu pensasse e redigisse este trabalho não é tarefa fácil.

Sou especialmente grata a um amigo muito querido que acabou "virando" meu orientador: o *saudoso* Carlos Rodrigues Brandão. Inúmeras páginas deste livro não bastariam para expressar minha admiração pela pessoa extraordinária que ele sempre foi (e continuará sendo, em outras *paragens por onde ele certamente continua a peregrinar...*). Sinto-me honrada por tudo o que aprendi e por tantos momentos especiais que partilhamos desde 1995, quando nos conhecemos na Unicamp. Por sua costumeira gentileza, por suas orientações decisivas durante nossas caminhadas pelas estradinhas de terra no sul de Minas, pela leitura atenta às várias versões deste trabalho, sou muito agradecida.

Ao amigo e antropólogo, Johnny (John Comerford), por suas sugestões bibliográficas, pela atenção e pelo apoio a esta minha "conversão" à Antropologia, durante a qual, inevitavelmente, inspirei-me muito na dele, concluída há bem mais tempo.

Às pessoas e às famílias que me acolheram gentilmente em suas casas nas regiões da Juréia e no município de Cananéia no Vale do Ribeira (SP) ou que me acompanharam e me apoiaram em campo. Invariavelmente, elas foram pacientes e atenciosas diante das minhas indagações-sem-fim. Certamente, esquecerei alguém aqui, mas não posso deixar de registrar meu respeito e admiração por: Dona Nancy (saudosa) e Seo Onésio (além da vasta parentela dos *Prado*), Dauro e Zeli, Mariana e Marquinhos, Glórinha e Reineval, Cleiton e Adriana, Adriana Lima e Paulinho da União dos Moradores da Juréia (UMJ), Seo Carlos do Prelado, Dalva e Pedro, Zenélio, Luís Adilson, Dona Maria das Neves, Seo Angelo do Acaraú, Elvaristinho e Cleusa, Marquinho Pio da Barra do Una, Seo Nico e Dona Elizabeth, Seo Altino e Raul do Prelado, Beth e Seo Toninho, Juliana, Tiago, Vadico, Paulinho do Agrossolar, os jovens Pedrinho, Heber, Gilson e demais membros do grupo Jovens da Juréia, Izidoro e toda a *família Neves* da Ilha do Cardoso, Nelsinho do Rocio e esposa, Ezequiel e Iracema, Ilton e Márcia, Seo Florêncio da Vila Nova, Ciro e Nerci, Zé Pereira. Algumas dessas pessoas infelizmente já "partiram", mas estarão sempre vivas na minha memória e no meu coração. O mundo tal como hoje vejo tem muito do "deles" e "delas".

À minha mãe, Adyr A. B. Rodrigues, por seu estímulo constante à minha formação acadêmica e por sempre me acompanhar, de perto ou de longe, pelos caminhos que percorri até chegar aqui.

Finalmente, quero agradecer de maneira especial ao amigo e companheiro de luta, o advogado André Luiz Ferreira da Silva (o *Léco*). Ele esteve ao meu lado o tempo todo durante a pesquisa em campo e me apoiou incondicionalmente, de diversas maneiras, ao longo deste trabalho. Com ele aprendi muito, em especial, ao observar seu comprometimento com a defesa dos direitos das comunidades tradicionais no Vale do Ribeira (SP).

E o meu caminho começa

*nessa franja solitária
no limite sem vestígio,
na translúcida muralha
que opõe o sonho vivido
e a vida apenas sonhada.
(Cecília Meireles)*

PREFÁCIO

Escrita há dez anos, a tese de doutorado de Carmem Lúcia Rodrigues sobre o fandango caiçara tem agora sua publicação em forma de livro sem perder sua atualidade. É fruto de uma trajetória de inquietações e engajamentos da autora que a levaram da agronomia à geografia e à Antropologia e do interior de São Paulo ao Ceará, Alemanha, Índia e de volta a São Paulo, no Vale do Ribeira — guiada nesse retorno pela inspiração sempre presente de Carlos Rodrigues Brandão, seu orientador. A publicação é muito oportuna, para que o extenso e sensível trabalho de pesquisa de Carmem Lúcia seja disponibilizado para um público mais amplo que já acompanha ou que virá a acompanhar, depois da leitura, a luta dos caiçaras. Em um momento em que é cada vez mais evidente a importância, para o futuro de nós todos, da afirmação política, ecológica e existencial dos modos de vida de povos e comunidades tradicionais, quilombolas, camponesas, das florestas, das águas e dos campos vêm a calhar trabalhos como esse que abordam a complexidade e a delicadeza das resistências e reinvenções desses povos.

Baseado em uma grande familiaridade com a região e um envolvimento pessoal e político com as comunidades, a relação da autora com o fandango caiçara não é de uma apreciação distanciada, purificadamente estética ou exotizante, mas se centra na busca de entender como dançar, tocar e cantar fandango está implicado por dentro com o agenciamento de um modo de existir próprio, enraizado, dinâmico, mutável e demandando um território que é o tempo todo multiplamente disputado, numa luta desigual que vem se articulando há décadas e continua intensa.

O ponto de partida do interesse da autora pelo fandango tem a ver justamente com a constatação de seu "reaparecimento", a partir do início dos anos 2000, num momento em que pouco se falava publicamente dele. O fandango, remetido ao "antigamente", havia aparentemente como que sumido junto com as dificuldades de realização das formas tradicionais de trabalho e sociabilidade dos caiçaras, dificuldades resultantes dos obstáculos criados por políticas ambientais brutalmente excludentes e pressões diversas sobre os territórios e a produção das roças e da pesca. Mas a autora constatou que pessoas e famílias distribuídas pelas comunidades e bairros da região guardavam o saber dançar, tocar, cantar e festar pronto para "reaparecer" em uma nova e dinâmica articulação de pessoas, instituições, lugares e calendários, assim que surgisse a oportunidade. Com isso, estavam dadas as condições para o fandango se reposicionar no centro de uma afirmação e atualização dos modos de existência constitutivos dessas famílias e comunidades.

Por meio da pesquisa de Carmem Lúcia, somos introduzidos a uma região ecologicamente riquíssima, marcada por uma história de mineração, de plantations, de construção de grandes estradas, de interesses imobiliários. Mas marcada também por uma história de descendentes de escravizados, indígenas e brancos pobres empenhados na complexa construção — em oposição ao estilo de vida das grandes plantações monocultoras e agroexportadoras e das cidades, espaços de domínio dos brancos poderosos —, de um modo de habitar as florestas, rios, estuários e mares que constituiu um equilíbrio bastante próprio e permitiu que a região se mantivesse com uma importante área de mata atlântica, em meio à devastação dessa floresta no Sul e Sudeste brasileiros. O que, por sua vez, paradoxalmente, fez com que políticas ambientalistas gestadas no regime autoritário e parcialmente mantidas se voltassem contra os principais responsáveis por esse equilíbrio e pela presença ali dessas florestas em pleno século XX. Isso resultou na expropriação de seus territórios e das condições para exercer os seus saberes, reforçando as visões preconceituosas e simplistas sobre esses povos e ampliando os ataques à sua dignidade.

Talvez esteja especialmente nesse ponto uma das contribuições mais interessantes do trabalho que o leitor tem em mãos: se o ataque que sofrem os caiçaras tende a destruir a delicada relação que constituíram com a floresta, o mar, o território e o trabalho na roça e na pesca, a pesquisa situa o plano da dignidade como algo central, do ponto de vista dessas famílias, e dá grande peso a esse aspecto para a compreensão da importância da retomada do fandango e de seu modo próprio de festar, que não se separa do curar e do rezar. Se os relatos apontam o fandango como algo tradicionalmente bastante associado ao trabalho em mutirão nas roças, a sua retomada em outros contextos em que não está em jogo essa associação — festas nas casas, bailes nas periferias das cidades da região, festivais promovidos por instituições do associativismo caiçara, pelo governo do estado ou por pontos de cultura apoiados pelo governo federal — parece tirar sua força maior da importância, para os que sabem tocar, cantar e dançar o fandango, da expressão de respeitabilidade inerente a esse saber. Passado de pai para filho, o saber do fandango, que pode se estender também à produção dos instrumentos, tem em seu cerne a construção ética de um saber sacrificar-se tocando e cantando por horas e horas até o dia raiar, sem atentar à dor e ao cansaço e aberto a um "esquecer-se de si" levado pela toada da música, tudo isso no contexto de expressões de respeito ao Santo. Na festa e na dança, entre mulheres e homens, o exercício de uma postura respeitosa e de alegria contida, marcada mais pelo café do que pelo álcool (ainda que a presença desse para os homens esteja implícita, apenas supostamente oculta, mas sempre limitada), sem nunca deixar de ser também espaço para o flerte e o namoro codificados, tudo isso resultando na realização de um congraçamento que apresenta o respeito como valor e idealmente evita e contorna a violência (sempre um risco com o qual se joga ao festar).

Se no cerne do fandango está a expressão ritual do respeito — tal como nos traz a autora ao explorar a vasta bibliografia antropológica sobre rituais —, é numa diversidade de novos contextos que esse ritual será realizado, trazendo novas questões e complexidades. Aqui, Carmem Lúcia vai nos guiar pelos caminhos do reaparecimento ou revivescimento do fandango, a partir do delicado e importante incentivo propiciado pelo trabalho na região do Museu Vivo do Fandango e das fontes mais orgânicas desse saber preservadas em famílias, comunidades e pessoas específicas, na área rural bem como em espaços nas periferias urbanas onde vivem caiçaras expropriados de seus lugares na mata e na roça. E daí nos conduz a todo um circuito de espetacularização e realização de festividades públicas, que envolve uma considerável dose de mal-entendidos ou traduções potencialmente e descontroladamente equívocas, passando por noções de folclore ou de patrimônio que tendem a congelar ou enrijecer uma linguagem ritual relacional e dinâmica. Essa linguagem para ser bem expressa exige um tempo que nem sempre é compatível com os calendários e ritmos de projetos e programas burocratizados, nem sempre é inteligível para um "público" com uma postura tendencialmente alheia e nem sempre é enquadrável numa lógica de patrimonialização que pode ter dificuldades de acompanhar a dinâmica renovada que se instaurou.

Mas mesmo apontando as dificuldades e contradições inerentes a essas novas redes de eventos, públicos, agentes e enquadramentos, Carmem Lúcia, ao nos apresentar os agentes de perto e os eventos por dentro, mostra-nos a força que os encontros e reencontros dos fandangueiros assumiram, ao rearticular e expressar o senso de dignidade inerente à festa, ao canto, à dança, à reza e à cura. Mostra o fandango caiçara não só potencializando agenciamentos no âmbito da luta fundamental e persistente por território e por reconhecimento político e jurídico, mas também, talvez principalmente, potencializando um estilo de troca e de disciplina ética e espiritual, de alegria contida e de evitação da violência, um saber fazer respeito, que o modo de viver caiçara tem, entre outras coisas, para nos ensinar.

Professor doutor John Comerford
Programa de Pós-Graduação em Antropologia Social
Museu Nacional/Universidade Federal do Rio de Janeiro (UFRJ)

SUMÁRIO

NOTAS PRELIMINARES 17

INTRODUÇÃO 31

PARTE I
MOVIMENTOS DO FANDANGO NO VALE DO RIBEIRA (SP) EM TEMPOS DE "*APERTO*" 43

CAPÍTULO 1
SE NÃO ERA CAIÇARA, CAIÇAROU: A NATUREZA DO "TRADICIONAL" E A IDENTIDADE SOB SUSPEIÇÃO 45

CAPÍTULO 2
MULTICULTURALISMOS, AS LEIS DOS OUTROS E O DIREITO À DIFERENÇA 75

PARTE II
ETNOGRAFIA DO FANDANGO CAIÇARA 91

CAPÍTULO 3
"*ENTRALHANDO A REDE*" DO FANDANGO 93

CAPÍTULO 4
FANDANGO COMO "MUSEU VIVO DE SI" 169

PARTE III
MÚLTIPLAS DIMENSÕES DO FANDANGO 201

CAPÍTULO 5
FANDANGO *PARA NÃO ESQUECER:* RESSIGNIFICAÇÃO DE FOLCLORE E A "RETÓRICA DA PERDA" DA CULTURA E DA NATUREZA 203

CAPÍTULO 6
TRAVESSIA RITUAL E LUGAR DE CAIÇARA 227

ALGUMAS CONSIDERAÇÕES FINAIS 243

REFERÊNCIAS 247

NOTAS PRELIMINARES

Cena #1

A senhora de cabelos brancos trançados e presos no alto da cabeça prepara a janta no fogão à lenha. Usa um vestido de algodão florido e pregueado. Para se proteger dos insetos que sempre atacam no fim do dia, traja uma calça comprida por baixo do vestido.

Das panelas de ferro, costumam sair deliciosas caldeiradas de peixe fresco — sempre com pouca gordura e tempero —, além do arroz e feijão de todo dia. A garrafa térmica com café fica sempre sobre a mesa coberta por uma toalha de plástico com motivos de Natal. Ao redor dessa mesa, reúnem-se com frequência filhos, netos e bisnetos dos donos da casa, além de tantos outros da vasta parentela.

A cozinha, como é comum nas casas do povo do lugar, foi construída de paredes de tábua. Trata-se de um cômodo anexo à casa de alvenaria. Ao redor do fogão, panelas e paredes são chamuscadas pela brasa. Os poucos apetrechos de cozinha ficam à mão presos por um arame junto à parede: colheres de pau, facas gastas pelo uso constante, um potinho de sal. Em um giral acima do fogo, estão sendo defumados dois peixes limpos e abertos longitudinalmente (*"escalados"*).

Não há energia elétrica na casa. Defumar carnes e peixes ou secar ao sol são até hoje práticas utilizadas por essas pessoas para conservar os alimentos. Água fresca escorre sem parar pela torneira do tanque instalado na cozinha, vindo diretamente da cachoeira situada morro acima.

Por entre as pequenas aberturas nas tábuas, avista-se a paisagem exuberante: a grande baía da praia do Una que termina em uma encosta de pedras no morro tomado por árvores frondosas. Pequenos rios e canais formam um conjunto serpenteado que rasga a vegetação baixa da restinga. Um pouco adiante, do lado oposto à costa, avista-se uma muralha de montanhas extremamente altas, cobertas pela mata densa: o *"morro do Pogoçá"*. Estamos no coração da Juréia!

Chove bem fino e é final de tarde. A senhora senta-se em um banquinho baixo ao lado do fogo para cuidar das panelas e conversar com os hóspedes: Léco e eu. Desde 2006, mantenho contato frequente com a família Prado. Ela então nos conta:

> *Esta parte do terreno era tudo do João Maurício do Prado e Bernardino Antunes do Prado. A filha do Bernardino casou com o filho de João Maurício. Eram primos. Meus pais moravam aqui. Nós crescemos aqui.*
>
> *Depois tocaram a gente e fomos pro sítio Brasília, lá por 1964. Meus filhos nasceram lá: Dauro, Pedrinho, Mariazinha e Silvano. Tomaram nossas terras, pagaram muito pouco. Quem não assinava os documentos, punham o dedo. O irmão do meu avô não queria assinar. Puxou até faca. Mas depois todos venderam e ele assinou. Trouxeram o cartório para assinar. Minha vó Justina, mulher de Bernardino, era prima dele* [do esposo da senhora com quem conversamos]. [...]
>
> *Aqui nasceu meu tetravô, meus bisavós, meus pais. Nossa geração de gente tem mais de 300 anos. Minha bisavó, mãe de Bernardino, era morena, a vó preta, era da parte dos escravos...Eu e Onésio* [o esposo] *somos primos de terceiro grau. Tudo Prado!*
>
> *Voltamos para cá* [Grajaúna] *em 1973 quando aqui era do Banco Auxiliar de São Paulo. Depois foi o Gomes Almeida Fernandes e depois a Nuclebrás, que era do governo, ele desapropriou.*
>
> *Onésio era caseiro deles. Antes de vir pra cá a gente morava perto da cachoeira do Rio Verde. Lá nasceram Glorinha, Valdir, Vantuil e Edno.*
>
> *Meus pais, antes de vir pra cá, moravam no Rio Verde. O pessoal que comprou a terra, dizia que era parente, visitavam a gente, conversavam e algum dia ofereciam dinheiro, Diziam que a gente podia ficar, depois vendiam pra outros, mais caro* [...]
>
> *Do Nuclebrás passou para o IBAMA e depois par a SEMA no governo Montoro.*[1]
>
> (*saudosa* Dona Nancy do Prado aos 78 anos, em entrevista concedida no Grajaúna, em fevereiro de 2012)

    O casal recebe muitos visitantes, além de parentes e amigos de parentes. A casa onde vive fica no alto de um morrote (local conhecido pelos nativos por "*Grajaúna*") situado no final da praia do Una.

    O rio Una divide os municípios de Peruíbe e Iguape, ou seja, separa a Baixada Santista do Vale do Ribeira. A casa foi "cedida" ao casal pela "Nuclebrás", assim que encerraram os serviços na Juréia, em meados da década de 1980. Desde a criação da estação ecológica, a área passou a ser administrada pela Secretaria do Meio Ambiente do Estado de São Paulo.

---

[1] O "*Sítio Brasília*" mencionado fica perto da comunidade Cachoeira do Guilherme, no interior da Juréia. O diagrama de parentesco da família Prado que elaborei durante a conversa com Dona Nancy, em fevereiro de 2012, será apresentado neste trabalho.

Por aqui também caminham os peregrinos de Bom Jesus de Iguape em romaria todo ano, no dia 27 de julho. Contam que foi justamente nessa praia (do Una) que acharam o lendário santo de madeira, há cerca de 300 anos. Há um marco no local, uma espécie de capelinha, onde está uma imagem do santo em miniatura. Os devotos vêm de ônibus de Peruíbe até a Barra do Una. Fazem uma missa no cemitério antigo, onde o santo foi encontrado e caminham pelas praias e por uma trilha que atravessa um morro íngreme (Morro da Juréia) até a praia da Juréia, que fica a uns 30 quilômetros do ponto de partida dos peregrinos.

Lá é a principal entrada para a visitação da Estação Ecológica da Juréia-Itatins, para quem vem do sul (de Iguape), também conhecido pelos moradores locais por *"costão da Juréia"*. Há uma guarita com guardas de plantão durante 24 horas e só é possível entrar na "reserva" com autorização da Secretaria do Meio Ambiente.

* * *

Cena #2

Ela veio me encontrar no horário e no local combinado. Desde que deixou a Juréia, vive na Barra do Ribeira, um distrito de Iguape situado exatamente no local onde o rio Ribeira de Iguape deságua no mar.

O lugar é praticamente uma ilha. De um lado, está o maior rio do Vale do Ribeira, do outro, um riozinho chamado Suamirim. Para chegar até o local, atravessa-se de *balsa da DERSA* o Suamirim. Outra alternativa é seguir o caminho dos romeiros de Bom Jesus de Iguape: caminhar desde a Barra do Una (em Peruíbe) pela praia, atravessar o morro da Juréia por uma trilha em meio à mata densa e seguir a pé pela praia mais 18 quilômetros até aqui, Barra do Ribeira.

Ela é filha do casal que costumamos visitar no Grajaúna. É artesã e membro do grupo de fandango *Jovens da Juréia*. Cuida de várias casas de turistas construídas nas duas últimas décadas na Barra do Ribeira. A localidade, denominada até meados da década de 1970 por "Pontal", teria sido caracterizada por pesquisadores da época como "uma comunidade isolada de pescadores".

Quando lhe perguntei sobre o fandango,[2] nossa amiga fez questão de contar-me com muitos detalhes como ela vivia na Juréia, ao lado dos pais e dos irmãos, no tempo que marcou sua infância, juventude e ainda alguns anos depois de estar casada. Ameaçados, mudou-se à contragosto com os filhos e o marido para a *"Barra"*:

> *Fandango era festa nossa, não tinha outra coisa.*
>
> *E até hoje [a gente] gosta, minhas crianças gostam. É a cultura do lugar. Tinha que ser, a gente tá tentando segurar a cultura.*
>
> *Aqui tinha a cultura do fandango, até aqui na costeira da Barra [Barra do Ribeira].*
>
> *É bonito. Cultura daqui era a mesma dança, a mesma cultura dos caiçara lá em Cananéia. São [também] caiçara, é tudo a mesma coisa. Todo esse lugar pra lá é a mesma coisa. Morretes, Guaraqueçaba, é a mesma coisa: baile, tudo a mesma coisa. Então é a cultura de caiçara! [...]*
>
> *A gente é caiçara. A gente não sabia.*
>
> *Tem lá no dicionário que caiçara é preguiçoso e que dormia de dia, os homens. Mas é porque pescam à noite. Chegam em casa e dormem. E não tinham essa ganância. Tinham a roça deles, tinham a casinha deles, não tinha ganância que têm agora: comprar, comprar...*
>
> *Pessoal de fora, entra lá [na estação ecológica] e rouba palmito, pra comprar carro, pra comprar casa. [A gente] Só queria viver.*
>
> *Então no dicionário dizia que caiçara era preguiçoso. Será que agora mudaram? [no dicionário] De dia estão descansando, porque pescam à noite! [...]*
>
> *Multaram meu pai, sabe, e começaram a apertar [a polícia florestal, os guarda-parques da estação ecológica]. A gente não tinha mais paz.*

---

[2] Inúmeros "sentidos" do *fandango* serão discutidos ao longo deste livro. Todavia, apresento aqui, preliminarmente, uma explicação genérica apresentada no site do *Projeto Museu Vivo do Fandango* sobre o tipo de fandango encontrado hoje no litoral sul de São Paulo e ao norte do Paraná: "gênero musical e coreográfico fortemente associado ao modo de vida da população caiçara. Possui uma estrutura bastante complexa, envolvendo diversas formas de execução de instrumentos musicais, melodias, versos e coreografias. A formação instrumental básica do fandango normalmente é composta por dois tocadores de viola, que cantam as melodias em intervalos de terças, um tocador de rabeca, chamado de rabequista ou rabequeiro, e um tocador de adufo ou adufe. Cada forma musical, definida pelos mestres violeiros, é chamada de *marca* ou *moda*, dependendo da região, e possui toques e danças específicas, que se dividem, basicamente, em duas categorias: os valsados ou bailados — dançados em pares por homens e mulheres, com ou sem coreografias específicas — e os batidos ou rufados". Informações coletadas no antigo site do *Museu Vivo do Fandango*. Disponível em: http://www.museuvivodofandango.com.br/main/home.htm. Acesso em: dez. 2012.

> *O Dr. J.P.O.C.[3] foi lá, ele enganou meu pai. Ele comia bolo em casa de meu pai, tomava café enganando meu pai... e depois disse que não podia morar mais ninguém na Juréia!*
>
> (Glórinha, 56 anos, em entrevista concedida na Barra do Ribeira, em novembro de 2011).

* * *

Cena #3

O centro comunitário no bairro do Guaraú, um distrito de Peruíbe (SP), fica em um barracão singelo localizado em uma rua perpendicular à rua principal. O salão tem paredes brancas, chão de cimento liso e um pequeno palco de alvenaria.

Naquele dia de festa, só havia no interior alguns poucos bancos compridos de tábuas de madeira rústica encostados nas laterais junto às paredes onde se acomodavam as mulheres. Os homens permaneciam em pé. Cerca de 60 pessoas entre homens e mulheres participavam do *fandango*. O baile no centro comunitário do Guaraú já havia começado quando chegamos.

Os casais dançavam o *"bailado"*.[4] Revezavam-se homens e mulheres das comunidades presentes (*Guaraú, Barra do Ribeira e Cachoeira do Guilherme*, situadas na área conhecida por eles pelo nome de *"Juréia"*). Todos pareciam se conhecer. Os cavalheiros convidavam as damas sentadas nos bancos para dançar. Nenhuma deixava de aceitar o pedido.

Crianças pequenas eram acomodadas em colchonetes no chão ao fundo do salão. Explicaram-me que passariam a noite toda por ali, tocando e dançando, revezando-se na dança e na música. Alguns turistas curiosos ou membros de entidades parceiras das comunidades apareceram depois de algumas horas após o início da festa. Observaram, fotografaram, alguns dançaram com as poucas pessoas que conheciam por cerca de uma hora, no máximo. Depois, partiram. Os membros das comunidades continuaram a dançar, tocar e conversar durante as muitas horas em que estivemos ali.

Os músicos revezavam-se e o *fandango* não foi interrompido em momento algum. Havia violeiros, tocadores de caixa e adufo (tipo de pandeiro). Notei que

---

[3] Então, funcionário da Secretaria do Meio Ambiente do Estado de São Paulo.
[4] Modalidade de dança do fandango caiçara.

faltava alguém tocando a rabeca — um dos instrumentos mais característicos do *fandango*. A maioria tocava a viola característica[5] que entoava as modas tradicionais e se revezava na cantoria. Havia cerca de 10 músicos. Tive certa dificuldade para entender as letras das músicas, já que o forte sotaque daqueles homens, além de algumas das palavras que usavam, até então me soavam estranhos.

De tempos em tempos, organizavam-se rapidamente para dançar o *"passadinho"*[6] uma roda de mulheres, cercada por outra de homens, que circulavam em sentido contrário, sem darem as mãos. Em um dado momento, invertia-se a direção das duas rodas. Homens e mulheres entrecruzavam-se e se cumprimentavam nos encontros, muito discretamente. Percebi que algumas pessoas ficavam bem animadas quando se iniciava o *"passadinho"*, ainda que, ao contrário do *"bailado"*, esse tipo de dança não promovia o contato corporal direto entre o casal.

Em uma cozinha no quintal do centro comunitário, distante do salão de dança, algumas mulheres serviam café (bem doce e razoavelmente forte) com bolo de milho. Explicaram-me que as mulheres haviam preparado os bolos com antecedência para a festa. Não havia mais nada sendo oferecido, muito menos vendido. Não havia bebida alcoólica, nem mesmo água potável.

A única "decoração" que havia ali no salão era uma faixa larga de pano onde estava escrito com tinta vermelha o seguinte:

> *Promovendo o fandango, artesanato e cultura caiçara. Manifestação caiçara na luta por território e cultura.*

Aqueles dizeres deixaram-me bastante intrigada, pois pareciam contrastar com o caráter extremamente familiar que prevalecia no evento...[7]

(Guaraú, setembro de 2010)

* * *

---

[5] Ou *"viola fandangueira"*, diferente da viola caipira costuma ser confeccionada de caixeta — madeira muito branca e leve.

[6] Outra modalidade de dança do *fandango*.

[7] Esse relato refere-se a um encontro de fandango realizado no Centro Comunitário do Guaraú, no dia 4 de setembro de 2010. O Guaraú é um bairro localizado no entorno da Estação Ecológica da Juréia, no município de Peruíbe (SP), distante do centro da cidade.

Decidi começar meu livro por essas três cenas e com esses personagens, uma vez que nas breves narrativas das duas primeiras mulheres (mãe e filha), assim como nos movimentos observados no pequeno centro comunitário, são aludidas e entrelaçadas as principais questões que pretendo discutir neste trabalho.

Dedico-me aqui a procurar entender uma manifestação cultural que me chamou atenção nos últimos 12 ou 13 anos em que estive em campo no litoral sul paulista: o *fandango*. Ao que tudo indica, o complexo de músicas e danças, tal como um prisma, permite que sejam desveladas múltiplas dimensões do *modo de ser caiçara*[8] e de sua relação com o território. Interessa-me ainda apresentar e analisar alguns mecanismos sociais relacionados ao fandango que evocam uma dinamização recente da reelaboração identitária em terras tradicionalmente ocupadas na região, conhecida por Vale do Ribeira. Minhas reflexões transitam, assim, desde um ponto de vista mais político e jurídico, até uma perspectiva mais simbólica, quando então recorro às teorias de ritual e de *performance*.

Além disso, o Conselho Consultivo do Instituto do Patrimônio Histórico e Artístico Nacional (Iphan) que se reuniu no edifício Palácio Gustavo Capanema no Rio de Janeiro, no final de 2012, reconheceu e aprovou o registro do *fandango caiçara* como patrimônio cultural do Brasil. Destarte, o *fandango* constitui-se hoje oficialmente um "bem cultural imaterial" protegido no Brasil.

Essa recente medida, que responde às reivindicações de grupos de *fandangueiros* do litoral sul do estado de São Paulo e do norte do Paraná em conjunto com produtores culturais, obriga-nos ainda a problematizar as políticas de patrimonialização no Brasil, não somente dos chamados "bens culturais", mas também aquelas relacionadas aos "bens naturais", evidenciando, desde um ponto de vista mais teórico-conceitual, certos paradoxos na relação natureza-cultura ao tratar do *lugar do fandango* e do *lugar dos caiçaras* no presente.

E meu caminho começa...

Quando me vi recém-formada, logo que assumi meu primeiro emprego em uma Organização Não Governamental (ONG) que atuava no sertão nordestino no estado do Ceará, deparei-me com uma situação que considerei alarmante quando percebi que "eles" (agricultores sertanejos) viam

---

[8] Não é unanime a autoatribuição da identidade caiçara dentre os pescadores do litoral sul do estado de SP. Todavia, devo dizer que a maior parte das pessoas que encontrei durante minhas pesquisas em campo no Vale do Ribeira se reconhecem como *"caiçara"*.

coisas que eu não via, escutavam coisas que eu não escutava, acreditam em histórias que dificilmente eu poderia acreditar.

Aquelas constatações me levaram a pensar que diferentes grupos de pessoas apreendem a natureza de maneira muito distinta e, o mais importante, não há certo ou errado. Portanto, o que me restava a fazer como engenheira agrônoma paulista, trabalhando com agroecologia junto a agricultores familiares na caatinga, era, antes de mais nada, procurar compreender "de dentro para fora" como eles viam e se relacionavam com a natureza em que viviam a sua vida, realizavam o seu trabalho e pensavam o seu mundo, para poder, junto com eles, pensar em soluções para os problemas que enfrentavam em uma área marcada por sangrentos conflitos de terra.

No sertão de Quixeramobim (CE), vivi durante dois anos integrada a uma pequena comunidade onde não havia energia elétrica, onde se bebia água da chuva coletada em uma cisterna nos poucos meses de *"inverno"*, onde tomava-se banho com água salobra, ou no açude. Aprendi muito mais do que eu poderia ensinar àquelas pessoas. Desde aquela experiência com os sertanejos e sertanejas, além das outras que a sucederam em contextos geográficos e socioculturais muito distintos, pude conviver com determinados indivíduos e grupos que detêm saberes e percepções da natureza muito distintos dos considerados "científicos". Foram essas vivências que me instigavam e motivaram-me a realizar a atual pesquisa na Antropologia.

Procurar compreender quem são os sujeitos que se autodenominam *"povos e comunidades tradicionais"* e qual a relação desses grupos com a conservação da natureza nos lugares onde "eles" e "elas" vivem e trabalham foi inicialmente a razão que me levou a um segundo doutorado. Minha motivação preliminar foi realizar um estudo teórico-conceitual de algumas categorias-chave da antropologia — tais como: "identidade coletiva", "cultura tradicional e/ou popular", "etnia e etnicidade", "relação natureza-cultura", "territorialidade", dentre outras apontadas neste trabalho —, tomando como pano de fundo os conflitos territoriais enfrentados por caiçaras em áreas protegidas da Mata Atlântica. Todavia, como costuma acontecer com a maioria dos estudantes de pós-graduação, ao longo dos últimos anos de estudos e de trabalho de campo, algumas dessas perguntas deixaram de ser tão relevantes e outras tomaram seus lugares.

O trabalho de campo que deu origem a este livro foi realizado em uma área geográfica conhecida por *Baixo Vale do Ribeira*, no estado de São Paulo, onde o fandango caiçara encontra-se ainda muito presente: desde o município de Peruíbe, situado na Baixada Santista, até o extremo sul do litoral de São Paulo, em Cananéia. Nesta área, localizam-se inúmeras comunidades consideradas "tradicionais" compostas por pescadores e agricultores familiares (*caiçaras*), além de quilombolas e indígenas (*guarani-mybia*).

Foi exatamente nesse mesmo local e em função da convivência estreita e constante com essas pessoas que realizei minha pesquisa de doutorado em Geografia Humana na Universidade de São Paulo, no final da década de 1990. Alguns anos depois, voltei às mesmas pessoas e lugares no estudo de pós-doutorado na Unicamp. Não parti, portanto, de um "zero" em termos empíricos ou teóricos na redação deste trabalho.[9]

Não pretendia abandonar nada do que fiz antes, mas eu sentia urgência em agregar novos significados, novas possibilidades de compreensão do contexto que será apresentado a seguir. Na Geografia Humana, cheguei, de certa forma, próximo ao que entendo ser o *olhar da antropologia* no estudo da relação entre territorialidade e identidade coletiva em comunidades tradicionais situadas na Mata Atlântica. No entanto, ainda que meus estudos anteriores tenham contribuído de certa forma para que eu pudesse iniciar um *ritual de passagem* para a vasta área de conhecimento das ciências humanas, não me bastaram. Percebi que havia ainda muitas "pontas soltas" e foi no sentido de realizar um estudo interdisciplinar que decidi realizar um estudo de pós-doutorado no curso de Ambiente e Sociedade na Unicamp. Durante o pós-doutoramento, pude apurar o olhar sobre os usos comuns dos recursos naturais (*Commons*) e sobre os conflitos institucionais envolvidos em processos de conservação da natureza. A partir daquela experiência, sempre muito mais breve e mais superficial do que se exige em uma tese (da qual resultou este livro), percebi claramente que a antropologia poderia me oferecer as respostas mais consistentes (ou novas indagações?) para a maior parte das questões que surgiram no trabalho de campo, no convívio com as comunidades situadas no Vale do Ribeira, ao observar seus "movimentos".

A dimensão jurídica, para ser mais precisa, aquela que diz respeito aos Direitos Humanos, foi tomando espaço em minha análise sem eu mesma me dar conta. Temas derivados da relação entre direito e diversidade humana estimularam de certa forma este trabalho, que a princípio tratava exclusivamente da "cultura popular". Ao perguntar-me se faziam aquilo tudo e como faziam "pra não esquecer quem são" — perguntas-chaves que sugeriu Carlos Rodrigues Brandão há tantos anos para compreender festas populares —,

---

[9] Ambas as pesquisas realizadas anteriormente contaram com o apoio da Fapesp: a pesquisa de doutorado em Geografia Humana na Faculdade de Filosofia e Ciências Humanas (FLCH/USP), no período de 1996 a 2001; a pesquisa de pós-doutorado em Ambiente e Sociedade no Instituto de Filosofia e Ciências Humanas IFCH/Unicamp, entre 2006 a 2008.

eu também passei a me perguntar: por que estariam preocupados em não esquecer quem são? Por quais razões?

Percebi depois de tanto tempo pesquisando naqueles lugares que "eles" não estavam só falando entre "eles". Diante de quem querem afirmar seu modo de ser e de viver dessa maneira tão conspícua? Talvez, se eu tivesse estudado esse mesmo fenômeno cultural em lugares em que os grupos não estivessem envolvidos em uma verdadeira "luta" para poder viver onde vivem ou viviam e poder fazer o que sempre fizeram e/ou o que alguns ainda querem voltar a fazer — a *roça de coivara*, a pesca artesanal, a caça... e o fandango —, a dimensão jurídica não teria se imposto de maneira relevante.

Isso posto, minha ideia neste trabalho é fazer uma espécie de releitura de alguns de meus trabalhos anteriores, agora com novos referenciais focados através das "lentes polidas pela antropologia" (GEERTZ, 1989). Este considero ter sido o maior desafio: procurar ver e entender por outros ângulos os lugares, as pessoas e as situações que se tornaram para mim tão familiares nos últimos 20 e poucos anos.

Por fim, devo admitir que nunca estive muito tempo longe do campo, longe dos principais sujeitos de minhas pesquisas que acabaram tornando-se grandes amigas e amigos. Desde aquela primeira experiência profissional no sertão nordestino, depois no Rajastão na Índia,[10] entre as famílias caiçaras e, mais recentemente, entre indígenas *Kiriri*, em Caldas (MG), procurei compreender aspectos das comunidades rurais e tradicionais que inevitavelmente me levaram ao campo da antropologia. Desse modo, tanto o curso de doutorado na Antropologia Social na Unicamp, como as pesquisas que realizei nos últimos 15 anos tinham em vista responder a uma necessidade crescente de consolidação de minha formação como antropóloga e concluir minha "conversão à antropologia" (como certa vez aludiu Mariza Peirano).

Rota etnográfica trilhada

A primeira atividade desta pesquisa foi essencialmente teórica. Procurei realizar um "estudo cruzado", procurando integrar, em uma teia de sentidos, conceitos em geral considerados isoladamente em boa parte dos estudos semelhantes aos desta minha pesquisa. O eixo fundador da pesquisa busca a interação dos seguintes conceitos: comunidade, cultura (popular,

---

[10] Durante pesquisa de campo no mestrado realizado na Universidade de Flensburg, na Alemanha, no período de 1990-1993, como bolsista da Capes/Serviço Alemão de Intercâmbio Acadêmico (DAAD).

tradicional, caiçara), ritual, símbolo, identidade, natureza e território. Como procurei esclarecer, ao longo de minha trajetória no campo e durante os estudos realizados, certas questões relacionadas à justiça tornaram-se uma grande preocupação para mim. Conceitos e teorias que conjugam direito, diversidade humana e justiça e que não faziam parte significativa do projeto de pesquisa inicial, foram então agregados ao meu trabalho.

A pesquisa de campo foi realizada mais junto a atores sociais caiçaras e nas teias de suas relações do que propriamente em uma comunidade única ou em algumas comunidades contíguas. Os sujeitos foram pessoas, grupos domésticos e unidades de trabalho produtivo (equipes de pesca, de artesãos e artesãs que fabricam instrumentos musicais e artesanato) ou simbólico (grupos de fandango, músicos e dançarinos) distribuídos entre Peruíbe e Cananéia ou em outros lugares próximos ao litoral. Minha abordagem teve mais a ver com o "presente da cultura" do que com a presença da memória nela, ainda que eu reconheça que a fala de meus interlocutores, de maneira inevitável, oscilou entre um passado, um presente e um futuro imaginado como um mundo melhor, sem tanto *"aperto"*.

O trabalho de campo foi realizado em momentos de observação participante, que envolveu períodos entre médios e breves de convivência local. Estive presente e registrei tanto a regularidade da vida cotidiana, quanto momentos curtos e significativos, como o das festas mais "comunitárias" ou "familiares" e apresentações mais "espetaculares" de fandango em eventos de *cultura popular*.[11]

Durante as caminhadas por trilhas e roças, nos mutirões de pescaria e na coleta de mariscos, além de outras ocasiões, procurei junto com meus interlocutores e interlocutoras desta pesquisa entender um pouco mais como vivem, como pensam suas vidas e como se pensam a si mesmos. A ideia era fazer com que eles próprios e elas produzissem uma compreensão primeira a respeito de suas vidas, de suas transformações, de seus dilemas (sociais, políticos, jurídicos etc.). Foi a partir de minha vivência no campo e das perguntas que esta trajetória suscitou que me voltei a eles, buscando neles próprios as explicações.

O livro foi organizado em três partes, cada uma delas com dois capítulos, além da introdução.

---

[11] Não há uma única compreensão de "cultura popular" entre antropólogos e antropólogas. O assunto será discutido especialmente no Capítulo 5. Até lá, considero suficiente, tal como teria sugerido Antonio Augusto Arantes (1990), atribuir à cultura popular uma noção que se aproxima a "saber".

Na **Introdução**, irei apresentar o contexto no qual este trabalho se insere. As principais questões analisadas no livro serão elencadas nesta parte introdutória.

Na **Parte 1**, dedico-me a descrever e a discutir determinados aspectos da vida dessas pessoas e dos processos em que está envolvido o grupo que vive em áreas ditas "ambientalmente protegidas" ou mesmo em periferias das cidades que margeiam essas mesmas reservas no litoral sul de São Paulo. Há ainda uma boa parte dessa gente que vive em outros lugares (nem cidade, propriamente dita, nem reserva), onde não se sabe dizer ao certo quais são as leis que valem mais: as *"do ambiente"* ou as da comunidade.[12]

Destarte, procuro analisar os direitos territoriais e culturais que têm sido reivindicados pelos chamados "povos e comunidades tradicionais". Na primeira parte do livro, dedico-me também a compreender a natureza desse "tradicional", enfrentando, portanto, uma das questões mais controversas da antropologia: a atribuição de identidades. Assim, procuro relacionar análises antropológicas de cunho mais social e político acerca da *"luta"* pelo reconhecimento dos direitos desses sujeitos, testemunhada por meus interlocutores e consubstanciada em situações emblemáticas lembradas de maneira recorrente nas narrativas apresentadas. Importa aqui pensar como essas pessoas recriam ou tentam ressignificar a noção de "tradicional" em resposta às mudanças sociais decorrentes da transformação das áreas onde vivem (ou viviam) em reservas de biodiversidade.

Na **Parte 2**, sugiro entender o fandango como "uma estória sobre eles que eles contam a si mesmos", como teria proposto Geertz (1989). Em minha etnografia do fandango caiçara, apresento *histórias de vida* de alguns sujeitos desta pesquisa (destacadas do corpo principal deste trabalho). Elas e eles são os principais intérpretes a desvelar a rede de fandango tecida na última década no litoral sul paulista e no norte do Paraná. Foi "perseguindo" meus interlocutores e interlocutoras (por vezes, literalmente) que a etnografia foi elaborada.

Na **Parte 3**, procuro revisitar determinados aspectos do folclore que estão relacionados às ações e às políticas públicas de patrimonialização mais recentes no Brasil. Ao adotar neste trabalho uma perspectiva antropológica que privilegia o estudo da sociedade como um constante fluxo,

---

[12] Como nos relatou um pescador em Carapebus, na região de Cabo Frio (RJ), onde a *"lei da lagoa"* teria garantido por décadas o uso comum da lagoa mantendo estável a pesca de diferentes espécies, antes da área ser transformada em Parque.

analiso ainda nessa última parte do livro o processo ritual do fandango no contexto circunstanciado neste trabalho.

Meu maior desafio, porém, foi procurar entender como estão imbricadas as várias dimensões do *modo de ser caiçara* às noções de "território" e de "conservação" (de natureza e de cultura). Tal complexidade é de certa forma aludida nos seguintes trechos das narrativas de dois de meus principais interlocutores:

> *Mantendo a comunidade, vai ter o mutirão, e tendo o mutirão, vai ter a dança, que é o fandango. Isso tá tudo interligado, uma coisa com a outra.* (Dauro do Prado, membro fundador da *União dos Moradores da Juréia*)[13]
>
> [ser] *Caiçara é saber as coisas do mato, plantar, usar coisas do fandango, se apaziguar um com outro pra fazer um fandango. Esse tipo é ser caiçara. Eu digo porque eu sou!* (Zé Pereira, rabequista e fundador do grupo *Fandangueiros do Ariri*, no município vizinho a Cananéia).

* * *

---

[13] Cf. Pimentel *et al. Museu Vivo do Fandango*. Rio de Janeiro: Associação Cultural Caburé, (2006, p. 182.).

Segundo o historiador Warren Dean (1996), estudos sobre os "povos dos sambaquis"[14] apontam que esses grupos viveram na região até cerca de 400 anos antes da chegada dos colonizadores europeus e que suas intervenções podem ter alterado consideravelmente a composição florestal da Mata Atlântica, por meio da seleção de espécies vegetais, desde aquela época. Considerando ainda as diversas formas de produção utilizadas pelos indígenas tupi — que além da agricultura, praticavam a caça e a pesca, além de estocarem alimentos para fins rituais ou para situações de confronto entre aldeias —, Dean estimou que "todo o domínio tupi teria estado sujeito a queimadas em um lapso de apenas 55 anos. No curso de um milênio de ocupação, teriam queimado cada faixa [da floresta] pelo menos dezenove vezes" (DEAN, 1996, p. 51).

Além da intensa ocupação indígena na região, foram criados pequenos núcleos de povoamento nesta área específica do litoral paulista desde os primeiros anos da presença dos portugueses no Brasil — como bem exemplificou Ferreira da Silva (2012) em sua dissertação:

> Algumas passagens históricas também ajudam a esclarecer o quanto a ocupação humana no Vale do Ribeira era intensa nos primórdios da colonização portuguesa. Em 1501, por exemplo, uma expedição comandada por Gonçalo Coelho, que tinha como piloto Américo Vespúcio, chegou à Ilha do Cardoso, local que hoje pertence ao município de Cananéia. É provável ter sido um dos primeiros contatos dos colonizadores com a região e seus habitantes. A expedição estava em busca de criar o marco físico do lugar onde ficou estabelecido o meridiano do Tratado de Tordesilhas fixado entre Portugal e Espanha em 1494 [...]. De acordo com estudiosos locais, também é a partir desta época que se inicia um intenso processo de mestiçagem entre indígenas e colonizadores degredados na região. Como exemplo há um relato histórico de 1531 sobre a esquadra chefiada por Martim Afonso de Souza, que antes da fundação oficial da vila de São Vicente em 1532, ao chegar naquele mesmo local, se deparou com pequenos povoados indígenas que abrigavam castelhanos, portugueses e mestiços. Foi também nesta passagem que se consolidou historicamente uma figura enigmática e importante para a região: o 'Bacharel de Cananéia'. Tratava-se de

---

[14] "Povos que deixaram amontoados de conchas de amêijoas, mariscos, mexilhões e ostras coletadas das arvores dos manguezais e da lama no litoral e que ocupavam uma área que se estendia desde o litoral do Estado do Espírito Santo ao Estado do Rio Grande do Sul, podendo cada um deles se estender por até 300 metros de comprimento e até 25 metros de altura" (DEAN, 1996, p. 51).

um português degredado, havia cerca de 30 (trinta) anos, que liderava o povoado conhecido ou como Maratayama ("terra do mar"), ou Vila dos Tupis, composto por cerca de 200 pessoas (FERREIRA DA SILVA, 2012, p. 21).

Com a exploração de ouro no rio Ribeira de Iguape no século XVII, chegam pessoas negras ao Vale do Ribeira para trabalhar como mão de obra escrava. Nessa época, pequenos povoados foram criados no Vale em função da extração do ouro. Tornaram-se, posteriormente, as principais cidades da região: Eldorado, Sete Barras e Registro. Foi esse, também, o caso de Iguape, onde foi instalada a Casa Real de Fundição (FERREIRA DA SILVA, 2012, p. 26).

Com o esgotamento do ouro e o deslocamento dos exploradores do metal para Minas Gerais, houve a implantação e o fortalecimento contínuo da cultura do arroz, instalada nas áreas alagadiças ao longo do rio Ribeira, durante os séculos XVIII e XIX. Nesse período, há uma intensificação da presença de pessoas escravizadas para a região, desta vez para trabalhar na lavoura, em grandes fazendas de arroz nas áreas mais férteis do Vale.

Até o final do século XVIII, a cultura do arroz provocou uma grande movimentação no porto de Iguape de onde escoava-se a produção. Em função de uma obra mal planejada que resultou no assoreamento do canal que ligava o porto de Iguape ao oceano Atlântico (conhecido localmente por *"Valo Grande"*), a cultura de arroz entra em declínio e o porto de Santos passa a ter maior proeminência no litoral paulista (FERREIRA DA SILVA, 2012, p. 33).

Além das fazendas de arroz que teriam adotado o sistema de *plantation*, ao longo dos primeiros séculos de ocupação do Vale do Ribeira, havia dois outros tipos de "assentamentos" característicos nessa área. Segundo a terminologia criada pelo arqueólogo e historiador Plácido Cali (1999), havia o "assentamento caiçara", composto por pequenos sitiantes ou agricultores familiares tradicionais que ocupavam a costa e o "assentamento capoava e ribeirinho", caracterizado por pequenos sitiantes que se instalaram nas várzeas férteis dos rios, mais no interior da região. Muito provavelmente em ambos os assentamentos, especialmente no último, houve uma forte presença de negros escravizados que fugiram das fazendas.

Há ainda relatos de grupos de negros escravizados que herdaram parte das terras de certos fazendeiros e/ou receberam terras da igreja católica — como foi, respectivamente, o caso do quilombo de Ivaporunduva (em Eldorado) e do quilombo do Mandira (em Cananéia), segundo Ferreira da Silva. O autor ainda esclarece que:

INTRODUÇÃO

Com o propósito de aproximar o leitor ou a leitora às principais questões discutidas neste livro, farei uma brevíssima exposição do histórico de ocupação do Vale do Ribeira e apresentarei alguns dados sobre essa área geográfica, mais especificamente sua parte localizada no estado de São Paulo, onde vivem isoladamente ou em pequenos núcleos caiçaras *fandangueiros* e *fandangueiras* retratados em minha etnografia. Penso ser também pertinente apresentar alguns dados de pesquisas realizadas previamente nessa mesma área e que estão relacionados aos principais temas a serem investigados no presente trabalho.

Contexto: o espaço, a gente e o(s) tempo(s)

A primeira impressão que se tem ao chegar pela primeira vez ao Vale do Ribeira pela rodovia BR 116, que liga a capital paulista ao Paraná, é de que a região é uma grande e contígua reserva de floresta. Há pequenos núcleos urbanos em certos trechos da estrada e, a despeito dos extensos bananais que cobrem baixios e morros, na maior parte do tempo, trafega-se entre maciços generosos de mata com diversos tipos de árvores nativas, entrecortados por áreas alagadas desertas. Avista-se ainda montanhas íngremes, algumas cachoeiras e riachos, além do grande rio Ribeira de Iguape que cruza a rodovia, na altura da cidade de Registro, a maior do Vale. Até mesmo para quem segue pelas estradas vicinais rumo às cidades de Iguape ou de Cananéia, situadas na costa, as paisagens são, primordialmente, de extensas áreas naturais.

Diante deste cenário, pode-se facilmente imaginar que o Vale do Ribeira sempre foi e continua sendo um grande vazio humano. É bem possível deduzir que as políticas de conservação da natureza nessa região tenham sido exitosas ao conter o impacto negativo da ocupação humana em áreas bem preservadas de Mata Atlântica na região, ao contrário do que se observa no restante do estado de São Paulo. Mas a história não é bem essa...

Denomina-se *Vale do Ribeira* a área geográfica onde se localiza a bacia do rio Ribeira do Iguape na região sul do estado de São Paulo e no leste do estado do Paraná. A área abrange um total de aproximadamente 25.000 quilômetros quadrados, dos quais cerca de 17.000 (dois terços) estão em território paulista, e abriga uma população de cerca de 400 mil habitantes. O Vale em São Paulo inclui integralmente os seguintes municípios: Apiaí, Barra do Chapéu, Barra do Turvo, Cajati, Cananéia, Eldorado, Iguape, Ilha Comprida, Iporanga, Itaóca, Itapirapuã Paulista, Itariri, Jacupiranga, Juquiá, Juquitiba, Miracatu, Pariquera-Açu, Pedro de Toledo, Registro, Ribeira, São Lourenço da Serra, Sete Barras e Tapiraí. A região é também conhecida por apresentar as menores taxas do índice de desenvolvimento humano (IDH) e do Índice de Condições de Vida (ICV) do estado de São Paulo (HOGAN et al., 2000).

Mapa 1 – Detalhe do mapa do chamado Território do Vale do Ribeira pelo Ministério do Desenvolvimento Agrário (MDA), acessado livremente na internet, aqui sem escala

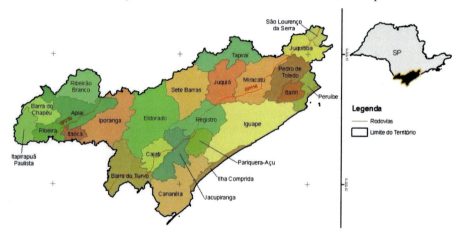

Fonte: Ministério de Desenvolvimento Agrário (MDA): www.mda.gov.br. Acesso em: 6 jul. 2012

A exuberante Mata Atlântica que se encontra bem preservada praticamente em toda a região fez com que a Organização das Nações Unidas para a Educação, a Ciência e a Cultura (Unesco), declarasse-a como Patrimônio Natural da Humanidade, em 1999. De fato, estima-se que essa área de Mata Atlântica constitui um dos ambientes mais biodiversos do planeta. Mas é preciso lembrar, por outro lado, que a ocupação humana na região se iniciou há cerca de nove mil anos. Testemunhos dessa ocupação são os inúmeros sambaquis que podem ser avistados facilmente quando se navega pelos rios e mangues do estuário que se estende de Cananéia a Iguape: o *Lagamar*.

> Esses dois tipos de assentamentos utilizam na agricultura o sistema de roça de "coivara" associada à pesca e à caça, sistema praticamente igual ao desenvolvido pelos indígenas antes da colonização [...]. O sistema foi mantido durante o período colonial e persiste até os tempos atuais no Vale do Ribeira [...]. A área utilizada pela roça é "abandonada" depois de dois ou três anos, há uma recomposição natural da mata (*capoeira*) que só volta a ser utilizada após intervalos de pelo menos doze anos [...]. Este tipo de cultivo tradicional ocorreu sistematicamente na região até a década de 1980 (FERREIRA DA SILVA, 2012, p. 29).

Após o declínio do arroz, a região teria supostamente entrado em um longo período de estagnação. No final do século XIX, o governo paulista passa a incentivar a colonização estrangeira no Vale do Ribeira. Foram instaladas colônias de ingleses, irlandeses, alemães, italianos e norte-americanos. A mais significativa leva de imigrantes ocorre, contudo, no início do século XX: os japoneses. Até hoje ocupam um lugar de destaque, sobretudo em Registro, onde instalaram lavouras comerciais de chá e de banana.

A despeito de uma tímida investida desenvolvimentista na região, após a abertura da rodovia BR 116 em 1961, durante o governo de Juscelino Kubitschek, pode-se dizer que, até meados da década de 1960, a maior parte das terras no Vale foi abandonada à própria sorte pelo governo do estado de São Paulo. É nesse período que foram intensificados processos de expropriação de terras ocupadas por sitiantes e por comunidades tradicionais por grileiros. Há mesmo quem diga que lá houve "um processo de grilagem oficial" (QUEIROZ, 2006), à medida que o governo do estado passa a exigir dos pequenos posseiros numerosos documentos de que não dispunham, referendando, assim, a grilagem de suas terras. Tal quadro transforma-se drasticamente no início da década de 1970, período no qual a região passa a ser considerada estratégica para garantir a segurança nacional durante o regime militar, já que, nas proximidades da cidade de Cajati, o líder revolucionário Carlos Lamarca comandava um centro de treinamento do grupo "Vanguarda Popular Revolucionária" (QUEIROZ, 2006, p. 47).

A ocupação do Vale do Ribeira é marcada, portanto, por processos sucessivos de exclusão social e de expropriação violenta (e oficial) de terras de grupos que ali se constituíram ao longo dos séculos, à margem das políticas agrícolas e agrárias oficiais. No entanto, a despeito dessas medidas adotadas no Vale do Ribeira ao longo dos séculos por uma elite hegemônica, é possível encontrar ainda hoje muitos sítios e comunidades tradicionais situados entre florestas, mangues, restingas e em ilhas.

Grande parte das comunidades caiçaras do litoral sul de São Paulo situa-se no interior ou no entorno de áreas geográficas onde foram criadas, há cerca de 30 anos, as chamadas "unidades de conservação de proteção integral": parques estaduais e nacionais, estações ecológicas, reservas biológicas e algumas outras categorias de áreas protegidas onde não se permite a presença humana — de acordo com a Lei Federal n.º 9.985, de 18 de julho de 2000, que rege as áreas, o Sistema Nacional de Unidades de Conservação (SNUC). De maneira geral, observa-se que os direitos de povos e comunidades tradicionais são deliberadamente desrespeitados no planejamento e na gestão de parques e de outras reservas naturais no Brasil. Pode-se mesmo afirmar que na maioria dos mecanismos de conservação ambiental em vigor no país não é incorporada às dimensões humanas na conservação da biodiversidade, "reduzindo a questão ambiental a uma ação sem sujeito" (ALMEIDA, 2004).

Como em alguns exemplos que serão aqui discutidos, a partir da década de 1980, passaram a ser criminalizadas inúmeras práticas de uso dos recursos naturais, tradicionalmente utilizadas por determinados grupos étnica ou culturalmente diferenciados, que vivem no Vale há várias gerações, gerando um conflito iminente entre direitos culturais e territoriais e as exigências estabelecidas pela lei federal (SNUC). Nesse sentido, privilegia-se, nessas áreas, medidas de exclusão humana baseadas nos princípios da "biologia da conservação", em detrimento da proteção dos direitos étnicos e culturais, ou seja, dos Direitos Humanos.

A temática que trata de "sobreposições de territórios tradicionais por áreas protegidas" foi analisada por André Luiz Ferreira da Silva em sua dissertação intitulada "Onde os Direitos Ambientais Sobrepõem os Direitos Étnicos, Culturais e Humanos na Mata Atlântica", publicada em 2013:[15] "O Vale do Ribeira é um grande território coberto por unidades de conservação…que chegam a sobreporem-se umas sobre as outras formando imensos corredores de áreas ambientalmente protegidas" (SILVA, 2023, p. 50).

Para ilustrar as afirmações feitas, apresento a seguir o "Mapa da sobreposição de terras ocupadas por quilombolas, caiçaras e indígenas no Vale do Ribeira por unidades de conservação" divulgado no site do Instituto Socioambiental (ISA). Importante é destacar no mapa as áreas ocupadas por comunidades quilombolas em cor alaranjada. Tais quilom-

---

[15] *Cf.* biblioteca digital da USP no link: http://www.teses.usp.br/teses/disponiveis/91/91131/tde- 15032013-110423/pt-br.php.

bos situados entre os municípios de Eldorado e Iporanga estão quase que "estrangulados" por reservas de proteção da natureza. As áreas ocupadas por caiçaras não foram apontadas neste mapa, mas serão identificadas neste trabalho, posteriormente.

Mapa 2 – Áreas protegidas (*em cinza*) e quilombos no Vale do Ribeira

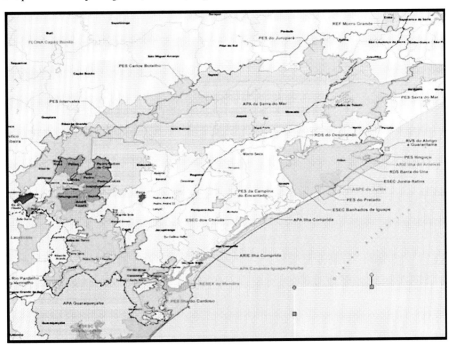

Fonte: Instituto Socioambiental (ISA). Disponível em: http://www.socioambiental.org/prg/rib.shtm. Acesso em: 12 dez. 2012

Em pesquisas anteriores que realizei no litoral do estado de São Paulo de Ubatuba até Cananéia (ou seja, desde a divisa com o estado do Rio de Janeiro até a divisa com o estado do Paraná), discuti que o principal conflito entre os vários grupos e indivíduos envolvidos na elaboração de uma política de conservação para as áreas protegidas ocorre ao serem confrontados os modos de "apreender e de lidar com a natureza" de caiçaras, quilombolas e indígenas que ainda vivem em áreas bem preservadas de Mata Atlântica.

Há cerca de 25 anos, representantes dos órgãos públicos responsáveis pela proteção ambiental no estado de São Paulo afirmavam estarem empenhados em estabelecer um "consenso" acerca dos usos dos recursos naturais. Há inúmeras evidências, porém, que atestam que nesse velho embate prevalecem os interesses de determinados sujeitos que "dominam as regras do jogo" e assim detêm maior poder, simbólico ou não. A busca de um "consenso" que supostamente procurava conciliar a "preservação da biodiversidade" e as reivindicações dos grupos mencionados tem sido um processo longo e conflituoso. Acredito que até o presente não se obteve avanços efetivos e duradouros nesse sentido (o do "consenso"), pelo menos no estado de São Paulo.[16]

O fandango caiçara: uma discussão bem preliminar

Quando nos debruçamos sobre aquilo que entre a linguagem popular e acadêmica podemos chamar de *festa, festejo, folguedo, cerimônia, celebração, rito, ritual*, podemos de algum modo classificá-las da seguinte maneira: 1° "rituais de duração longa e de grande complexidade", como a festa do Divino do Espírito Santo em Parati, ou mais próxima de meu campo de pesquisa, a festa de Bom Jesus de Iguape; 2° "rituais de longa duração e de pequena ou moderada complexidade", como as folias de reis e a própria *"reiada"* do litoral sul de São Paulo; 3° "rituais de curta duração e moderada ou grande complexidade", como a dança de São Gonçalo, na região Bragantina do estado de São Paulo; 4° "rituais de duração breve (uma noite, no máximo!) e de pequena complexidade", como o *cururu* de Piracicaba e de Sorocaba e, aparentemente, o próprio *fandango caiçara* do litoral sul de São Paulo e do Paraná.[17]

Frente a esse quadro, devo dizer aos leitores e leitoras que de maneira intencional (tal como fez Geertz ao analisar a briga de galos em Bali) escolhi intencionalmente um ritual da última categoria aqui apresentada, em boa medida motivada pelo forte apelo afetivo que ele exerce sobre os seus participantes — e devo confessar, acabou refletindo sobre mim —, e em segundo lugar, talvez mais do que outros rituais do litoral de SP, o fandango vive há cerca de 13 anos um processo de franca "revitalização" que de certa forma foi a razão inicial desta minha pesquisa.

---

[16] *Cf.* Rodrigues (2001). Naquele estudo, dediquei-me a mapear e a analisar as distintas concepções de "território" e os interesses divergentes entre as categorias de sujeitos envolvidos no ordenamento territorial de áreas protegidas, além dos contrastes e tensões internos em uma mesma categoria.

[17] Esse primeiro parágrafo da seção resultou de uma conversa com meu orientador Carlos Rodrigues Brandão. Os argumentos estão fundamentados nos estudos que ele próprio realizou no interior de São Paulo, em Minas Gerais e em Goiás.

Dito isso e antes de prosseguir nesta introdução, quero trazer aqui o relato de um de meus interlocutores a esse respeito. De certa forma, suas ideias refutam o suposto de que o fandango possa ser considerado "uma simples festa que apenas ocupa uma noite inteira", como alguns teriam afirmado antes:

> *O fandango é muito mais do que isto! Na verdade, o fandango acontece ao longo do ano todo, abarca a 'reiada', as outras festas de santos -São Miguel Arcanjo, Santo Antonio, São João, São Pedro -, o carnaval, os bailes depois dos mutirões de roça, de pesca, quando os caiçaras vão 'varar uma lagoa'...O fandango está presente em muitas ocasiões e liga todas estas atividades...* (Léco, integrante na época do grupo de fandango *Jovens da Juréia*).

Por isso mesmo, ao ser compreendido apenas como "uma festa de uma noite inteira", tal como o fandango tem sido descrito em estudos de folcloristas ou na contracorrente, ao ser concebido como uma tessitura complexa de rituais que inclusive envolveria outros que podem ser considerados mais "complexos" (a exemplo da *"reiada"*, ou seja, a festa dos santos reis), espero poder comprovar que o fandango é bom para tocar, para cantar, para dançar, para festejar e, sobretudo, para pensar.

O que se conhece como fandango caiçara foi estudado por alguns pesquisadores no passado e mais recentemente (GRAMANI, 2009; LARA, 2008; MEIRA, 1997, dentre outros). Um dos trabalhos mais recentes e que teve grande repercussão nas comunidades em que estudo é o livro do *Projeto Museu Vivo do Fandango* coordenado pela Associação Caburé do Rio de Janeiro e realizado em parceria com pequenas associações locais do litoral nos estados de São Paulo e Paraná. Voltarei a ele adiante. Há, porém, que se ressaltar que a maior parte desses trabalhos realizados por estudiosos das artes em geral (música, dança, teatro), inclusive no caso do *Projeto Museu Vivo do Fandango*,[18] dedica-se à análise da dimensão estética de festas populares, ou seja, da arte *stricto senso*, não enfatizando os aspectos ritualísticos e/ou possíveis estratégias e movimentos (fluxos) políticos e sociais articulados ao fandango.

---

[18] No site do *Projeto Museu Vivo do Fandango*, há muitas informações relevantes sobre o fandango em geral e sobre o fandango caiçara, do qual destaco o seguinte trecho: "No Brasil [o fandango], teve suas origens e influências ibéricas miscigenadas com outras matrizes culturais, assumindo regionalmente, com o mesmo nome de fandango, aspectos e características completamente diferentes. O fandango encontrado nos litorais paulista e paranaense, independente de suas origens, não seria apenas fruto de uma herança musical chegada ao sul do Brasil pelos portugueses. Essa teria se miscigenado com a música que aqui já havia, também de violas e rabecas, nas vilas e caminhos desde os tempos da capitania de São Vicente". Disponível em: http:// www.museuvivodofandango. com.br. Acesso: maio 2011.

Observei em inúmeras situações — algumas das quais descrevo em minha etnografia — que o fandango constitui no presente uma manifestação coletiva ressignificada e reinterpretada segundo o contexto específico, onde as pessoas que procuro retratar vivem, pensam suas vidas e se pensam a si mesmas.

Tenho testemunhado a cada ida a campo, na Ilha do Cardoso, no Ariri (divisa SP e PR) ou na Juréia e em tantos outros lugares onde vive essa gente, jovens aprendendo a tocar a rabeca (tipo de violino), casais dançando o *"bailado"*, ou o *"batido"*, além de observar com maior frequência nos bailes, velhos que se orgulham por serem exímios tocadores da viola fandangueira.

Para iniciar esta discussão, é preciso lembrar que pesquisas sobre festas e rituais populares se inserem em uma discussão teórica e conceitual mais ampla relacionada aos estudos do folclore e da cultura popular. No Brasil, há uma longa tradição dos estudos da chamada "cultura popular" (ANDRADE, 1935; BRANDÃO, 1978; 1981; CASCUDO, 1954; MORAES, 1978, dentre alguns dos estudiosos mais citados). Pesquisadores mais contemporâneos que se dedicam ao tema (CAVALCANTI, 1994, 2005; DAMATTA, 1979; GONÇALVES, 1996, 2005) sinalizam existir duas ou três vertentes principais de estudiosos das festas populares: os "folcloristas", os "historiadores" e os "antropólogos", muitos dos quais criticados por adotarem uma perspectiva estritamente descritiva e por seus pressupostos etnocêntricos.

Dentre os estudos antropológicos, há ainda severas críticas a uma visão do folclore como expressão de um passado remoto. Problematiza-se ainda, do ponto de vista mais metodológico, uma suposta "tendência monográfica dos estudos de festas populares" (GONÇALVES; CONTINS, 2008, p. 13). Esta me parece ser uma discussão relevante para o estudo do fandango na atualidade. Qual o papel que desempenharia o fandango para este grupo? Essa é uma das questões que procuro discutir neste trabalho.

Ao contrário da conotação francamente folclórica atribuída ao fandango por membros externos às comunidades durante grandes apresentações espetaculares de cultura popular — a exemplo do festival Revelando São Paulo realizado pela Secretaria de Cultura do estado de São Paulo que será descrito na etnografia —, há fortes indícios que me levam a pensar no fandango como parte de um processo contínuo de reelaboração do *modo de ser caiçara*. O mesmo vale para as comunidades quilombolas, situadas no Vale do Ribeira, onde a revitalização recente das festas religiosas é marcante — a exemplo da *"Romaria de São Gonçalo"*, no Quilombo Reginaldo, e a celebração *"Recomendação das Almas"*, no Quilombo Cedro, ambas as comunidades do município de Barra do Turvo, bem como a *"dança da Nha Maruca"*, do Quilombo Sapatu, em Eldorado. Pode-se dizer então que foi inaugurado relativamente há poucos anos no Vale do Ribeira — e quiçá em outras partes do país — o "tempo da cultura", isto é, do acautelamento[19] do patrimônio cultural. Quais são os impactos de recentes políticas de patrimonialização na vida dessa gente?

Discutirei ainda o presente significado de festas e/ou rituais populares que haviam sido considerados extintos, mas que, paradoxalmente, reemergem com vitalidade surpreendente nas últimas décadas em vários lugares do Brasil e do mundo. Interessa-me analisar aqui: como teria se dado o processo de "retorno" do fandango? Quem seriam os principais sujeitos neste processo? Quais teriam sido os principais intermediários na consolidação do novo "movimento" do fandango e a subjacente reelaboração da "cultura caiçara"? Que redes teriam sido criadas a partir dessas interações? Algumas dessas questões serão analisadas em minha etnografia.

* * *

---

[19] Termo jurídico que significa a necessidade de acautelar, isto é, resguardar; proteger, preservar um determinado "bem", a exemplo do artigo 216 da Constituição Federal de 1988 que no parágrafo 1º diz: "O Poder Público, com a colaboração da comunidade, promoverá e protegerá o patrimônio cultural brasileiro, por meio de inventários, registros, vigilância, tombamento e desapropriação, e de outras formas de acautelamento e de preservação".

Parte I

MOVIMENTOS DO FANDANGO NO VALE DO RIBEIRA (SP) EM TEMPOS DE *"APERTO"*

No encontro de *fandango* no Guaraú — descrito brevemente no preâmbulo deste trabalho —, grande parte das pessoas presentes no centro comunitário vivem ou viviam no passado recente em comunidades situadas na Juréia. As outras eram parentes ou amigos próximos das primeiras. Parecia ser uma grande "festa em família", tais como as reuniões descritas por John Comerford (2003), onde famílias de agricultores consolidam inúmeras trocas marcadas por relações de parentesco em espaços análogos ao observado.

Porém, restava ainda entender o que levava essas famílias a deixarem suas casas e se deslocarem de suas comunidades, muitas vezes viajando durante muito tempo, para dançar e tocar por mais de 10 horas seguidas, aceitando de bom grado condições que me pareceram um tanto quanto austeras demais (sem bebida alcoólica, nem comidas saborosas em um barracão bastante humilde…). Essa situação, como escreveu antes Brandão: "Fora do contexto simbólico do mundo camponês seria difícil imaginar…" (BRANDÃO, 1981, p. 88).

Nesta Parte I do livro, sublinharei em especial um determinado aspecto do fandango no Guaraú para começar a discussão sobre o *"tempo do aperto"* — como certa vez chamou Seo Carlos Maria, o tempo que vive na Juréia. Refiro-me em particular à apresentação de uma grande faixa (banner) colocada na parede do centro comunitário, onde se podia ler: *"promovendo o fandango, artesanato e cultura caiçara. Manifestação caiçara na luta por território e cultura"*.

Tais palavras parecem contrastar com o caráter familiar do encontro. Quem teria sido responsável pela iniciativa e quais seriam os seus propósitos? Expressaria uma causa política e representaria, por meio daquele mote, todas aquelas pessoas ou, pelo menos, a maior parte delas? O que queria dizer "território" na perspectiva "deles"? Havia uma mobilização nas comunidades a respeito dessa "luta"? Os parceiros das comunidades, alguns membros de ONGs e da prefeitura que rapidamente apareceram no encontro teriam alguma influência nessa suposta manifestação? A quem se dirigiria?

Eu bem sabia que naquele salão estava uma das principais lideranças caiçaras da Juréia, além de seus familiares. Teria sido ele o mentor daquelas ideias que poderiam de certa forma refletir as recentes mobilizações sociais por direitos territoriais dos "povos e comunidades tradicionais"? Tais perspectivas aproximam-se das proposições do antropólogo Alfredo Wagner Berno de Almeida (2004), quando discute a legitimidade das "terras tradicionalmente ocupadas", e, mesmo antes, por João Pacheco de Oliveira (1999) em defesa de territórios de indígenas do nordeste brasileiro.

Assim, nesta Parte I, farei uma primeira aproximação do objeto de meu estudo, ao discutir a dimensão mais social ou política que os recentes "movimentos" do fandango sugerem.

Capítulo 1

SE NÃO ERA CAIÇARA, CAIÇAROU[20]: A NATUREZA DO "TRADICIONAL" E A IDENTIDADE SOB SUSPEIÇÃO

Os olhos daquela gente brilham quando me contam dos encontros de fandango. Caiçaras que eu conhecera anos antes, em outras situações, autodenominam-se "fandangueiros" e demonstram evidente orgulho ao tocar algum dos típicos instrumentos do fandango ou por haver composto uma das modas que animam os bailes.

Havia algo de totalmente novo acontecendo naquelas comunidades do litoral sul paulista e minha atenção, seguindo a deles, voltava-se para o fandango. As músicas e danças caiçaras mais populares ressurgem surpreendentemente com total vigor depois de uma suposta "extinção". O que significaria aquele movimento? Por que o fandango atrairia mais o interesse das pessoas do que os inúmeros encontros e reuniões, nos quais participei com aquela mesma gente a respeito dos conflitos ambientais que ainda enfrentam onde vivem?

(diário de campo, 2011)

---

[20] Comentário do músico e saudoso amigo Dércio Marques ao investigar atentamente o ritmo do batuque produzido na mesa por um sujeito sobre o qual discutíamos, em tom de brincadeira, "se era ou não caiçara".

Fotografia 1 – Fandangueiros do Ariri dançando o *"batido"* (ou *"bate pé"*) durante o festival Revelando São Paulo realizado em 2011, em Iguape (SP)

Crédito: a autora

Fotografia 2 – A dança do *"passadinho"* apresentada pelo grupo Sandália de Prata no festival Revelando São Paulo de 2011, em Iguape.

Crédito: a autora

Identidade coletiva e diversidade humana no Vale do Ribeira (SP)

Recentes políticas públicas de reconhecimento identitário dos chamados *"povos e comunidades tradicionais"* criadas no Brasil respondem às reivindicações de movimentos sociais específicos que se tornaram mais visíveis em nosso país somente nas últimas duas décadas. Tratam de manifestações pelo reconhecimento de identidades coletivas, valorização e respeito à diversidade socioambiental e cultural — a exemplo dos *"faxinalenses"* no sul do país, dos *"fundos de pasto"* na caatinga nordestina, das *"mulheres quebradeiras de coco babaçu"* na Amazônia, dos *caiçaras* do litoral do sudeste do país, dentre tantos outros. Todos esses movimentos sociais têm como propósito a apropriação de um determinado território, contínuo ou não, assim como buscam a legitimação dos usos tradicionais dos recursos naturais. Ainda compartilham a mesma intenção de que sejam reconhecidas "as aspirações desses povos a assumir o controle de suas próprias instituições e formas de vida e seu desenvolvimento econômico, e manter e fortalecer suas identidades, línguas e religiões, dentro do âmbito dos Estados onde moram", tal como advoga a Convenção 169 da OIT.[21]

Todavia, desabonando as reivindicações desses movimentos, observa-se na grande maioria das políticas públicas de conservação ambiental, sobretudo no estado de São Paulo, que são ignorados os direitos de povos e comunidades que habitam áreas ambientalmente protegidas, postulando-se a tese de que há que se criar "ilhas de biodiversidade", isto é, a natureza sem gente! Tal modelo de conservação ambiental foi enunciado por Antonio Carlos Diegues (1996) como sendo um *mito moderno da natureza intocada*. Subjaz a essa proposição o desrespeito às políticas de reconhecimento de direitos étnicos e culturais contradizendo a própria Constituição brasileira de 1988[22] e convenções internacionais das quais o Brasil é signatário.

Procurando dar concretude à discussão sobre as políticas de identidade no Brasil, destaco algumas narrativas de meus interlocutores ao longo deste capítulo, para ajudar a compreender possíveis dimensões dos processos sociais relacionados à questão identitária.

---

[21] A maior parte das políticas que reconhecem os direitos identitários em vigor no país norteia-se pela Convenção 169 da Organização Internacional do Trabalho (OIT) realizada em Genebra, em 1989, e introduzida ao ordenamento jurídico brasileiro por meio do Decreto 5.051, de 2004. Tal decreto transformou os preceitos dessa Convenção que trata dos "Direitos dos Povos Indígenas e Tribais" em emenda constitucional.

[22] Em especial os artigos 215 e 216 da Constituição de 1988 que versam sobre a garantia dos direitos territoriais e culturais.

Estou ciente de que se trata de um considerável desafio teórico-conceitual discutir *identidade e cultura tradicional* e, mais especificamente, como no caso aqui sob suspeição: *a identidade e a cultura tradicional caiçara*. A atribuição identitária é um tema constantemente colocado em xeque na antropologia, uma vez que é muito difícil responder à questão: o que se *preserva* e o que se *mantém* em uma cultura (ou sociedade) ao longo do tempo? Mas devo enfrentá-la. Nessa empreita, analiso determinadas situações vivenciadas por essa gente em áreas protegidas situadas na Mata Atlântica, a fim de discutir as seguintes questões: quem são os chamados "povos e comunidades tradicionais"? Como surge a categoria *tradicional*?

Em que contexto? Ela está sendo naturalizada ou não? Quem a usa? Quais são os mediadores de políticas públicas relacionadas a essa categoria? Qual seria o papel do Estado e dos movimentos sociais na legitimação desses direitos?

Um *modo de ser* caiçara

Gioconda Mussolini (1980), Fernando Augusto Albuquerque Mourão (1971), Ari França (1954), Antonio Carlos Diegues (1998), Maria Luiza Marcílio (1986) e Roberto Kant de Lima (1997) situam-se dentre os mais conhecidos autores que desenvolveram pesquisas sobre caiçaras.

Diegues, um dos pesquisadores mais lembrados quando se discute a *identidade caiçara* na atualidade apresenta as seguintes considerações sobre o grupo:

> As comunidades caiçaras são fruto da miscigenação entre os indígenas, colonizadores portugueses e negros, ocupando a área situada entre o sul do litoral paranaense e o sul do litoral fluminense. Essas comunidades têm um modo de vida particular que associa a pesca, a pequena agricultura, o artesanato e o extrativismo vegetal, tendo desenvolvido tecnologias patrimoniais, um conhecimento aprofundado sobre os ambientes em que vivem, danças e músicas, além de um vocabulário com inúmeras palavras de uso exclusivamente local" (DIEGUES, 2009, s/p).[23]

Maria Luiza Marcílio, historiadora que realizou uma extensa pesquisa documental (em registros paroquiais e cartórios) em Ubatuba ao longo da

---

[23] Documento impresso, consultado em dezembro de 2009 no Centro de Estudos Caiçara coordenado por Antonio Carlos Diegues, em Iguape, SP.

década de 1970, teria considerado esse grupo uma expressão autêntica da "população marginal do Brasil antigo": um tipo de camponês-pescador originalmente livre "dentro de uma sociedade escravista" (MARCÍLIO, 2006, p. 13). Na época em que concluiu sua obra (1984), a autora descreveria os caiçaras do litoral norte do estado de São Paulo como uma "legião de ex-pescadores, de ex-roceiros, de ex-donos de terras, agora amontoados em feias favelas ou cuidando das mansões e lotes de proprietários ausentes, nas terras que sempre foram suas..." (MARCÍLIO, 2006, p. 249).

Alguns dos principais trabalhos sobre as "comunidades caiçaras" foram realizados, portanto, há cerca de 50 anos, antecedendo grandes transformações que ocorreram no litoral da região sudeste brasileira. Atrelado à grande expansão de atividades ligadas ao turismo nos lugares onde viviam, apontados por Diegues e Marcílio, houve um longo e impactante processo de especulação imobiliária, sobretudo no litoral norte de SP. Mais ao sul, a implantação de grandes reservas naturais, principalmente no Vale do Ribeira, modificara igualmente o *modo de ser caiçara* nas últimas décadas.

Mourão aponta em seu trabalho de 1971, *Os Pescadores do Litoral Sul de São Paulo*, que teria havido uma mudança drástica no modo de vida desse grupo no Vale do Ribeira, em meados do século XX. Os caiçaras do Baixo Vale passaram a priorizar a pesca e o extrativismo madeireiro, substituindo sua principal atividade comercial: a agricultura, sobretudo a cultura do arroz. Nota-se nas últimas duas décadas mudanças bem mais drásticas na *cultura caiçara* do que a estudada por alguns autores considerados "clássicos" (Gioconda Mussolini e Ary França). A maioria das comunidades caiçaras tem substituído suas atividades pesqueiras por atividades relacionadas ao turismo, ainda que sazonalmente. A despeito dessas mudanças, a maior parte dos sujeitos e das comunidades no litoral sul de São Paulo autodenominam-se *caiçaras* ainda hoje...

Terminologia tal como "cultura tradicional" é empregada por Antônio Cândido em sua obra clássica *Os Parceiros do Rio Bonito*, resultado de sua pesquisa sobre a "cultura caipira" nas décadas de 1940 e 1950 no município de Bofete (SP). Assim como Gioconda Mussolini que desenvolveu seus estudos sobre pesca na ilha de São Sebastião (SP), Antonio Cândido trata dos conceitos de "reinterpretação" e "persistência", ambos inspirados nos estudos de Roger Bastide.

Há cerca de 20 e poucos anos a expressão *"morador tradicional"* é utilizada por certos caiçaras no Parque Estadual da Ilha do Cardoso (em

Cananéia, SP) e, um pouco mais tarde, na Barra do Una na Juréia, para diferenciarem-se daqueles que chamam de *"veranistas"* e *"turistas"* — pessoas que moram ou têm casa nesses lugares, mas que não são reconhecidos por "eles" como "fazendo parte da comunidade". É possível que o uso do *"tradicional"* autoatribuído tenha migrado da esfera acadêmica para o universo nativo por influência de inúmeros pesquisadores que frequentam a região estuarina-lagunar de Iguape-Cananéia há muito tempo.

Importante é ressaltar que a categoria "morador tradicional" passa a integrar um quadro referencial sobre os direitos dos moradores em áreas protegidas, a exemplo do Parque Estadual da Ilha do Cardoso, a partir de julho de 1997.[24]

A Ilha do Cardoso foi palco de uma dinâmica social por parte dos "moradores tradicionais" que vivem há cerca de cinco gerações naquele lugar. Entrevistas que realizei em campo e sobretudo calendários desenhados por meus interlocutores que vivem na Ilha trouxeram à tona possíveis mecanismos de uma constante reconstrução ou reelaboração da identidade coletiva caiçara. Mesmo na comunidade do Marujá, situada na restinga estreita na parte central da Ilha e que recebe durante todo o ano um grande número de turistas, pode-se considerar que praticamente nenhum morador vive durante o ano todo exclusivamente da pesca. Não obstante, poucos são os que não pescam mais. Na maior parte dos casos, nota-se uma mudança sazonal da atividade pesqueira durante o período do verão, época que coincide com o declínio da pesca da tainha e, ao mesmo tempo, quando aumenta consideravelmente o fluxo turístico para a Ilha (RODRIGUES, 2001, p. 82). Foi o que me explicou um de meus interlocutores: *"nós temos a entressafra do turismo, que é depois de março até dezembro, [...] nesse tempo o pessoal faz mais pesca"*.

Nota-se que o próprio termo nativo utilizado (*"entressafra do turismo"*) denota a importância que é dada ao turismo, que cumpriria o papel de suplementar a renda da pesca durante o verão. O mesmo termo advém, contudo, de uma lógica particular relacionada ao modo de ser e de produzir (re-produzir-se) dos caiçaras relacionada à agricultura e aos ciclos agrícolas: a *"safra"* e a *"entressafra"*.[25] Da mesma forma, a roça realizada segundo *modelo*

---

[24] Data em que foi iniciada as discussões acerca do "plano de manejo" daquele parque. "Plano de manejo" é um conjunto de regras de gestão territorial formuladas para cada área de natureza protegida, ou seja, no termo técnico: "unidades de conservação". Segundo a lei federal que rege as unidades de conservação no país, o Sistema Nacional de Unidades de Conservação (SNUC), a formulação do plano de manejo é obrigatória e deve envolver (teoricamente), além das instituições públicas, representantes das comunidades tradicionais que vivem nessas áreas.

[25] A atividade pesqueira mais importante na Ilha do Cardoso tem o ápice no período de maio a julho, época de pesca da tainha. Vale sublinhar aqui o que já registrei neste trabalho antes a respeito do suposto "abandono" das

tradicional caiçara[26] teria um importante papel de reconstruir práticas sociais relacionadas ao passado agrícola dessa gente, "reconstituindo sua identidade".

De maneira análoga, a antropóloga Bela Feldman-Bianco, ao analisar determinadas práticas sociais em seu estudo em New Bedford (Estados Unidos) sobre imigrantes portugueses, concluiu que os trabalhos nas hortas de fundo de quintal resgatariam a "portugalidade" daqueles sujeitos (FELDMAN-BIANCO, 2009, p. 33). A pesca comunitária ou artesanal praticada em diversas modalidades nas seis comunidades que estudei na Ilha do Cardoso reconstruiria igualmente o *núcleo identitário caiçara*. Especialmente no inverno, observa-se que a pesca se torna a atividade principal no litoral sul paulista, mesmo na comunidade do Marujá, onde é tão frequente a presença de turistas.

Esse não é um fenômeno exclusivo naquelas comunidades. Fenômeno semelhante foi observado por outros autores que retratam a *identidade caiçara* (KANT DE LIMA, 1997; MALDONADO, 1993). Nas ocasiões de intensificação da pesca, segundo esses autores, a identidade encontra condições de afirmação. As práticas sociais relacionadas à pesca comunitária e à roça tradicional, surgiriam como um dos principais elementos de "rearticulação da identidade coletiva caiçara" (RODRIGUES, 2001, p. 82). O mesmo parece ocorrer nos momentos em que o fandango é praticado por essa mesma gente.

Ora, tomando como princípio, portanto, que a identidade "não tem a solidez de uma rocha" (BAUMAN, 2005 a, p. 17) e, por isso mesmo, deve ser reconstruída de tempos em tempos, pode-se indagar: por que e em que momentos essa reconstrução passa a ser necessária? Certamente, quando ela se torna ameaçada. Em outras palavras, quando se coloca em dúvida a identidade de uma pessoa ou de um grupo e, consequentemente, coloca-se em xeque seus direitos ou sua dignidade, o sentimento de pertencimento e de identidade precisam ser afirmados, restaurados.

A necessidade de afirmação da identidade em momentos em que ela passa a ser questionada foi exemplificada por Zygmunt Bauman em *Identidade* (BAUMAN, 2005a, p. 18). O sociólogo de origem polonesa deparou-me pela

---

atividades tradicionais pelos caiçaras nestas áreas protegidas no estado de SP. Tais mudanças no modo de vida tradicional resultam da legislação ambiental em vigor no país que impõe a grupos sociais que vivem em áreas onde há interesse de preservação de bens naturais inúmeras restrições de uso e de ocupação.

[26] Sistema que implica em queima, sem destoca, rotação e descanso das áreas de plantio. Esse tipo de agricultura é conhecida por povos tradicionais em muitos países tropicais e tem sido denominado *shifting cultivation* (agricultura itinerante) por pesquisadores indianos.

primeira vez com a "questão" de sua identidade ou *polonesismo* (termo que ele mesmo sugere) após a adoção pelo Partido Comunista polonês de uma campanha antissemita, em 1968. Ele então foi considerado "desajustado" em seu próprio país por defender ideais de *liberdade, justiça e igualdade*, refugiando-se nos Estados Unidos. Ao assumir o cargo de professor na Inglaterra, alguns anos depois, ficou em dúvida quanto ao hino nacional que deveriam tocar na solenidade: o da Polônia ou o britânico. Não se considerava inglês ou britânico, mesmo depois de sua naturalização.[27] O autor é, contudo, um sofisticado crítico da noção de "identidade". Antes de mais nada, considera que "identidade é um conceito altamente contestado" e "sempre que se ouvir essa palavra, pode-se estar certo que está havendo uma batalha" (BAUMAN, 2005a, p. 83).

No caso do Projeto de Preservação da Mata Atlântica que investiguei no período de 1996 a 2000, a categoria "tradicional" passaria a ser instrumentalizada para operar eventuais direitos de permanência e de uso dos recursos naturais em reservas ambientais administradas pela Secretaria do Meio Ambiente do Estado de São Paulo (Sema).[28]

Assim, a identidade *tradicional* atribuída a determinados sujeitos e a comunidades localizados em parques e na estação ecológica garantiria, sob certas condições, a ocupação daquelas áreas consideradas "naturais". Consequentemente, *não ser tradicional* conferiria vulnerabilidade a pessoas e grupos quanto aos direitos de uso e de posse das terras. A ideia por detrás do questionamento de muitos dos técnicos da Secretaria do Meio Ambiente, ao refutar a identidade *tradicional* a muitos dos moradores caiçaras, devia-se ao fato de que eles teriam passado a viver durante uma boa parte do ano da renda advinda de atividades turísticas. É o caso da maioria dos caiçaras da comunidade Marujá, na Ilha do Cardoso e na Barra do Una, na Juréia. Basicamente, os técnicos dizem o seguinte: "já que eles vivem do turismo, não são mais tradicionais e, portanto, têm que sair da unidade" (respectivamente: um parque e uma estação ecológica). Ou, então: "já que não pescam e não fazem mais roça, não são tradicionais. Têm que sair!". Orientando-se pela perspectiva da "aculturação", possibilitar-se-ia, assim, a futura remoção desses sujeitos do interior das áreas protegidas por agentes externos.

---

[27] Foi a partir dessa experiência pessoal que Bauman passou a tratar de temas que se tornaram centrais em suas reflexões, dentre eles, a respeito de sujeitos que como ele próprio não obtiveram permissão para ficar em seu próprio país ou no exílio, como teria retratado em *Vidas Desperdiçadas* (2005). É nesse contexto que a identidade se tornou inevitavelmente uma questão de análise para o intelectual.

[28] Doravante denominada aqui Secretaria do Meio Ambiente ou Sema.

Desde muitos anos, essa tem sido a condição vulnerável das comunidades caiçaras (e mesmo de quilombolas) que habitam as áreas decretadas unidades de conservação entre as décadas de 1960 e 1980, no estado de São Paulo.

Bauman já havia alertado para essa possibilidade em sua reflexão sobre o tema:

> Ocorre, contudo, que a faca da identidade também é brandida pelo outro lado - maior e mais forte. Esse lado deseja que não se dê importância às diferenças, que a presença delas seja aceita como inevitável e permanente, embora insista que elas não são suficientemente importantes para impedir a fidelidade a uma totalidade mais ampla que está pronta a abraçar e abrigar todas as diferenças e todos os seus portadores (BAUMAN, 2005a, p. 83).

Ou seja, para supostamente proteger o "meio ambiente" — considerado um bem comum pela Constituição Federal de 1988 —, exclui-se indivíduos considerados "agentes de impacto". Contudo, quais seriam os critérios utilizados para esta exclusão social? E mais: cabe aos técnicos da Secretaria do Meio Ambiente essa avaliação?

É preciso ainda salientar que até meados de 2000 a identidade *tradicional* referia-se a uma categoria problemática e não consensual no âmbito da Sema. A permanência desses povos nas reservas era defendida por poucos funcionários mais "simpáticos" aos problemas enfrentados por caiçaras e quilombolas. Pelo fato de ter sido regulamentada por portarias administrativas da mencionada Secretaria, a *identidade tradicional* seria válida somente para garantir temporariamente certos usos dos recursos naturais. Ou seja, tais direitos sempre foram frágeis e continuam sendo constantemente colocados em xeque por aqueles que discordam que aquela gente possa ser aliada da conservação ambiental — o que, a propósito, tanto no passado como no presente é o que pensa a maioria dos funcionários públicos e membros de muitos dos grupos ambientalistas no estado em SP.[29]

A suposição de que aquelas pessoas poderiam ser legítimas *sujeitos de direito* pelo fato de serem detentores de determinados bens patrimoniais até então (final da década de 1990) estava fora de cogitação. Foi somente a partir de 2003 que as reivindicações de grupos étnica e culturalmente

---

[29] Um exemplo que atesta o interesse de exclusão dessas pessoas das áreas protegidas foi uma Ação Civil Pública ingressada em 2011 pelo Grupo de Atuação Especial de Defesa do Meio Ambiente (Gaema) do Ministério Público Estadual que obrigava o Estado de São Paulo a tomar medidas para efetiva retirada dos moradores da Juréia. Os paradoxos desta medida serão discutidos oportunamente.

diferenciados agrupados em torno de uma Comissão Nacional (Comissão Nacional de Povos e Comunidades Tradicionais) passaram a nortear políticas públicas em defesa dos direitos desses povos.

Bauman (2005a, p. 84) insistentemente refere-se à "identidade" como uma faca de dois gumes: de um lado ela fundamenta o postulado do *comunitarismo*, ou seja, o direito à diferença de indivíduos e de comunidades em função de suas crenças, modos de vida, normas, símbolos; de outro lado, esse ideal é contestado por aqueles que defendem o postulado do *liberalismo*, não só econômico, mas também de "liberdade de escolha, de autodefinição e autoafirmação", em defesa do princípio de um "universalismo humano". Assim, desde o ponto de vista deste autor, a polaridade se dá entre a *liberdade* de escolha e a *segurança* oferecida pelo pertencimento a uma determinada comunidade. Mas quais seriam as escolhas que teriam esses grupos que se vêm constantemente ameaçados de expulsão do lugar onde vivem? Pior: quais as escolhas que esses sujeitos têm ao continuar vivendo nesses lugares *sendo o que são, ou o que desejam ser?*

Inesperadamente, então, o fandango reacende essa questão identitária entre as comunidades caiçaras no Vale do Ribeira, porém, em um novo contexto político e com outros propósitos. Vejamos o que me disseram sobre a relação entre *ser caiçara* e o fandango:

"Todo caiçara conhece o fandango!"; *"Quem não conhece o fandango não é caiçara!"*, afirmam todas as pessoas que entrevistei.

Algumas vão além: "[Ser caiçara] *é permanecer como eu sou, saber as coisas do mato, plantar, usar coisas do fandango, se apaziguar um com outro pra fazer um fandango. Essas coisas é coisa de caiçara, esse tipo é ser caiçara."*; *"É uma tradição que não pode parar!"*

Há ainda quem defende o seguinte: *"o fandango é um dos meios que a gente tem pra gente lutar para o que a gente quer!"*. Sem esquecermos aqui o que havia escrito na faixa exposta durante o baile de fandango no centro comunitário do Guaraú: *"Promovendo o fandango, artesanato e cultura caiçara. Manifestação caiçara na luta por território e cultura".*

Assim, procurando pensar as duas questões que me desafiam — quem são os chamados *"povos e comunidades tradicionais"* e como surge a categoria *"tradicional"* — e em que contexto, recorro aqui a Carlos Rodrigues Brandão que há muitos anos convive com vários desses grupos, observa-os, pensa e escreve sobre seus modos de ver o mundo e suas manifestações populares. Destaco o seguinte trecho de um de seus livros na época da redação deste trabalho ainda não publicado:

> [Comunidades tradicionais] se tradicionalizam como uma estratégia de defesa. Como um modo de existir dividido entre a relação dependente com o "mundo de fora" e uma protetora quase-invisibilidade. **Indígenas, quilombolas, camponeses, antes e agora vivendo sob o peso de contínuas ameaças, resistem procurando também fazerem-se contatáveis ou pouco visíveis aos olhos do outro.** Quase invisíveis, mas sempre presentes. E é sobre uma anterioridade vivida e pensada através da afirmação de que "a gente já estava aqui quando eles chegaram, mesmo que eles não tenham visto a gente" (ou até por isto mesmo), que a comunidade tradicional reconstrói tanto a gramática de seus direitos políticos quando a de sua identidade social. Assim sendo, elas não são tradicionais porque aos olhos de quem chega opõem-se ao que, segundo "eles", é moderno. São tradicionais porque são ancestrais, porque são autóctones, porque são antigas, resistentes e anteriores. **Porque possuem uma tradição de memória de si mesmas em nome de uma história construída, preservada e narrada no existir em um lugar, por oposição a quem 'chega de fora'**, e à neo-história do chegante (BRANDÃO, grifo próprio).[30]

A identidade "tradicional" passar a existir como oposição a algo que essas pessoas não querem ser e/ou não querem para si. É também uma forma de resistência. Mas não só isso! É uma necessidade de autoafirmação em momentos de *"aperto"*, como eles me dizem, em busca de restituição de *coisas* e *não coisas* importantes para essa gente.

A luta pelo reconhecimento da diversidade humana no Brasil — e consequente formulação de políticas que possam assegurar certos direitos a esses povos — resultaria em uma eventual legitimação dos territórios ocupados por grupos humanos étnico ou culturalmente diferenciados, como aqueles representados na Comissão Nacional de Povos e Comunidades Tradicionais: *Agroextrativistas da Amazônia, Caiçaras, Comunidades de Fundo de Pasto, Comunidades de Terreiro, Comunidades Remanescentes de Quilombos, Faxinais, Geraizeiros, Pantaneiros, Pescadores Artesanais, Pomeranos, Povos Ciganos, Povos Indígenas, Quebradeiras de Coco-de- Babaçu, Retireiros, Seringueiros*,[31] além de outros possíveis grupos espalhados pelo Brasil. Ao lado

---

[30] *Cf.* Livro a ser publicado de Carlos Rodrigues Brandão, *O Lugar da Vida*. Tive acesso ao livro "em primeira mão" por gentileza do autor.

[31] Grupos oficialmente representados na Comissão Nacional de Desenvolvimento Sustentável dos Povos e Comunidades Tradicionais (CNPCT) há cerca de 10 anos. Atualmente, no governo Lula, a comissão foi denominada Conselho de Povos e Comunidades Tradicionais. *Cf.* em https://www.gov.br/participamaisbrasil/cnpct.

de reivindicações comuns relacionadas ao reconhecimento e à valorização de suas identidades coletivas e formas de organização particulares, um dos principais objetivos da Comissão (hoje Conselho) é a luta pela garantia de seus direitos territoriais.

Alfredo Wagner discute "identidade tradicional" e mesmo a noção de "tradição", quando se refere à territorialidade de povos e comunidades tradicionais:

> a noção de "tradicional não se reduz à história, nem tão pouco a laços primordiais que amparam unidades afetivas, e incorpora as identidades coletivas, redefinidas situacionalmente numa mobilização continuada [...] O processo de territorialização é resultante de uma conjunção de fatores, que envolvem a capacidade mobilizatória, em torno de uma política de identidade, e um certo jogo de forças em que os agentes sociais, através de suas expressões organizadas, travam lutas e reivindicam direitos face ao Estado. As relações comunitárias neste processo também se encontram em transformação, descrevendo a passagem de uma unidade afetiva para uma unidade política de mobilização ou de uma existência atomizada para uma existência coletiva. A chamada "comunidade tradicional" se constitui nesta passagem. **O significado de "tradicional" mostra-se, deste modo, dinâmico e como um fato do presente, rompendo com a visão essencialista** (ALMEIDA, 2008a, p. 30, grifo próprio).

Terras tradicionalmente ocupadas, nos termos propostos por Alfredo Wagner, ou *territórios tradicionais* — como denominei em trabalhos que desenvolvi anteriormente (RODRIGUES, 2001, 2008) — referem-se a determinadas áreas geográficas, onde se observa uma apropriação do território (concreta e simbolicamente) por sujeitos e por comunidades nativas desde uma relação imbricada e indissociável com a cultura e com a identidade coletiva. A proposição também nos remete aos preceitos da criação de *territórios de povos e comunidades tradicionais,* nos termos que vem sendo propostos pelo antropólogo Alfredo Wagner Berno de Almeida. Ele argumenta que processos de territorialização concebidos por povos e comunidades tradicionais redesenharia uma nova cartografia social na superfície brasileira, mais condizente "com as novas maneiras segundo as quais [esses povos] se organizam e se autodefinem [...]. Em verdade o que ocorre é a construção de identidades específicas junto com a construção de territórios específicos" (ALMEIDA, 2004, p. 41).

A apropriação do território perpassa, portanto, pela cultura material (a pesca, a roça, a caça, a casa de farinha, o centro comunitário, a igrejinha, os caminhos percorridos a pé ou por barco...), a cultura imaterial (a religiosidade, os *"causos"*, as festas tradicionais e rituais, aqui representada pelo *fandango caiçara*), a *identidade tradicional* e a natureza, por meio de relações imbricadas e indissociáveis.

Manuela Carneiro da Cunha trata da relação entre cultura e identidade em seu livro *Cultura com Aspas*. Nessa obra, distingue "cultura" (com aspas) de cultura (sem aspas). A primeira seria "um recurso e como arma para afirmar identidade, dignidade e poder diante dos Estados nacionais ou da comunidade internacional". A segunda refere-se a "aquela rede invisível na qual estamos suspensos" (CUNHA, 2009, p. 373). Todavia, não me parece que processos de reelaboração da identidade tradicional restringem-se a uma "estratégia política" para o caso da gente retratada aqui.

José Maurício Arruti (2006) também teria problematizado a questão identitária afirmando que no processo de territorialização pode-se lograr uma "naturalização do conceito de identidade". Fazendo referência às disputas territoriais protagonizadas por povos remanescentes de quilombo, afirma que ao autoidentificar-se como *quilombola* aderir-se-ia simbólica e socialmente a uma luta política, a um embate ideológico.

Essa é uma questão controversa que discutirei ao longo deste livro. Pergunto-me, antes de mais nada: o que essa gente tem a nos dizer sobre isso? Fazer que "eles" expressem como entendem questões como esta me parece ser a maior contribuição da antropologia para pensar velhos e novos dilemas relacionados à questão identitária. Alguns dos mecanismos de rearticulação da identidade coletiva também são evidenciados nas narrativas de meus interlocutores, a exemplo da de Dona Maria das Neves de Iguape:

> *Nos tempos de dantes a gente fazia o mutirão. A gente trabalhava no sítio mas a gente não pagava ninguém pra fazer nada pra gente. A gente vivia da lavoura, tinha tudo: arroz, mandioca, milho... Você queria derrubar um terreno, naquele tempo o IBAMA não proibia, até a beira da porta você podia plantar as coisas. A gente queria fazer uma roça e era só meu pai sozinho, nós era tudo pequenininho, ele não ia fazer um roçado grande de arroz, plantar para dar 100, 150 sacos de arroz sozinho. Então ele fazia o convite pra vizinhança, morava tudo pertinho, você fazia o convite, a turma trabalhava mas só que você não pagava, você dava a comida, se era na hora do almoço, se era na parte da tarde, dava a janta, para eles era o*

> *pagamento. E o pagamento era o fandango, dançava tudo de graça. Todo sábado tinha aonde dançar, e era feito nas casas da gente, casas tudo de assoalho alto, a gente dançava ali. É uma tradição que não pode parar [...] por ser coisa de sítio, uma tradição antiga é que devia conservar, não pode parar. [...] Tem gente que conhece o caiçara pela fala, sabia? E caiçara conhece o fandango!* (Dona Maria das Neves em Iguape, abril de 2011)

O fandango, tal como *"a fala"*, o mutirão de roça, as lembranças *"as coisas de sítio"*, a *"tradição"* de maneira geral parece "costurar o sujeito ao mundo cultural que habitam" (HALL, 2011, p. 13), à sua identidade coletiva e singular: *ser caiçara*. Todavia, todos sabemos que o mundo ou a "paisagens culturais", como designa Hall (2011), estão sendo modificados e fragmentados de maneira drástica e em uma velocidade crescente. Estaríamos vivendo em um tempo de desestruturação sem precedentes de identidades coletivas e individuais? O que *permaneceria* então?

> O sujeito, previamente vivido como tendo uma identidade unificada e estável, está se tornando fragmentado; composto não de uma única, mas de várias identidades, algumas vezes contraditórias ou não resolvidas [...] Esse processo produz o sujeito pós-moderno, 'conceptualizado' como não tendo um identidade fixa, essencial ou permanente. A identidade torna-se uma 'celebração móvel': formada e transformada continuamente em relação às formas pelas quais somos representados ou interpelados nos sistemas culturais que nos rodeiam (HALL, 2011, p. 13).

Hall, nesse mesmo trabalho publicado pela primeira vez em 1992, afirmaria que "o sujeito assume identidades diferentes em diferentes momentos". Se considerarmos essa hipótese, de que maneira esse processo se dá?

É de conhecimento de muitos pesquisadores que o caiçara, tanto no passado como nos dias de hoje, transita entre dois tempos — que se poderia chamar de *"o tempo de dantes"*, como dizem eles (o da pesca, do *"ademão"*, *"ajuntório"* e *"mutirão"*, relacionados aos afazeres da *roça*, da caça e da pesca) e o tempo "contemporâneo" (das atividades ligadas ao turismo ou a outras formas de economia de mercado).[32] O caiçara articula-se intensamente em certos períodos com o "mundo externo", o das grandes cidades e comércios, com desenvoltura surpreendente. No entanto, mantém vínculos estreitos com seu núcleo identitário que parece ser reconstruído sob certas condi-

---

[32] Esse dinamismo característico da vida social dos caiçaras foi estudado na dissertação de Mansano (1998).

ções particulares. Muda-se de *condição* ou de "tipo de trabalho" (conforme explica Alfredo Wagner), mas a identidade caiçara parece ser recriada em determinadas épocas do ano, sob certas condições específicas.

A identidade é, portanto, situacional e vários agentes locais e externos contribuem para essa dinâmica. Pode ainda manifestar-se de outras maneiras em situações adversas a que estão submetidos por viverem em uma área ambientalmente protegida por lei: uma unidade de conservação de proteção integral. Ao depararem-se com a "proibição" de suas algumas de suas atividades produtivas tradicionais, tal como a roça, a caça ou a pesca, parece lançarem mão de algumas estratégias que garantiriam sua reprodução material ou simbólica. Desse modo, o fandango parece desempenhar um papel significativo neste processo. Consequentemente, mesmo que não haja uma intencionalidade direta ou consciente, promoveria a reelaboração da identidade tradicional, não meramente como uma forma de reviver um passado ou para cortejar uma tradição que pode parecer ameaçada, mas antes como um caminho que aponta para algo novo.

Ainda que o mundo ou a história parecem ser marcados pelas descontinuidades — como afirmam pensadores contemporâneos como David Harvey e Foucault —, essa (eventual) desestruturação de uma identidade tradicional "abre a possibilidade de novas articulações: a criação de novas identidades, a produção de novos sujeitos…" (HALL, 2011, p. 18). Hall acredita basicamente que a identidade resulta de um processo permanente de construção, de formação contínua. Para o autor, vários fatores teriam influenciado a transformação de um sujeito dotado de uma identidade fixa e estável — como ocorria com a maioria das pessoas antes do Iluminismo — para sujeitos com identidades abertas, contraditórias, inacabadas, fragmentadas características no final do século XX. O que chamou de *descentramentos do sujeito cartesiano* teria provocado transformações profundas no pensamento ocidental e motivado mudanças sociais resultando em uma verdadeira "crise da identidade", coletiva e individual. Quais sejam: o marxismo, a descoberta do inconsciente (a partir de Freud), o papel da linguagem na estruturação do indivíduo (Saussure); o poder disciplinar (Foucault), além do feminismo e outras "políticas de identidade" (ou da diferença).

Hall (2011) discute detalhadamente a fundamentações teórica e conceitual de uma suposta "modernização tardia" e o fortalecimento do processo de globalização ao longo do século XX, que, ao contrário do que se poderia imaginar, não teriam substituído o local, o particular, a tradição, as raízes, os mitos nacionais e as "comunidades imaginadas" por identidades racionais e universalistas. A despeito dos vários fundamentalismos que surgiram, por suposto em reação à homogeneização global, ocorreu um movimento que ele chama de "revival da etnia", mesmo que muitas vezes essa necessidade de exaltação das diferenças possa ser meramente simbólica, ou seja, não essencializada (HALL, 2011, p. 97). É o processo relacionado a essa dinâmica identitária que me interessa pensar aqui.

Territorialidades, identidade coletiva e direitos humanos em áreas ambientalmente protegidas: a visão dos movimentos sociais, de antropólogas(os) e de ambientalistas

Conflitos relacionados às terras ocupadas por *povos e comunidades tradicionais*[33] têm estado em grande evidência, principalmente em função da mobilização de movimentos populares que levou à criação da Política Nacional de Desenvolvimento Sustentável dos Povos e Comunidades Tradicionais (PNPCT), em 2007. Tal política pública foi instituída no Brasil pelo Decreto n.° 6040 e no artigo 3 consta a seguinte definição da categoria "tradicional":

> [...] povos e comunidades tradicionais são grupos culturalmente diferenciados e que se reconhecem como tais, que possuem formas próprias de organização social, que ocupam e usam territórios e recursos naturais como condição para sua reprodução cultural, social, religiosa, ancestral e econômica, utilizando conhecimentos, inovações e práticas gerados e transmitidos pela tradição (BRASIL, 2007, s/p).

Até o decreto ter sido sancionado pelo presidente Lula, em 2007, houve uma série de negociações e inúmeros sujeitos atuaram no processo de legitimação da "nova lei". O primeiro passo foi a criação da Comissão Nacional de Desenvolvimento Sustentável dos povos e Comunidades Tradicionais, logo após a realização do I Encontro Nacional de Comunidades Tradicionais em Luziânia (DF), em agosto de 2004. A Comissão promoveu uma série de debates públicos, entre agosto de 2004 e novembro de 2006, nos estados do Acre, Pará, Bahia, Mato Grosso e Paraná, e contou com a participação de cerca de 350 representantes dos povos e comunidades tradicionais de todo o Brasil.

---

[33] A expressão "povos e comunidades tradicionais" que inicialmente era usada exclusivamente por membros de órgãos governamentais e em políticas públicas recentes passa a ser adotada por membros desses grupos, tornando-se, portanto, uma categoria nativa (nativizada).

Como já mencionado antes, no terceiro mandato do presidente Lula, tal "comissão" passa a ser um "conselho": o Conselho Nacional dos Povos e Comunidades Tradicionais (CONPCT).

Na elaboração da PNPCT, houve ainda o incentivo a uma ampla participação popular que, pela primeira vez em nosso ordenamento jurídico, reconhece, além dos indígenas e quilombolas, a importância de outros grupos culturalmente diferenciados e de seus direitos. Mas todo esse movimento sempre teve inúmeros opositores, que fique claro desde já. Curioso é constatar que além dos chamados "ruralistas", que historicamente opõem-se aos movimentos sociais no campo, entram em cena do lado contrário ao ocupado pelos povos tradicionais, determinados sujeitos que se autoidentificam como "ambientalistas".

Em verdade, grande parte das áreas ambientalmente protegidas criadas nos estados do sudeste e sul do país sobrepôs terras ocupadas por comunidades tradicionais e fundamenta-se em uma falsa premissa: a de que tais áreas seriam originariamente desabitadas e, portanto, de que a natureza virgem e exuberante lá existente deveria ser mantida intocada (DIEGUES, 1996). Tal premissa viola direitos étnicos e culturais contemplados na Constituição de 1988 e em convenções internacionais.[34] Contradiz ainda programas nacionais que buscam a salvaguarda da cultura imaterial no Brasil — a exemplo do Programa Nacional do Patrimônio Imaterial (PNPI) criado para proteger, dentre outros bens: "conhecimentos e modos de fazer enraizados no cotidiano das comunidades"; "rituais e festas que marcam a vivência coletiva do trabalho, da religiosidade, do entretenimento e de outras práticas da vida social".[35]

Ou seja, o princípio jurídico do *acautelamento cultural* não estaria sendo cumprido em detrimento do *princípio de precaução* aplicado deliberadamente pelos órgãos ambientais. Destarte, pode-se afirmar, como fez Ferreira da Silva (2011), que os direitos ambientais sobrepõem e ameaçam direitos humanos nestas áreas.

---

[34] Conforme garante dispositivos jurídicos já mencionados antes: a Constituição Federal de 1988 (nos artigos 215 e 216), bem como a Convenção 169 da OIT.

[35] O Decreto 3551 instituiu no ano de 2000 o PNPI que prevê o registro dos bens reconhecidos nos seguintes livros: "I – Livro de Registro dos Saberes, onde serão inscritos conhecimentos e modos de fazer enraizados no cotidiano das comunidades; II – Livro de Registro das Celebrações, onde serão inscritos rituais e festas que marcam a vivência coletiva do trabalho, da religiosidade, do entretenimento e de outras práticas da vida social; III - Livro de Registro das Formas de Expressão, onde serão inscritas manifestações literárias, musicais, plásticas, cênicas, lúdicas; IV Livro de Registro dos Lugares, onde serão inscritos mercados, feiras, santuários, praças e demais espaços onde se concentram e reproduzem práticas culturas coletivas". *Cf.* site disponível em https://www.gov.br/iphan/pt-br/acesso-a-informacao/acoes-e-programas/programas/programa-nacional-do-patrimonio-imaterial-pnpi. Acesso em: dez. 2011.

O que se pode chamar de um Movimento Nacional de Povos e Comunidades Tradicionais, originariamente de base popular, conta com o apoio de determinados institutos de pesquisa e universidades. Partindo de premissas distintas daquelas que fundamentam a maior parte das pesquisas ambientais no Brasil, alguns pesquisadores articulados e comprometidos com estes movimentos sociais têm ainda formulado propostas voltadas à criação de "territórios de povos e comunidades tradicionais".

Um dos projetos sendo desenvolvidos em escala nacional é o Projeto Nova Cartografia Social, coordenado pelo antropólogo Alfredo Wagner B. de Almeida. Alguns dos casos apoiados por esse grupo de pesquisadores que atua em parceria com movimentos sociais articulados em uma vasta rede são emblemáticos tais como: o que trata do território descontínuo das *mulheres quebradeiras de coco babaçu* mobilizadas em vários estados da região amazônica, bem como o que se refere ao território quilombola ocupado pela Empresa Binacional Alcântara Cyclone Space (ACS) para implantação do Centro de Lançamento de Foguetes de Alcântara no Maranhão.[36]

Talvez, um dos maiores méritos do Projeto Nova Cartografia Social seja a organização e publicação dos fascículos que contem relatos e mapas construídos pelo próprio grupo contemplado, expressando suas percepções, seus saberes, as reivindicações, os conflitos em que estão envolvidos, seus sonhos e "expressões culturais diversas". São formas de automapeamento social onde são apresentados "desenhos, esboços e reproduções de símbolos e objetos elaborados pelos próprios sujeitos".[37] Os conflitos territoriais em que alguns desses grupos estão envolvidos são retratados nos fascículos segundo a lógica e critérios "deles" ou "delas", ou seja, representam como a comunidade vê e narra sobre seus modos de vida e o lugar onde vivem.

Muitos desses povos e comunidades tradicionais (ou "movimentos sociais", como refere-se a eles Alfredo Wagner) utilizam formas de *uso comum* de recursos e do território com o objetivo de garantir a reprodução material e simbólica do grupo. Com base em estudos de caso realizados a respeito de manejo comunitário de recursos comuns (*common-pool resources*), a economista e pesquisadora Elinor Ostrom observou que muitos dos sistemas são manejados com bastante sucesso em regimes de autogestão por comunidades locais — distintamente do que ocorre em propriedades privadas ou em áreas administradas pelo Estado.

---

[36] *Cf.* informações no site da Nova Cartografia Social disponível em http://www.novacartografiasocial.com. Acesso em: jun. 2012.

[37] *Cf.* Projeto Nova Cartografia Social disponível em http://www.novacartografiasocial.com. Acesso em: dez. 2011.

Suas observações contradizem alguns pesquisadores que afirmam que bens ou recursos de propriedade comuns (*commons*) levam inevitavelmente à destruição ao longo do tempo, pelo fato de que propriedades coletivas resultam no uso excessivo dos recursos naturais —, tal como postulava Garret Hardin na obra *Tragédia dos Comuns* publicada em 1968. Contrariando as expectativas pessimistas apresentadas por Hardin, pesquisas empíricas demonstraram que grupos humanos têm alcançado sucesso em criar arranjos institucionais e sistemas de manejo de recursos comuns que permitem garantir o uso sustentável e equitativo por longos períodos em áreas de florestas, nos oceanos, em rios e lagos, nas pastagens, dentre outros ecossistemas.

Faxinalenses, caiçaras e quilombolas na região próxima ou exatamente onde foi realizado o presente estudo estão entre esses grupos. Contudo, essas formas de conhecimento e de manejo tradicionais são ignoradas e principalmente desrespeitadas a medida que agentes externos, governamentais ou não, impõem-lhes uma série de restrições ao uso tradicional dos recursos naturais. Assim, práticas comunitárias que envolvem relações entre natureza e sociedade sob a égide da sustentabilidade ampla (não só econômica!), utilizadas tradicionalmente há inúmeras gerações por esses povos e comunidades passaram a ser, paradoxalmente, proibidas.

A principal razão dessa situação, a meu ver, subjaz ao movimento ambientalista brasileiro onde predomina uma tendência biocêntrica de "natureza". Para a maior parte dos sujeitos que se autointitulam "ambientalistas", o ser humano não faz parte da natureza. Essa noção decorre do *mito moderno da natureza intocada* que norteia as políticas de conservação da natureza no Brasil apontado por Diegues há tantos anos.

Um caso emblemático que exemplifica esse tipo de fundamentalismo foi uma Ação Civil Pública sob o n.° 441.01.2010.001767-0 que obrigaria o estado de São Paulo, por meio da sua Secretaria do Meio Ambiente, a tomar medidas para efetiva retirada dos moradores da Juréia, a partir do dia 7 de julho de 2012. Com base nesse tipo de premissa, bem mais recentemente, duas moradias de caiçaras foram demolidas na Juréia (julho de 2019) por agentes da Fundação para a Conservação e a Produção Florestal de São Paulo, órgão ligado à Sema. O caso resultou em uma ação judicial, proposta no dia 10 de julho de 2019 pela Defensoria Pública e o advogado da comunidade.

Desde uma perspectiva aparentemente oposta, observa-se o fortalecimento de um novo paradigma na conservação da natureza, segundo o qual os direitos dos povos tradicionais devem ser reconhecidos, respeitados e protegidos e suas práticas sociais internalizadas nos processos de planejamento e na gestão das áreas protegidas — como recomenda as deliberações dos últimos congressos da União Mundial para Conservação da Natureza (IUCN) realizados em Durban (2003) e Barcelona (2008).[38]

No entanto, é preciso sublinhar aqui que não é por serem eventualmente considerados "aliados da proteção ambiental" que se deve conferir importância aos povos e comunidades tradicionais. Creio ser essa uma visão essencialmente utilitarista desses povos.

A contribuição ou não de comunidades tradicionais para a conservação da biodiversidade continua e continuará por muito tempo em pauta nos debates entre técnicos, pesquisadores e ONGs que atuam na área ambiental, mesmo sendo que os direitos desses povos a seus territórios já tenham sido de certa forma referendados em recentes convenções e políticas públicas criadas no Brasil e internacionalmente.

Entre os cientistas sociais reconheço leituras um tanto quanto distintas sobre esta problemática. O sociólogo Diegues atribui grande responsabilidade da conservação de florestas tropicais à chamada "população tradicional", sendo ainda o principal autor a empregar e a defender a categoria "tradicional". No livro *O Mito Moderno da Natureza Intocada*, publicado pela primeira vez em 1996, argumenta:

> Comunidades tradicionais estão relacionadas com um tipo de organização econômica e social com pouca ou nenhuma acumulação de capital, não usando força de trabalho assalariado. Nela produtores independentes estão envolvidos em atividades econômicas de pequena escala, como agricultura e pesca, coleta e artesanato. Economicamente, portanto, essas comunidades se baseiam no uso de recursos naturais renováveis. Uma característica importante desse modo de produção mercantil (*petty mode of production*) é o conhecimento que os produtores têm dos recursos naturais, seus ciclos biológicos, hábitos alimentares, etc. Esse "know-how" tradicional, passado de geração em geração, é um instrumento importante para a conservação (DIEGUES, 1996, p. 8).

Destarte, segundo a compreensão de Diegues, populações e comunidades tradicionais são em grande parte responsáveis pela preservação de florestas tropicais e outros ambientes naturais.

---

[38] A IUCN reúne mais de 1200 membros governamentais e não governamentais, incluindo 11.000 pesquisadores distribuídos em 160 países. *Cf.* Site disponível em https://iucn.org/. Acesso em: jan. 2013.

Os antropólogos Mauro Almeida e Manuela Carneiro da Cunha, que desenvolveram durante anos pesquisas na Amazônia, todavia, ponderam o uso da expressão "população tradicional", argumentando o seguinte:

> Um problema operacional é o de definir o que são populações tradicionais. Talvez a questão não seja o que são populações tradicionais, e sim qual é a mais adequada definição legal para populações tradicionais. Mas estas duas questões serão realmente distintas? [...]' Populações tradicionais' é já um termo do vocabulário, com sentidos que foram se solidificando, mas também mudando ao longo de algumas décadas. Faz parte de um campo semântico que inclui vários outras expressões, algumas em desuso, outras recentes. Coisas como populações indígenas, tribos, silvícolas. Como elas, é resultado de uma confluência de uma evolução do vocabulário de outros países, do nosso próprio vocabulário e da mediação operada entre esses vocabulários pela legislação e declarações internacionais (CUNHA; ALMEIDA, 1999, p. 54).

Os mesmos autores parecem de certa forma problematizar certos "direitos" reivindicados por esses povos:

> [...] a reivindicação por terra das populações tradicionais baseia-se em um pacto: um pacto que poderia ser chamado de neo-tradicionalismo. O que se supõe das populações tradicionais é um passado não predatório de uso de recursos naturais; o que se espera delas é que levem um modo de vida coerente com a conservação da diversidade biológica. Mas pode o passado garantir o futuro? (CUNHA; ALMEIDA, 1999, p. 72).

No entanto, desde uma outra perspectiva, Alfredo Wagner B. Almeida se refere à "tradição" e aos povos e comunidades tradicionais da seguinte forma:

> Embora a noção de tradição apareça em textos clássicos associada ao postulado de 'continuidade' [...] importa sublinhar que o termo 'tradicional' da expressão 'povos tradicionais' aqui frequentemente repetida, não pode mais ser lido segundo uma linearidade histórica ou sob a ótica do passado ou ainda como uma 'reminiscência' das chamadas 'comunidades primitivas' ou 'comunidades domésticas... ou como 'resíduo' de um suposto estágio de 'evolução da sociedade'. O chamado 'tradicional', antes de aparecer como referência histórica remota, aparece como reivindicação contemporânea e como direito envolucrado em formas de autodefinição coletiva.

> [...] as chamadas comunidades tradicionais aparecem hoje envolvidas num processo de construção do próprio 'tradicional (ALMEIDA, 2006, p. 58).

Para Alfredo Wagner, "população tradicional" refere-se a: "povos e grupos sociais que utilizam os recursos naturais sob a forma de uso comum, numa rede de relações sociais complexas, que pressupõem a cooperação simples no processo produtivo e nos afazeres da vida cotidiana" (ALMEIDA, 2004, p. 29).

Se a noção de território ou de construção de territorialidades implica numa relação indissociável aos processos de articulação identitária, endosso a argumentação de Alfredo Wagner quando o autor afirma que:

> O advento nesta última década e meia de categorias que se afirmam através de uma existência coletiva, politizando nomeações da vida cotidiana tais como indígenas, seringueiros, quebradeiras de coco babaçu, ribeirinhos, castanheiros, pescadores, piaçabeiros, extratores de arumã e quilombolas dentre outros, trouxe a complexidade de elementos identitários para o campo de significação da questão ambiental. Registrou-se uma ruptura profunda com a atitude colonialista homogeneizante, que historicamente apagou as diferenças étnicas e a diversidade cultural. O sentido coletivo destas autodefinições emergentes impôs uma noção de identidade à qual correspondem territorialidades específicas, cujas fronteiras estão sendo socialmente construídas e nem sempre coincidem com as áreas oficialmente definidas como reservadas (ALMEIDA, 2008a, p. 142).

Políticas identitárias relacionadas aos povos e comunidades tradicionais em debate no Brasil — para além dos casos indígena e quilombola relativamente amparados por normas específicas — envolvem grande complexidade, uma vez que se relacionam a processos de disputas territoriais desses grupos com o Estado, na maioria das vezes, associado a determinadas corporações privadas ou mesmo com indivíduos ou segmentos dominantes na sociedade brasileira.

Se não era caiçara, caiçarou: processos de reconhecimento no Vale do Ribeira

De maneira contrária ao projeto ambiental que prevê a exclusão humana de parques e de outras reservas similares no Vale do Ribeira, o que se observou nos últimos 20 anos, mais ou menos, foi uma crescente afirmação da identidade coletiva nas comunidades situadas no interior ou no entorno dessas áreas. Para mencionar alguns exemplos além do *fandango caiçara,* destaco os rituais religiosos quilombolas citados na Introdução. Todas essas festas e rituais que podem ser presenciadas no Vale do Ribeira, ao longo do ano, indicam uma "revitalização" de manifestações populares.

Inesperadamente, apresentações e bailes de fandango são organizados com frequência nas comunidades situadas no interior e nas proximidades das áreas protegidas. Toques de celulares (*ringtones*) com as batidas típicas do fandango proliferam-se entre os jovens. Vídeos caseiros que registram apresentações de fandangueiros povoam as páginas do YouTube. Projetos que envolvem grandes montantes de recurso objetivam beneficiarem de maneira direta ou indireta famílias e comunidades caiçaras — a exemplo do Projeto Museu Vivo do Fandango e dos "pontos de cultura" que resultaram na criação de uma rede de pessoas em torno do fandango e da cultura caiçara. Novos grupos organizaram-se e produzem shows e CDs por todo o país, muitas vezes sendo convidados para se apresentarem em programas de cultura popular de grande renome, tais como os considerados "clássicos" *Viola Minha Viola,* de Inezita Barroso (2025-2015), ou o *Sr. Brasil* de Rolando Boldrin (1936-2022), ambos na TV Cultura.

Esse fenômeno de revitalização de manifestações culturais populares, exemplificado aqui pelo fandango, traz novas questões que merecem a atenção e estudos na antropologia. Ao testemunhar *modos de vida* e *modos de ser* particulares, ainda que sejam constantemente renovados, ao mesmo tempo se expressa o desejo desses sujeitos de preservarem certos valores, sentidos e símbolos que continuam sendo importantes para "eles" e "elas".

Alguns pesquisadores mencionam mecanismos de rearticulação identitária em torno de manifestações de cultura popular em outras partes do Brasil. Maria Laura Cavalcanti (2000), ao investigar a festa do Boi-Bumbá durante o Festival Folclórico em Parintins (Amazônia), alertou que nas últimas duas décadas a *identidade indígena* tornou-se uma referência crescente na trama daquele "autopopular" (espécie de teatro na rua, ou em praça pública). Para a pesquisadora, por volta de 1995, inicia-se por lá uma mudança estética nas alegorias, que passam gradativamente a incorporar elementos relacionados à *identidade indígena* (a exemplo da *Cunhã-Poranga*, que representa a beleza feminina, encantando os guerreiros da tribo; os *Tuxauas*, que representam a divindade e a sabedoria indígena, o *Pajé*) a tal ponto que o momento de apoteose das apresentações dos dois bois rivais — o Caprichoso e o Garantido — seria o chamado "ritual", momento da dramatização no qual há a intervenção do poderoso Pajé na trama. Após inúmeros cânticos e danças, o Pajé consegue "ressuscitar o boi", evitando assim a morte de Pai Francisco.[39]

Processo análogo ao analisado por Cavalcanti pode ser observado nos momentos em que é organizado o fandango: nos bailes comunitários, durante as apresentações públicas, em apresentações espontâneas motivadas por alguma reunião para discussão dos interesses dos caiçaras ou até mesmo nos breves ensaios de alguns poucos músicos.

Assim como teria proposto Sahlins (1990), ao observar as transformações sociais que se sucederam à visita do capitão inglês James Cook ao Havaí no início do século XIX, argumentando que "a transformação de uma cultura também é um modo de sua reprodução" (SAHLINS, 1990, p. 174), observo que os caiçaras, assim como outros povos considerados "tradicionais", têm sido capazes de renovação e de transformação.

Essa, obviamente, não é uma questão "nova" para a antropologia, muito pelo contrário. Esses grupos articulam-se a diferentes esferas de poder e são conectados local, regional e globalmente por meio de indivíduos e de redes sociais em determinadas situações específicas. A *tradicionalidade* autoatribuída seria, portanto, fruto de processos sociais envolvidos em uma luta pelo reconhecimento da diferença. Constituiria, destarte, uma estratégia para obtenção de direitos por esses sujeitos desamparados pela segurança social que deveria ser provida pelo Estado-nação. Não obstante, creio que a questão identitária deveria ser discutida levando-se em conta que esses sujeitos, independentemente de serem aliados ou não da conservação da natureza, devam ter seus direitos reconhecidos.

Parece-me ser uma das tarefas da antropologia procurar entender o que ocorre internamente aos grupos que os motivam a criar e recriar situações ou rituais, em que podem reconhecerem-se mutuamente como *iguais* diante de um mundo e de outras pessoas das quais sentem-se de certa forma apartados. Em outras palavras, a incansável batalha para reconhecerem-se ou recriarem-se como *caiçaras*, restituindo assim o "aconchego da comunidade" ou o "princípio do compartilhamento comunitário" (como diz Bauman), a meu ver, deve ser considerada legítima. Tal como presenciei nos momentos em que o fandango acontece nas casas dos caiçaras e nos peque-

---

[39] Esse último teria matado o boi de seu "amo", dono da fazenda, para satisfazer o desejo da esposa grávida (mãe Catirina) que deseja comer a língua do boi.

nos centros comunitários, ocorre algo que não me parece ser exatamente uma tentativa estratégica para obtenção de direitos. Não quero dizer com isso que o fandango, como outras formas de patrimônio cultural imaterial valorizados nos últimos 10 a 15 anos, não possa ser pensado como uma "causa" política e ideológica. É isso também, mas não só isso!

Ainda que existam no Brasil certas medidas oficiais que conferem o "reconhecimento da diferença", ainda que precária e temporariamente (caso das cotas étnico-raciais para o ingresso nas universidades aprovadas pelo Superior Tribunal Federal [STF], em 2012), não creio que a categoria "povos e comunidade tradicionais" tenha surgido como mera estratégia política na obtenção de direitos. Ora, eles estavam aqui há centenas de anos e mesmo a contragosto sempre foram considerados distintos da maioria da sociedade (ou da elite), recriando a si mesmos constantemente. Por essa razão e por outras que discutirei ainda, esses grupos desejam assumir, ainda que sob certas circunstâncias, suas "diferenças" culturais e/ou étnicas.

Retorno aqui a Sahlins que em *Ilhas de História* afirma: "Temos dificuldade em imaginar que ao nível do significado, que é o nível da cultura, ser e ação sejam intercambiáveis" (SAHLINS, 1987, p. 46). Creio que a identidade coletiva e a luta política estão recíproca e dialeticamente relacionados. Povos e comunidades tradicionais reivindicam tais políticas, recriam-se e se fortalecem enquanto grupos étnica e/ou culturalmente diferenciados justamente por terem sidos historicamente destituídos de recursos e de bens, não só os materiais, mas também os simbólicos em uma economia de troca característica da sociedade brasileira. Assim, não posso concordar com Bauman, que, ao rejeitar políticas de identidade voltadas à valorização do autorreconhecimento ou autorrealização, afirma que:

> [...] a lógica das "guerras pelo reconhecimento" prepara os combatentes para a absolutização da diferença. Há um traço fundamentalista difícil de reduzir, e menos ainda de silenciar, em qualquer reivindicação de reconhecimento, e ele tende a se tornar "sectárias", nos termos de Fraser, as demandas por reconhecimento. Colocar a questão do reconhecimento no quadro da justiça social, em vez do contexto da "auto-realização" [...] pode ter um efeito de desintoxicação: pode remover o veneno do sectarismo (com todas as suas pouco atraentes consequências: separação física ou social, quebra da comunicação, hostilidades perpétuas e mutuamente exacerbadas) do ferrão das demandas por reconhecimento. As

demandas por redistribuição feitas em nome da igualdade são veículos de integração, enquanto que as demandas por reconhecimento em meros termos de distinção cultural promovem a divisão, a separação e acabam na interrupção do diálogo (BAUMAN, 2003, p.73).

Buscar algum tipo de *salvaguarda* não constituiria um direito legítimo de determinados sujeitos sociais que se autorreconhecem como *diferentes*, por sentirem-se assim ou por serem concretamente tratados de maneira excludente? As razões para a legitimação da diferença podem ser bem distintas: a busca de justiça social, desde um ponto de vista exclusivamente material (redistribuição de recursos) e/ou, a busca por dignidade, mérito e honra.[40] A discussão será realizada no próximo capítulo.

Por fim, é preciso ainda esclarecer porque percebo que no Brasil os interesses dos povos e comunidades tradicionais com relação às áreas protegidas distanciam-se da ideologia daqueles sujeitos que, genericamente, denomino aqui "ambientalistas".[41]

Se há cerca de 30 e poucos anos, ou seja, em um outro contexto político e histórico em nosso país, representantes desses dois grupos (povos tradicionais e "ambientalistas") lutaram lado a lado reivindicando democracia, justiça social e proteção da natureza, a situação no momento parece ser muito distinta. Deixo que meus interlocutores e interlocutoras caiçaras argumentem:

> *[...] o pessoal do sítio, o mais deles tiveram que ir embora pra cidade. Porque* **entrou o negócio de meio ambiente,** *não podia mais plantar, se o pessoal fizesse uma roça depois, já era multado, ai a gente não tinha licença.*
>
> (Juvenal, em Cananéia)
>
> *O Guapiuzinho que nem eu conheci, que era vizinhança grande, estão tudo no Rocio* [periferia de Iguape]. *Saíram do mato, tão tudo lá. Aconteceu a perda de não poder viver no mato, de não poder fazer isso, de não poder fazer aquilo.* **Ah, esse negócio de meio ambiente, isso aí apertou bastante,** *isso aí modificou.* (Seo Carlos Maria, no bairro do Prelado, Iguape)

---

[40] Nesse sentido, Bourdieu teria apontado formas de poder simbólico. Antes dele, Hegel teria evidenciado o peso dos valores e das obrigações morais internas às sociedades que integramos.

[41] Chamo de "ambientalistas" os mais radicais do vasto leque de sujeitos e de grupos que autoatribuem a tarefa de "proteger a natureza". Devo reconhecer que há uma pluralidade de alternativas teóricas a respeito desses sujeitos e dos grupos que compõem. De acordo com o jargão ambientalista, distribuem-se em categorias que vão desde um sujeito que pode ser considerado "socioambientalista" até o outro extremo, o "preservacionista", supostamente onde se situam os mais ferrenhos defensores do ideal de *natureza intocada*. Cf. Gerhardt (2008).

> *Eu lembro que a gente morava na zona rural, perto do Itimirim* [perto do pé da serra do Itatins, na Juréia] *e depois a gente mudou pro Retiro* [bairro na periferia de Iguape]. *Naqueles tempos a gente fazia o mutirão. A gente trabalhava no sítio mas a gente não pagava ninguém pra fazer nada pra gente. A gente vivia da lavoura, tinha de tudo,* **naquele tempo o IBAMA não proibia**, *até a beira da porta podia plantar as coisas.* (Dona Maria das Neves, em Iguape)

A categoria "ambientalista" que agrupava no período de redemocratização brasileira vários membros da elite paulistana também incluía o líder seringueiro e sindicalista Chico Mendes, além de representantes de outros grupos camponeses e populares. Mas, recentemente, parece-me que esses grupos e lutas distanciam-se cada vez mais e, muitas vezes, os objetivos e interesses de seus integrantes, orientados por ideologias e interesses claramente opostos, francamente se antagonizam.

Ora, no "jogo de identidades" e suas consequências políticas, tal como já alertava Stuart Hall, identidades são muitas vezes contraditórias, se cruzam e se deslocam mutuamente (HALL, 2011). Velhos e novos atores alinham-se e defendem interesses que podem ser até opostos aos que defendiam anteriormente.

Jean Pierre Leroy analisa os interesses perversos por detrás da criação de parques e de outras reservas ambientais:

> Apesar do reconhecimento recente no mundo do papel das populações tradicionais na conservação, parece predominar em algumas organizações públicas e privadas brasileiras uma visão estritamente preservacionista. Os que a defendem consideram essas comunidades como intrusas, de maneira idêntica aos expoentes do agronegócio empresarial [...]. Seguindo essa lógica, a agricultura industrial, para poder se expandir sem entraves ambientais, necessita que certas áreas lhe sirvam de compensação. Nesse ponto, preservacionistas e ruralistas convergem, pois os parques e outras áreas de conservação permanente hoje podem ser entendidos como a contraparte do avanço de fronteiras do agronegócio (LEROY, 2011, p. 4).

Na mesma publicação digital citada anteriormente, é descrito o caso das comunidades *Vazanteiras do São Francisco* — que no ano de 2011 teriam feito uma inusitada autodemarcação de seus territórios tradicionais, criando a Reserva de Desenvolvimento Sustentável do Pau Preto, no município de Matias Cardoso, no Norte de Minas Gerais. Carlos Brandão presenciou em Pau Preto o acontecer desse processo.

> Nas amplas baixadas sanfranciscanas, território onde concentram centenas de comunidades negras e, ao longo do rio São Francisco, onde vivem outras centenas de comunidades vazanteiras, inicia-se uma insurgência contra o encurralamento dos camponeses pelos grandes projetos agropecuários ou pelos Parques – Unidades de Conservação de Proteção Integral –, que são criados como compensação ambiental desses mesmos grandes projetos e que incidem em seus territórios tradicionais (DAYRELL, 2011, p. 13).

Tudo leva a crer que o principal objetivo dessas áreas, grosso modo, é o de servirem como "compensação ambiental" — obrigação legal de empreendimentos causadores de significativo impacto ambiental em apoiar a implantação e a manutenção de unidades de conservação.[42] Tal medida é regulamentada pelo Código Florestal brasileiro, tanto no antigo quanto no novo (Lei 12.651/2012). Trata-se de uma forma de criar um "passivo ambiental", ou seja, de manter certas áreas intocadas para permitir a exploração de outras:

> A compensação ambiental compreende, pois, uma transferência geográfica de passivos ambientais. Dessa forma, a exploração capitalista/proteção integral da natureza configura-se como uma dualidade em uma contraditória relação de interdependência, que não se mostra capaz de frear o padrão de produção e consumo hegemônicos, sendo que ambas as faces, opostas complementares, incidem sobre territórios tradicionais (MONTEIRO; FÁVERO, 2011, p. 34).

Há cerca de um par de décadas essa estranha aliança entre ambientalistas e ruralistas e/ou desenvolvimentistas pareceria improvável. No entanto, como nesses casos citados aqui antes, somados a outros tantos que são frequentemente divulgados no informativo da Associação Brasileira de Antropologia (ABA) ou no Mapa de conflitos envolvendo injustiça ambiental

---

[42] Para ilustrar as argumentações anteriores, pode-se citar as empresas que financiaram o plano de manejo do Parque Estadual Turístico do Alto Ribeira (Petar): a Usina da Barra S/A – Açúcar e Álcool e a Fazenda Guanabara da Cosan Açúcar e Álcool S/A. Segundo informações contidas em uma publicação da Sema: "O Plano de Manejo do Parque Estadual Turístico do Alto Ribeira (PETAR) foi elaborado como parte integrante do Termo de Compromisso de Compensação Ambiental (TCCA), no âmbito do licenciamento ambiental relativo à ampliação da produção de açúcar, álcool e energia elétrica da Usina da Barra S/A -Açúcar e Álcool, fazenda Guanabara pela empresa COSAN Açúcar e Álcool S/A, conforme Processo SMA nº 13.520/2007", acessado na internet no endereço: http://pt.scribd.com/doc/81845668/1-Volume-1-Pre-Consema. Acesso em: maio 2012. Nesse caso específico, o território do quilombo de Bombas — localizado no município de Iporanga na parte alta do Vale do Ribeira — foi sobreposto pela unidade de conservação, o Petar, mesmo tendo sido atestada a tradicionalidade e a condição de remanescente de quilombo no laudo antropológico realizado pela Fundação Itesp (Processo de n.º 1186/2002).

e Saúde no Brasil,[43] observa-se que tal associação tem ameaçado de maneira crescente inúmeros povos e comunidades tradicionais, situados nas áreas destinadas à preservação da natureza (entenda-se, sem gente!), bem como em áreas destinadas aos grandes projetos nacionais de desenvolvimento. Talvez, o que mais interesse na análise desse campo de disputas políticas e ontológicas (em torno da noção de "natureza") diz respeito ao célebre questionamento: seriam mesmo povos tradicionais "conservacionistas"? E, somente se a resposta for afirmativa, deveriam esses povos ser considerados legítimos sujeitos de direito?

Assim como percebo que acontece no *fandango*, dentre outras manifestações populares, procuro evidenciar neste capítulo que certos fenômenos culturais e categorias sociais, a despeito de referirem-se a uma temporalidade que remete ao passado, são parte constitutiva de uma construção coletiva dinâmica, que se renova constantemente, rearticulando-se a um passado e recriando-se no presente.

De maneira comparável à discussão de João Pacheco sobre processos de etnogênese no nordeste brasileiro — onde para "ser índio" tem que "passar no coador", ou seja, ter uma conduta moral e política julgada adequada pelo grupo social (PACHECO, 1999, p. 27) —, é plausível que no contexto analisado aqui um determinado sujeito *"se não era caiçara, caiçarou"*.

No coador do caiçara, saber tocar uma *"moda"* de fandango ou confeccionar um instrumento característico (*"viola branca"* ou rabeca) e, especialmente, tocar ou dançar para que o fandango não pare até o sol raiar (*"porque é tradição"*, como diz o caiçara), é o que distingue ser *"caiçara de verdade"*, filtrando e separando do que "não é".

Destarte, a atribuição de identidades caberia somente aos próprios membros do grupo, de acordo com critérios próprios. São "eles" e "elas" que deveriam julgar se um determinado indivíduo é caiçara (ou "tradicional"), ou seja, se é detentor de valores e/ou se adota certas condutas que permitam tal sujeito ser considerado membro daquela comunidade e daquele lugar.

Trata-se, portanto, de uma falsa polêmica em que tem insistido há mais de uma década funcionários dos órgãos ambientais do estado de São Paulo, ao oporem-se à presença desses grupos em áreas ambientalmente protegidas por "não serem mais tradicionais" — na verdade, para sustentar interesses escusos que aos pouco vão sendo desvelados.

---

[43] *Cf.* http://www.conflitoambiental.icict.fiocruz.br/. Acesso em: maio de 2012.

A meu ver, faz sentido pensarmos então em *políticas da diferença* para enfrentar tais embates — práticos, mas também teórico-conceituais — já que, lamentavelmente, não chegamos nem de perto, em nosso país, a um contexto político e social em que todos os indivíduos sejam de fato tratados como cidadãos e cidadãs. Isto é, possam ser considerados legítimos sujeitos de direitos dotados de liberdade de escolhas e tendo assegurada a tão almejada dignidade humana. A relação diversidade humana e justiça que subjaz a essa discussão será analisada a seguir.

* * *

Capítulo 2

MULTICULTURALISMOS, AS LEIS DOS OUTROS E O DIREITO À DIFERENÇA

> Se outras formas válidas de vida e de pensamento estão por desaparecer ou são colocadas sob pressão intolerável, devemos nos perguntar se estamos felizes com isso e com o mundo crescentemente homogêneo que se cria e, se não, o que podemos ou devemos fazer para as fortalecer (PAREKH, 2000, p. 91, tradução livre).

Pode-se presumir uma série de desafios na atualidade para atender às recentes reivindicações de "direito à diferença" de grupos, tais como a de povos e comunidades tradicionais a que me refiro especialmente neste trabalho. Ao proporem uma discriminação positiva, legitimamente creio, há, contudo, que se ter certos "cuidados", de maneira a evitar que ao enaltecer diferenças de maneira enfática, inadvertidamente se construa trincheiras intransponíveis entre grupos de pessoas ou de determinados grupos com o restante da nação. Entretanto, essa é uma questão a ser problematizada.

Segundo determinados autores (BAUMAN, 2003, 2005a, 2005b; HALL, 2011; KUPER, 2002): o *primeiro cuidado* seria impedir o desabono de conquistas históricas relacionadas aos direitos humanos e à cidadania pautados na igualdade; *segundo*, evitar qualquer tentativa de engessamento das diferenças identitárias; *terceiro*, colocar em risco a liberdade individual; *quarto*, viabilizar todas as possíveis formas de diálogo entre indivíduos e grupos que se consideram diferentes e/ou com a sociedade como um todo. De maneira geral, essas são as principais preocupações que movem sujeitos críticos e antagônicos aos ideais e eventuais medidas legais genericamente chamadas de *multiculturalistas*. A maior preocupação seria o acirramento de conflitos entre sujeitos, sociedades ou mesmo nações.

A ideia neste capítulo é discutir temas caros à antropologia jurídica, em especial sobre a relação entre as regras/leis, moralidade, cultura e justiça em âmbito nacional. Devo ainda apresentar certos argumentos de autores contrários às "políticas de diferença" e discutirei suas principais fundamentações para então problematizar a temática. Minha intenção é antes de mais nada situar este debate no contexto brasileiro contemporâneo de maneira a analisar propostas de movimentos sociais e de algumas normas relacionadas à política da diferença, aprovadas no país (a exemplo das cotas étnico-raciais em universidades, além da aprovação pelo STF, em fevereiro de 2018, da constitucionalidade do Decreto 4887/2003 que possibilitou o reconhecimento e demarcação de territórios quilombolas).

No entanto, vale lembrar certamente o óbvio: a de que muitas das críticas ou propostas relacionadas ao tema aqui sob suspeição são apresentadas neste capítulo por autores que viveram em épocas e em contextos muito distintos daqueles que encontramos no Brasil. Algumas das ideias em pauta, por mais que sejam fundamentais para avaliar os paradoxos da diversidade humana e de sua relação com o direito, talvez não estariam diretamente relacionadas aos processos sociais em discussão neste trabalho. Penso ser esse o caso da discussão sobre desigualdade étnica e cultural no âmbito de países que não foram submetidos à colonização ou onde não se encontram grupos herdeiros de povos que sofreram a expropriação, a discriminação e a escravidão. Mesmo assim, vale a pena pensá-las levando-se em conta que mesmo acolá há muitos sujeitos que se encontram ainda hoje em situações diaspóricas, ou seja, em condições de subalternidade pós-colonial,[44] sendo então válido associar a discussão de casos nacionais àqueles povos que enfrentam alhures tais condições.

Revisitando o *Multiculturalismo*: diversidade humana e diálogo intercultural

Tendo feito as considerações iniciais inspiradas sobretudo nas críticas de Bauman a respeito das "comunidades étnicas e locais", é preciso problematizar as "políticas da diferença", além de fazer breves comentários sobre as referências utilizada para pensá-las. Como a maioria dos críticos e proponentes do *Multiculturalismo* não são essencialmente da área da antropologia, creio ser elucidativo conhecer as razões que os levam a dedicar-se ao tema.[45] Recorrerei sobretudo às ideias de três autores da filosofia política,

---

[44] A respeito da teoria pós-colonial, ver obras dos seguintes autores que tratam da condição de subalternidade: Gayatri Spivak, Homi Bhabha, Edward Said e Robert Young.

[45] Zygmunt Bauman e Stuart Hall situam-se entre os mais críticos das "políticas de diferença". Algumas das ideias de ambos já foram apresentadas preliminarmente aqui e a história de vida Bauman foi sumariamente comentada no Capítulo 1. Já Stuart Hall é nascido na Jamaica, vive desde 1951 na Inglaterra. Ele é sociólogo e dedicou-se aos estudos culturais na Escola de Birmingham e na Universidade Aberta da Inglaterra. Ambos

além de Zygmunt Bauman e Stuart Hall já citados aqui antes: Nancy Fraser, Axel Honeth, e Bikhu Parekh.

Começo pelo último da lista, indiano e menos conhecido. É esse autor que compreende o *Multiculturalismo*, que surge na década de 1970 em alguns países da América do Norte e da Europa, ao mesmo tempo como teoria política e como movimento social.[46]

Em uma palestra apresentada na Universidade de Hull, onde trabalhou durante muitos anos, Parekh teria criticado e se contraposto às afirmações polêmicas de importantes chefes de estado na época: David Cameron, Angela Merkel e Nicholas Sarkozy. Todos teriam associado o multiculturalismo ao terrorismo. Para Parekh, tais visões seriam profundamente equivocadas e perigosas por suporem que as minorias étnicas são contrárias a integrar as sociedades dos países onde vivem e assim voltam-se ao extremismo. Em vez disso, o filósofo afirma que o multiculturalismo é intrinsecamente positivo e enriquecedor por permitir que diferentes nacionalidades possam aprender umas com as outras a integrarem-se, permitindo que as pessoas "possam ver o mundo para além de suas fronteiras". O multiculturalismo favoreceria países como os agrupados no Reino Unido por conferir "um senso de equilíbrio e segurança". Ao "abraçar a diferentes culturas, o Reino Unido teria evitado problemas como o movimento de extrema-direita presente na França": "Temos o dever de fazer o multiculturalismo mais equilibrado... A fim

---

os autores vivenciaram e refletem sobre deslocamentos diaspóricos. Nesse primeiro grupo de críticos do multiculturalismo e de um suposto essencialismo da noção de cultura, pode-se incluir ainda Adam Kuper, que nasceu e formou-se na África do Sul em uma família de brancos. Contrário à antropologia racista que teria encontrado lá, Kuper discute sobretudo a antropologia das relações sociais, claramente influenciado pela escola antropológica inglesa. Nancy Fraser e Axel Honeth, de outro lado, discutem a fundamentação das "políticas de reconhecimento". Fraser é americana, professora na Escola de Nova Iorque, filiada à teoria crítica e considerada eminente pensadora feminista preocupada com as distintas concepções de justiça. Axel Honneth é professor na Universidade de Frankfurt e diretor da Escola de Pesquisa Social, sendo considerado representante da terceira geração da Escola de Frankfurt. Seu trabalho concentra-se na filosofia sócio-política e moral, dedicando-se especialmente aos estudos das relações de poder, reconhecimento e respeito. Já Bikhu Parekh nasceu em um povoado rural no noroeste da Índia (Gujarat), cresceu em uma grande família em ambiente multicultural marcado pela diversidade religiosa (muçulmanos e hindus de várias seitas), além de ter vivenciado preconceitos em função da casta a que pertencia. É professor aposentado de filosofia política na Universidade de Hull, foi presidente da Comissão do Reino Unido para a Igualdade Racial e participou da Comissão sobre o Futuro de uma Grã-Bretanha Multiétnica. É membro ativo do Parlamento Britânico pelo Partido Trabalhista na Câmara dos Lordes (por notório saber) sendo mais conhecido na Grã-Bretanha por *Lord Parekh*. Fonte: estudos pessoais realizados nos últimos 20 anos.

[46] No geral, o multiculturalismo é uma crítica à expansão do liberalismo político e às novas formas de colonialismo. *Cf.* Young (2001).

de fazer o multiculturalismo mais bem-sucedido, é preciso redefinir o contrato moral entre a maioria e as minorias".[47]

Ora, fica claro que muitos aspectos apontados por Parekh para justificar seus ideais *multiculturalistas* distanciam-se da realidade política e social do nosso país e dos desafios que enfrentam minorias étnicas e culturais ao procurar assegurar seus direitos e dignidade segundo recentes reivindicações dos movimentos sociais. Os problemas que vivenciam povos e comunidades tradicionais aos quais me refiro aqui, sobretudo para o caso dos caiçaras do Vale do Ribeira, são de outra natureza. Assim: quais seriam as principais críticas aos ideais do *multiculturalismo* e, em contraste, as propostas teóricas e práticas daqueles que apostam nas "políticas de diferença" no contexto brasileiro atual?

Bauman (2005a) discute de forma genérica e mais direcionada ao contexto dos países europeus e norte-americanos que, tanto na face nacionalista quanto na face mais liberal do Estado-nação, não parece haver lugar para as comunidades étnicas ou locais. Ambas "podem ter diferentes estratégias, mas compartilham o mesmo propósito":

> A perspectiva aberta pelo projeto de construção da nação para as comunidades étnicas era uma escolha difícil: **assimilar ou perecer**. As duas alternativas apontavam em última instância para o mesmo resultado. A primeira significava a **aniquilação da diferença**, e a segunda **a aniquilação do diferente**, mas nenhuma delas deixava espaço para a sobrevivência da comunidade. O propósito das pressões pela assimilação era despojar os "outros" de sua "alteridade": torná-los indistinguíveis do resto do corpo da nação. Digeri-los completamente e dissolver sua idiossincrasia no composto uniforme da identidade nacional. O estratagema da exclusão e/ou eliminação das partes supostamente indigeríveis e insolúveis da população tinha uma dupla função. Era usado como arma - para separar, física e culturalmente, os grupos ou categorias considerados estranhos demais, excessivamente imersos em seus próprios modos de ser ou excessivamente recalcitrantes para poderem perder o estigma da alteridade; e como ameaça - para extrair mais entusiasmo em favor da assimilação entre os displicentes, os indecisos e os desinteressados (BAUMAN, 2005a, p. 84, grifo próprio).

---

[47] *Cf.* Notícia *Lord Parekh talks about multiculturalism* no site da Universidade de Hull: http://www2.hull.ac.uk/newsandevents-1/newsarchive/2012newsarchive/march/lordparekhonmulticulturalism.aspx. Acesso em: out. 2012.

Mesmo tendo feito tais observações, o autor aponta duras críticas aos ideais do *multiculturalismo*. Enumero algumas que me parecem mais contundentes: *a primeira*, ao reconhecer o direito à diferença, há que se reconhecer também o *direito à indiferença* (BAUMAN, 2005a, p. 121). Essa talvez seja a principal crítica ao multiculturalismo elaborada por diversos autores: abandonar essas minorias a sua própria sorte. *Segunda*, transformar "desigualdade material" em "diversidade cultural". Nas palavras de Bauman: "A fealdade moral da privação [material] é miraculosamente reencarnada na beleza estética da diversidade cultural" (BAUMAN, 2005a, p. 98). *Terceira*, favorecer a "guetificação", ou seja, a incomunicabilidade entre os grupos e a perpetuação do isolamento. Todas essas críticas serão problematizadas a seguir desde a perspectiva de outros autores.

A Bauman somam-se ainda outros autores que teriam se posicionado criticamente frente ao multiculturalismo. Dentre os mais citados estão Isaiah Berlin (ainda que este autor teria se referido a *pluralismo cultural*), Adam Kuper, Stuart Hall, K. Anthony Appiah. Todos discutiram o multiculturalismo igualmente desde o ponto de vista liberal e se opõem à doutrina (ou teoria) basicamente por três razões já mencionadas brevemente no início deste capítulo: *primeiro,* por supostamente impedir as escolhas individuais; *segundo,* por reforçar as desigualdades entre sociedades e internamente em uma mesma sociedade; *terceiro,* por não considerar a "universalidade da humanidade" e da cidadania (BAUMAN, 2005a, p. 126).

Bikhu Parekh (2005) debate e contesta tais afirmações em seu livro publicado no ano de 2000, *Rethinking Multiculturalism: Cultural Diversity and Political Theory*.[48] Na introdução, o autor problematiza o que chama de "teoria política tradicional", ora dominada pela corrente de pensamento "naturalista" — que afirma serem únicos os valores morais, as visões de mundo, crenças e práticas sociais de todos os seres que fazem parte de uma "natureza humana" estável e imutável —, ora dominada pela corrente "culturalista" — que prega serem os seres humanos inexoravelmente moldados pela cultura, igualmente considerada permanente e inquestionável (tal como uma superestrutura). Segundo Parekh, deveríamos transpor tal "polaridade congelada", já que nenhuma dessas duas correntes de pensamento permite entender os seres humanos de maneira relacional, posto serem ao mesmo tempo seres naturais e culturais, iguais e diferentes, ou "iguais de formas distintas" (PAREKH, 2005, p. 29).

---

[48] Neste trabalho, farei referências principalmente à publicação espanhola *Repensando el multi- culturalismo: diversidad cultural y teoría política* (2005), mas, por vezes, irei também me referir à obra original em inglês publicada em 2000. As citações em português de ambas as obras são traduções livres.

A discussão não é novidade na antropologia. Mas o que me parece profícuo em boa parte da obra de Parekh é a crítica que faz ao liberalismo político supostamente proposto para proteger legal e moralmente a diversidade humana e moral. Nessa empreita, o autor analisa as ideias e propostas de três filósofos políticos liberais que considera os mais influentes na contemporaneidade, ao tratar da teoria da justiça, do pluralismo jurídico e dos direitos das "minorias", respectivamente: John Rawls, Joseph Raz e Will Kymlicka. Os três autores, com focos diversos, mas igualmente imbuídos em defender determinados valores tidos como primordiais em uma sociedade liberal ocidental, procuram responder às seguintes questões: como manter o compromisso com a autonomia individual ao aceitar minorias que não comungam com este princípio? De que maneira tratar os modos de vida não liberais em uma sociedade majoritariamente liberal? Há sentido em se pensar o ser humano para além de sua condição de cidadão, ou seja, a partir de uma concepção não política de pessoa?

Parekh (2005) estabelece um diálogo com cada um desses filósofos e considera que avançaram em relação aos seus precursores — Berlin e Gray, que considera mais inflexíveis e resistentes à diversidade cultural e moral, muitas vezes por desconsiderar o papel da cultura na sociedade ou na vida pessoal. Aponta certas incongruências em suas teorias, a começar por problematizar a relação entre autonomia pessoal e a cultura. Para o filósofo, não haveria uma espécie de valor supremo e transcendental de autonomia que estaria para além da(s) cultura(s). Além disso, a autonomia não é considerada um valor moral inquestionável em muitas sociedades e religiões, mesmo na contemporaneidade, quando ele cita o exemplo dos hindus, jainistas e budistas. Ou seja, não lhe parece oportuno absolutizar o "modo de vida liberal", quando se pretende enfrentar os desafios de uma sociedade multicultural — como é o caso da maior parte dos Estados-nação no presente. E mais: ao tratar do desafio de como lidar com os modos de vida não liberais existentes em Estados-nações liberais, Parekh (2005) discorda de autores que apontam a necessidade de assimilação dos grupos que aceitam as regras das sociedades liberais onde vivem, tal como na proposta de Rawls. Refuta ainda Kymlicka, que teria sugerido uma espécie de "hierarquia dos direitos culturais das minorias", de acordo com o grau de aceitação aos princípios liberais (PAREKH, 2005, p. 170). Parekh conclui que, ao apresentarem estas propostas para enfrentar a diversidade cultural, os citados autores teriam de certa forma traído a lógica interna do liberalismo com o qual comungam por desconsiderarem os direitos à autorrealização e ao individualismo que justamente caracterizam essa doutrina política e econômica (PAREKH, 2005, p. 176).

Desde Louis Dumont, sabemos que o *individualismo* não é um valor moral considerado superior e inquestionável em determinadas sociedades que vivem de acordo com outros sistemas de práticas e crenças nos quais o bem-estar do grupo é o que mais importa — tal como os estudos sobre o sistema hindu de castas, na Índia, teriam lhe indicado. De acordo com a filosofia budista, igualmente, é o bem-estar do "outro" que mais conta. Favorecer o "outro" é o que confere maior mérito aos indivíduos. Compaixão e dádiva[49] são práticas individuais a serem cultivadas no budismo mahayana, sendo o "autoapreço" visto como a base de todas as ações negativas e infortúnios. Da mesma forma, hindus, jainistas e outros grupos religiosos entendem que as características individuais são resultado de ações do agente em uma vida passada e, assim, merecidas (PAREKH, 2005, p. 139).[50] Para Parekh, que nasceu e foi criado na Índia:

> Os serem humanos têm ou são capazes de adquirir uma ampla gama de atribuições, como por exemplo a capacidade de amar, de subordinar seus interesses aos dos demais, ou de morrer por uma causa nobre ou digna. A decisão a respeito de quais desses valores devem ser assumidos - por parecem essenciais e tendo sido cultivados socialmente -, não pode ser considerada moral ou filosoficamente neutra (PAREKH, 2005, p. 139).

Ao considerar que "os seres humanos fazem parte de uma cultura no sentido de que crescem e vivem em um mundo culturalmente estruturado" — "aquela rede invisível na qual estamos suspensos", como anunciado por Manuela Carneiro da Cunha — e que "organizam suas vidas e relações sociais de acordo com os sistemas de sentido e significados influenciados por sua identidade cultural", Parekh sublinha que a cultura nos afeta profundamente, mesmo sendo os sujeitos capazes de mudá-la e de criticá-la (PAREKH, 2005, p. 492).

Para pensar a pluralidade humana, ao procurar analisar os casos brasileiros aqui em suspeição, creio ser possível questionar certos autores que agrupam e resumem toda busca pelo "direito à diferença" à luta por justiça social (no sentido mais material) — como o fazem Bauman e Hall, dentre outros. Penso haver uma outra perspectiva que desejo trazer à baila nesta discussão, ao tratar da suposta singularidade de povos e comunidades tradicionais em nosso país. Antes, todavia, é preciso esclarecer

---

[49] A Dávida ou simplesmente o "dar" refere-se a "dar amor, destemor e ajuda material", segundo preceitos do budismo mahayana da tradição tibetana.

[50] No espiritismo kardecista, crê-se basicamente nesta mesma ideia relacionada à noção de *carma*.

que as "políticas da diferença", sendo aqui problematizadas referem-se às comunidades étnicas (indígenas e quilombolas) e outras comunidades culturalmente diferenciadas: *caiçaras, faxinalenses, mulheres quebradeiras de coco babaçu, comunidades dos fundos de pasto*, dentre algumas outras já apontadas antes.

Desde o ponto de vista cultural e/ou moral e talvez só deste último, a *diferença* que tais grupos atribuem a si mesmos (os *"tradicionais"*) pode colocá-los lado a lado nas disputas pelo "direito às diferenças" autoassumidas por outros grupos humanos que buscam o reconhecimento e o respeito à dignidade por manifestarem distinções não relacionados diretamente à classe social. Ainda que se possa considerar da maior importância as reivindicações de outras categorias de sujeitos que mobilizam formas de identidades coletivas singulares (relacionadas a "sexo", "gênero", "orientação de desejo", "corpo", "raça", dentre outras possíveis distinções) para pensá-las em relação a políticas públicas específicas com intuito de garantir certos direitos, creio que a natureza de suas lutas seja distinta.

As leis da comunidade e as *leis dos outros*

Em uma das viagens de estudo que realizei com estudantes da universidade, ao entrevistar um representante do grupo de pescadores em Carapebus, na região de Cabo Frio (RJ), tomei conhecimento do quê ele chamou de *"a lei da lagoa"*. Durante décadas, pescadores artesanais estabeleceram regras internas de uso comum da lagoa de Carapebus e mantiveram estável a pesca de diferentes espécies. Quando a área foi transformada em Parque Nacional da Restinga de Jurubatiba, biólogos não respeitaram as "regras da comunidade" (*"lei da lagoa"*) e estabeleceram outras formas de manejo da flora na lagoa. Determinadas plantas aquáticas tomaram conta da lagoa e, consequentemente, houve uma drástica redução do cardume.

Fato semelhante ocorreu em muitas outras áreas, quando, ao serem transformadas em reservas por órgãos do Estado, não foram respeitadas as regras internas de uso do território. Páginas atrás mencionei o trabalho de Ostrom a respeito dos *commons*. Mas meu interesse aqui não é discutir se o jeito de lidar com a terra, com as plantas ou com os animais desses povos é ou não "sustentável", um conceito polêmico. O que desejo problematizar é o direito de agentes externos de julgar e, principalmente, decidir o que deve ser feito ou o que é proibido, nos lugares em que essas comunidades vivem sua vida *ao seu modo* há inúmeras gerações e se mantêm e/ou se reinventam como grupos que vivem e reproduzem sistemas produtivos, econômicos, sociais e simbólicos distintos do modo hegemônico.

Além disso, paradoxalmente, há muitas evidências que indicam que esses povos mantêm ou reproduzem sistemas naturais nas áreas onde vivem ao longo de séculos com grande efetividade. As áreas mais exuberantes e diversificadas de florestas, restingas, manguezais e praias ("ecossistemas naturais", na linguagem técnica) coincidem na maior parte dos casos estudados com as áreas ocupadas por esses grupos. Mais do que isso, pergunto-me: como é possível, ainda hoje, colocar em xeque Direitos Humanos, ao impor regras de uso e de ocupação nos lugares onde vivem esses grupos há inúmeras gerações? Um exemplo é o caso da família Prado, na Juréia, que será discutido em minha etnografia, em que está sendo ameaçado o princípio básico da *dignidade humana* que a Constituição Federal de 1988 procura assegurar.

Trabalhos já clássicos da antropologia trataram de discutir a observância da lei e das normas em sociedades isoladas,[51] contudo foi Geertz (1998) que discutiu em seu celebre texto, *O saber Local: fatos e leis em uma perspectiva comparada,* a grande diversidade de sistemas jurídicos existentes em países colonizados e criticou a "introdução de formas ocidentais do direito em contextos não-ocidentais" (GEERTZ, 1989, p. 333). Ou seja, o autor teria analisado de que maneira as normas produzidas e controladas pelo Estado confrontam-se com outras "sensibilidades jurídicas" existentes no mundo não ocidental.

Fato é que o campo de conhecimentos e de debates sobre a relação entre direito e antropologia é vasto e, ao mesmo tempo, produz estudos desafiadores e de interesse atualizado.[52] Há quem diga que vivemos agora no mundo todo no tempo da "judicialização da vida cotidiana" (LE ROY, 2011) — a exemplo dos capítulos da "novela mensalão", apresentada em horário nobre pela televisão brasileira e por outros veículos da grande mídia há cerca de 10 anos. Assim, não há como escapar aqui de algumas das discussões da antropologia em diálogo com o direito, que penso serem fundamentais para continuar esta investigação sobre uma das dimensões principais do fandango caiçara.

Quando se menciona "direitos das comunidades", é preciso antes diferenciar "direitos coletivos" e "direitos difusos" (chamados "direitos

---

[51] Dentre os quais destaca-se a obra *Crime e castigo na sociedade selvagem,* de Malinowski (2003).

[52] Cito aqui o livro publicado *Jogo, Ritual e Teatro: um estudo antropológico do Tribunal do Juri,* de Ana Lúcia Pastore Schritzmeyer (2012), ao qual, infelizmente, só tive acesso após ter concluído a redação desta obra.

de terceira geração") dos "direitos culturais" ou, melhor, aqueles que aqui chamo "direitos comunais" seguindo a sugestão de Rosinaldo Silva de Sousa (2001). Os dois primeiros, assim como os "direitos individuais homogêneos", são direitos de natureza transindividual, ou seja, tratam de interesses da natureza individual e privada, mas alcançam pessoas indeterminadas ou indetermináveis. Tratam, na maior parte das vezes, de relações de consumo, como: os direitos de ressarcimento por um grupo de pessoas por terem adquirido algum produto fora da data de validade ou "quando é feito *recall* para que todos os proprietários troquem gratuitamente determinada peça defeituosa de fábrica".[53] O direito de todos os cidadãos ao meio ambiente sadio e à boa qualidade de vida também se enquadra nessa categoria: a dos "direitos difusos". Já os "direitos culturais" ou "direitos comunais" referem-se a um grupo específico de sujeitos. Eles se inserem "na busca por uma coletividade comum entre si e distinta do resto da nação" (FERREIRA DA SILVA, 2012, p. 151).

Os "direitos culturais", de acordo com Sousa (2001), só deixaram de ser concebidos como algo estático, ou seja, relacionado às obras de arte produzidas por uma humanidade supostamente universal, em 1976, quando a Unesco passou também a entender como "cultura" "toda a aquisição de conhecimento, e ao mesmo tempo, a exigência de um modo de vida, a necessidade de comunicação" (SOUSA, 2001, p. 65).

No Vale do Ribeira, "a fala do direito" (ou da justiça) tem percorrido caminhos um pouco distintos, de acordo com os principais grupos envolvidos nos conflitos territoriais que mobilizam quilombolas e caiçaras há pelo menos três décadas. Apresentarei brevemente quais são essas diferenças para depois debater as novas concepções de justiça que estão sendo discutidas por alguns autores que nortearam este trabalho.

A *fala do direito* no Vale do Ribeira (SP)

Até há bem pouco tempo, os direitos tradicionais reivindicados pela maioria das comunidades caiçaras, situadas no interior ou no entorno das chamadas "áreas protegidas", no Vale do Ribeira, restringiam-se ao direito de uso dos recursos naturais e o direito de permanência na terra. De maneira contrária às determinações da lei federal que rege tais "unidades de conservação" (o SNUC), essas reivindicações foram asseguradas em

---

[53] *Cf*. Guimarães (2003).

alguns locais por meio de portarias internas da Sema. Foi o caso na Ilha do Cardoso, um parque estadual, onde durante um certo período foi concedida permissão aos caiçaras para instalar pequenas roças de mandioca na área que havia sido decretada, parque, ou mesmo, foi concedida a permissão para retirarem a palha de *"guaricana"* (tipo de palmeira nativa) para cobrir telhados dos ranchos de pesca. Assim, certos *direitos tradicionais* foram, de certa forma, incorporados aos direitos ambientais ainda que sob a tutela do Estado (representado pela Sema), contudo de maneira precária e temporária, como abordado anteriormente. Isso se deu até a metade da década de 2000.

Em um segundo momento, em função da organização dos quilombolas cada vez mais marcante no Vale e no país como um todo, além do acirramento de conflitos em alguns locais ocupados por caiçaras (Juréia, sobretudo), houve uma certa "flexibilização" das leis ambientais na região, à medida em que foram criadas as primeiras Reservas de Desenvolvimento Sustentável (RDS) e Reservas Extrativistas (Resex), a partir da criação dos Mosaicos de Unidades de Conservação. Primeiro, foi instituído o Mosaico de Juréia, em 2006, entre os municípios de Peruíbe e Iguape. Dois anos mais tarde (2008), foi criado o Mosaico de Jacupiranga, mais ao sul do Vale do Ribeira, onde localizam-se os municípios de Cananéia, Ariri, Barra do Turvo e Cajati. Estas duas categorias (RDS e Resex), segundo o Snuc, permitem a presença e o "uso sustentável" dos recursos por "populações tradicionais". No entanto, segundo a lei federal, as áreas ainda permanecem sob a tutela do Estado e as decisões sobre a gestão das mesmas devem ser tomadas por um Conselho obrigatoriamente presidido por um funcionário da Secretaria do Meio Ambiente.

Há quem reconheça um certo avanço na "recategorização das áreas protegidas", mas essa não é a opinião do presidente da associação quilombola do Quilombo Ribeirão Grande na Barra do Turvo, que admitiu que sua associação não iria *"se curvar às regras da Secretaria"*. Devo salientar que esse caminho tem sido proposto por algumas organizações caiçaras. Um exemplo é a União dos Moradores da Juréia que lutou durante muitos anos pela "recategorização", reivindicando, por meio de deputados aliados da Assembléia Legislativa do Estado de São Paulo, a modificação da lei, que criou a estação ecológica, para que a área ocupada e de uso pelas comunidades fosse transformada em RDS de forma a legalizar certas atividades produtivas proibidas. A recategorização foi aprovada em 2013 por meio Lei n.º 14.982/2013, que criou o Mosaico Jureia-Itatins.

Bem mais recentemente surge a necessidade de salvaguarda dos "direitos culturais" de caiçaras e quilombolas no Vale, ou seja, a valorização dos "bens culturais" de que os grupos tradicionais são detentores, mesmo daqueles que vivem no interior das reservas ambientais (parques, estações ecológicas e afins). A questão dos direitos passa então a ser discutida por novos sujeitos. Não se argumenta mais que esses povos sejam os "guardiões da natureza" ou que possam ser considerados "parceiros na conservação da biodiversidade" — bandeiras até então utilizadas para garantir a permanência desses grupos nas áreas protegidas. O que se reivindica é o direito de manter seus *modos de vida*, o que implica na reprodução de práticas tradicionais de uso da natureza (*roça de coivara, pesca tradicional, caça...*), além da proteção de expressões culturais específicas relacionadas às festas comunitárias, rituais religiosos, saberes e fazeres tradicionais.

No caso dos caiçaras, o reconhecimento recente do fandango como patrimônio cultural nacional pode significar além da proteção do "bem cultural", a salvaguarda de um sistema cultural que envolve *a gente e o lugar do fandango*. O fandango não teria valor por *si só* (intrinsecamente valioso), mas se relaciona, também, a todo o território ocupado por esse grupo.

Percebo então nesse processo o início de sérios questionamentos feitos aos órgãos ambientais e, consequentemente, às leis que regem as áreas decretadas "reservas" onde esses povos vivem ou onde de certa forma mantêm algum tipo de uso.

Por fim, como desdobramento dessa última estratégia há alguns sujeitos que reivindicam a criação de um *território caiçara* (ou *território do fandango*), caminho ainda não trilhado por nenhum grupo tradicional não indígena ou não quilombola. O que se busca nesse caso é uma maior autonomia para que esses grupos possam viver de acordo com determinadas regras internas que, por vezes, podem até ser consideradas "ilegais" para o restante da Nação — a exemplo da realização da caça de subsistência. Na gramática do direito, não há para o caso da criação de um *território caiçara* uma jurisprudência, fato pelo qual muitos dos envolvidos consideram tal alternativa difícil de ser concretizada, porém, a meu ver, não impossível.

Stanley Tambiah, antropólogo social nascido na Sri Lanka, teria apontado em um texto a respeito dos conflitos etnonacionalistas no sul da Ásia que "nos casos em que há um forte senso de 'etnicidade territorial' - a noção de que determinados grupos étnicos têm raízes no território [a noção de] "território tem implicações múltiplas, que extrapolam a localização espacial e incluem exigências de reconhecimento" (TAMBIAH, 2001, p. 51). Tais considerações podem ser transpostas também para os casos aqui em discussão.

A noção de "território" ou, mais especificamente, o conceito "território tradicional" possibilita inúmeras interpretações (RODRIGUES, 2001). Contudo, quais seriam os argumentos (teóricos e práticos) que poderiam justificar a criação de um *território caiçara* em áreas geográficas decretadas parques e estações ecológicas?

A complexidade que se enfrenta em torno dos caminhos do direito e da justiça pautados na(s) diferença(s) é tratada de maneira convincente por Nancy Fraser. Apoiando-se em antigas tradições de organizações igualitárias, trabalhistas e socialistas, Nancy Fraser (2007) elucida que "ações redistributivas" buscam uma alocação mais justa de recursos e bens. Dessa perspectiva, tratam-se de "medidas compensatórias".[54]

Como bem esclarece Nancy Fraser inspirada em determinadas teorias da filosofia política sobre "direitos às diferenças":

> Nesses casos, realmente estamos diante de uma escolha: redistribuição ou reconhecimento? Política de classe ou política de identidade? Multiculturalismo ou igualdade social? Essas são falsas antíteses, como já argumentei em outro texto (Fraser, 1995). Justiça, hoje, requer tanto redistribuição quanto reconhecimento; nenhum deles, sozinho, é suficiente. A partir do momento em que se adota essa tese, entretanto, a questão de como combiná-los torna-se urgente. Sustento que os aspectos emancipatórios das duas problemáticas precisam ser integrados em um modelo abrangente e singular. A tarefa, em parte, é elaborar um conceito amplo de justiça que consiga acomodar tanto as reivindicações defensáveis de igualdade social quanto as reivindicações defensáveis de reconhecimento da diferença (FRASER, 2007, p. 21).

Todavia, a discussão das lutas em que povos tradicionais estão engajados faz alusão à análise de Roberto DaMatta (1987), em *Relativizando: Uma introdução à antropologia social*, ao considerar que muitos dos movimentos pelo reconhecimento identitário no Brasil não questionam os mecanismos de neocolonialismo. A legitimação da diversidade cultural — e igualmente a diversidade racial e étnica, como aponta o próprio autor — alimenta um

---

[54] Que diz respeito a "compensar essa discriminação, culturalmente arraigada, praticada de forma inconsciente e à sombra de um Estado complacente" (FRASER, 2007, p. 19).

sistema econômico e político antidemocrático no Brasil que tem como principal premissa "a profunda desigualdade" construída historicamente e sustentada por ideologias e valores internalizados em nossa sociedade. Não basta, portanto, "conhecer as diferenças". Devemos antes de mais nada restaurar ou criar políticas que garantam a redistribuição a esses grupos situados historicamente às margens do desenvolvimento econômico.

Por outro lado, não basta igualmente tornar acessíveis a esses grupos os bens e serviços básicos providos pelo Estado-nação. O que está em jogo na busca do direito de ser diferente extrapola uma mera luta por bens e justiça material.

Com a democratização do país, essas lutas — por redistribuição e reconhecimento — parecem-me ter-se unido e, creio eu, são personificadas nos *povos e comunidades tradicionais*.

Importa ainda frisar que em muitos países da Europa e da América do Norte às "minorias étnicas" teria sido negado o convite para fazer parte da Nação, como Bauman havia alertado, levando-as assim a recolherem-se ao abrigo e no conforto dos "laços comunitários do grupo nativo" de onde teriam se originado. Para "eles", não haveria outra escolha, o *comunitarismo seria* a única opção. Não haveria ao menos a escolha ao assimilacionismo para essa gente (BAUMAN, 2003, p. 87).

Desde Gilberto Freire, também no Brasil discute-se a formação da sociedade brasileira e de uma suposta "identidade nacional". Em verdade, também em nosso país há pouca escolha para que os grupos sociais conhecidos entre nós como "comunidades indígenas, populares, patrimoniais, tradicionais, rústicas, camponesas [que] existem e se reproduzem em um quase perene estado de luta, confronto e resistência".[55] O que outros autores chamam de maneira um tanto pejorativa *comunitarismo* são grupos ou sociedades caracterizadas pelo "domínio comunitário", como esclarece Brandão:

> [...] poderemos ousar - como um ponto de partida - a ideia de que por oposição a todas as outras, são comunidades tradicionais aquelas que "ali estavam" quando outros grupos humanos, populares ou não, "ali chegaram" e "ali" se estabeleceram [...] todas estas categorias de "povoadores" indígenas e/ou tradicionais enquadram-se em uma das seguintes categorias, de acordo com a história ou a memória do tempo em que "estão e vivem ali"... ou "aqui":

---

[55] *Cf.* BRANDÃO, C. R. *O Lugar da Vida*, citado antes.

> a) **São herdeiras de povoadores ancestrais**...com registro somente na memória; b) **São herdeiras de povoadores ancestrais reconhecidos,** de tal maneira que os dados de origem da geração fundadora estão estabelecidos como registro (não raro em documentos pessoais ou cartoriais de fundação do lugar, ou de doação de terras) e cuja linha de sucessão de modo geral pode ser traçada até a presente geração;
>
> b) **A geração atual é ou se reconhece** desde um tempo passado, mas ainda presente na vida dos mais velhos ou na memória ativa de seus filhos, como ela própria fundadora original do lugar em que vive, e da comunidade que constitui em um "aqui" ao mesmo tempo fisicamente geográfico e territorialmente social;
>
> c) **Uma leva de povoadores chega a um lugar e estabelece ali, em termos de uma atualidade presente uma comunidade com características culturais e identitárias que a aproxima de comunidades tradicionais mais antigas ou mesmo ancestrais.**
>
> Muda-se, neste caso, um lugar atual de vida, mas não um modo antecedente de vida. Em algum momento – ancestral, antigo, recente ou presente - **uma *comunidade tradicional* existiu ou convive ainda com uma situação de fronteira** (BRANDÃO, grifo próprio).

Assim, o chamado *comunitarismo* — que pode ser compreendido como um sentimento de pertencimento a uma determinada comunidade específica —, em muitos casos, teria sido resultado de uma falta de escolha ou, pior, de "expropriação" (BAUMAN, 2003, p. 88).

Desse modo, a expropriação territorial e o desrespeito do princípio da dignidade humana levam esses grupos a reivindicar o "direito à diferença", buscando assim remediar a expropriação pelo Estado do *lugar da vida* dessa gente em áreas geográficas decretadas "reservas naturais".

* * *

Parte II

ETNOGRAFIA DO FANDANGO CAIÇARA

Fotografia 3 – Fandango no Carnaval no Grajaúna (Juréia), em fevereiro de 2012

Crédito: a autora

Nesta etnografia, irei detalhar em especial seis momentos em que testemunhei o fandango caiçara durante o trabalho de campo, desconsiderando a ordem cronológica em que se deram os encontros: o Carnaval no Grajaúna, na casa de Dona Nancy e Seo Onésio na Juréia (fevereiro de 2012); a *"domingueira no Nelsinho"*, no bairro do Rocio em Iguape (novembro de 2011); o 2° Festival Caiçara, no Guaraú em Peruíbe (em agosto de 2011); a Festa da Tainha, no Marujá na Ilha do Cardoso (em julho de 2011); a Festa do Robalo, na Barra do Ribeira em Iguape (novembro de 2011); e o Revelando São Paulo, em Iguape (em junho de 2011).

Outros encontros de fandango mencionados brevemente aqui antes serão analisados durante a etnografia: a Festa da Tainha, na comunidade Marujá da Ilha do Cardoso, situada em Cananéia, em 2008; a Festa do Robalo, na Barra do Ribeira de Iguape, em 2008; os bailes no salão Sandália de Prata de Dona Maria das Neves em Iguape; o baile do Fandango no Guaraú, em Peruíbe, em setembro de 2010.

A ordem de apresentação baseia-se em minha própria interpretação e classificação dos encontros, a partir de uma análise preliminar e provisória baseada na "natureza" dos encontros de fandango que vivenciei entre caiçaras. Ela parte de um tipo de fandango de caráter mais familiar, seguindo um gradiente até encontrar no outro extremo dessa tipologia proposta aquele que denominarei aqui de "fandango-espetáculo".

Apresento também breves ***histórias de vida***[56] — destacadas do corpo principal do texto no formato de quadros; além de trechos de entrevistas que realizei com certas pessoas que me pareceram vivenciar de maneira mais intensa o fandango em todas as suas possíveis dimensões. Tais sujeitos expressaram, à sua maneira, o que pensam do fandango, do passado e no presente, além de refletirem sobre seu significado em relação ao atual *modo de ser caiçara*. Inclui ainda alguns trechos das composições de fandango mais conhecidas por meus interlocutores caiçaras (as *"modas"*), quando me pareceram dialogar com o texto principal desta obra.

Pretendo ao longo desta etnografia apreender alguns dos vários planos (ou significados) dessa manifestação cultural singular, sobretudo a partir das várias formas de narrativas de meus interlocutores e interlocutoras, sujeitos nesta pesquisa.

* * *

---

[56] *História de vida,* segundo Maria Isaura de Queiroz (1988, p. 275), trata de uma técnica de entrevistas empregada por cientistas sociais que obtém um "relato de um narrador sobre sua existência através do tempo". Não recorri a outras fontes, além das próprias narrativas de meus interlocutores e interlocutoras para elaborar as *histórias de vida* que apresento aqui. Uma única exceção é a história de vida de Zé Pereira do Ariri, na qual agreguei algumas informações contidas no livro *Museu Vivo do Fandango,* de Pimentel (2006).

Capítulo 3

"*ENTRALHANDO A REDE*"[57] DO FANDANGO

As vicissitudes durante o trabalho de campo, em geral, ora dificultam cumprir as tarefas que haviam sido planejadas, ora oferecem inesperadas e felizes ocasiões que possibilitam uma aproximação maior ao objeto de estudo antropológico. Foi assim também nesta pesquisa. A festa de São Miguel Arcanjo, que iria acontecer na lendária comunidade da Cachoeira do Guilherme e que eu aguardava ansiosamente, foi desmarcada de última hora por motivo de doença do anfitrião, um dos principais fandangueiros de Iguape. Da mesma forma, aconteceu com o fandango de mutirão de roça no Grajaúna na Juréia, que, por motivo de mau tempo, não conseguiu reunir um número suficiente de violeiros. Há então um momento que o pesquisador, ou pesquisadora, deve dar-se por satisfeita(o) e, por mais apaixonante que seja o trabalho de campo, deve encerrá-lo.

Esta etnografia reflete minha trajetória como pesquisadora no período de julho de 2009 a fevereiro de 2012, munida nos últimos anos de novos referenciais teóricos e tentando exercitar o(s) olhar(es) da antropologia.

É também sempre o inesperado que nos aguarda sorrateiramente no campo, ao realizarmos as entrevistas e nos envolvermos em conversas informais, programadas ou não com nossos interlocutores e interlocutoras. No meu caso, ainda que eu tivesse feito um planejamento minucioso estabelecendo categorias de sujeitos que deveriam ser entrevistados(as), além do respectivo número de entrevistas para cada categoria, mesmo após os agendamentos terem sido combinados com as pessoas que me propunha conversar, a maioria dos encontros acabou acontecendo de forma espontânea e até mesmo circunstancial. Assim, fotografias — a maioria de minha autoria —[58] e trechos de entrevistas foram alinhavadas nesta etnografia junto às *histórias de vida* de alguns de meus interlocutores, bem como impressões pessoais e discussões mais teóricas. As análises conceituais a respeito do trabalho de campo serão retomadas e aprimoradas no próximo capítulo desta **Parte II** deste livro e em algumas seções subsequentes.

---

[57] "*Entralhar*" é um termo nativo muito usado nas comunidades caiçaras da Juréia. Quer dizer: tecer a rede de pesca.
[58] A autoria (crédito) das fotografias será apontada em cada uma delas.

Este meu relato de campo está dividido em seis partes que se referem aos seis principais momentos em que presenciei o fandango:

1º. Carnaval no Grajaúna na casa de Dona Nancy e Seo Onésio, em fevereiro de 2012;

2º. *"Domingueira no Nelsinho"*, no Rocio (Iguape), em novembro de 2011;

3º. 2º Festival Caiçara, no Guaraú (Peruíbe), em agosto de 2011;

4º. Festa da Tainha, no Marujá (Ilha do Cardoso, Cananéia), em julho de 2011;

5º. Festa do Robalo, na Barra do Ribeira (Iguape), em novembro de 2011;

6º. Revelando São Paulo, em Iguape, em junho de 2011.

* * *

Carnaval de 2012 no Grajaúna (Juréia)

Wilson esperava do outro lado do rio Una para nos levar ao Grajaúna. Iríamos ficar seis dias hospedados na casa de seus avós, o casal Nancy e Onésio Prado, e a casa certamente estaria cheia. O Carnaval no Grajaúna era famoso. A promessa era de quatro noites de fandango.

A *"jabiraca"*[59], de Dona Nancy, ficou lotada com nossas bagagens: material de acampamento, mochilas, sacolas com "a compra" para ajudar nas despesas de nossos anfitriões. Léco bem conhecia os hábitos da família Prado, e compramos os mantimentos básicos "para a mistura": carne de sol, calabresa seca, linguiça fresca que iria ser defumada no fogão a lenha, além de café, óleo de cozinha, açúcar, arroz, feijão, bolacha, manteiga em lata, suco em pó e alguns itens básicos de limpeza e higiene. Todos são produtos pouco perecíveis, que sabíamos serem de preferência dos moradores, além de serem mais cômodos para transportar até onde vivem nossos amigos. Lá não há geladeira e nem ao menos algum tipo de comércio nas proximidades. A Barra do Una, onde se encontram alguns bares e um mercadinho bem tímido, fica a 16 quilômetros do Grajaúna pela praia.

---

[59] *"Jabiraca"* é como chamam o automóvel que praticamente é um esqueleto de um carro bem precário, no geral *buggy*, que é costume entre as pessoas na Juréia utilizarem para transporte de pessoas e de carga pelas areias da praia.

Levamos cerca de 20 minutos de carro até nosso destino. A maré estava bem baixa e foi fácil trafegar pela praia deserta e atravessar os dois riozinhos até o final da praia. Quando a maré está cheia, é impossível realizar esse trajeto de carro ou mesmo de motocicleta. No meio do caminho pela praia, paramos alguns minutos no marco construído para indicar onde teria sido o local em que foi encontrada a imagem de Bom Jesus de Iguape por indígenas no ano de 1647. O local de peregrinação dos devotos do santo faz parte da estação ecológica.

Assim que chegamos, Dona Nancy nos ofereceu café. Demonstrou grande satisfação com a nossa visita. Por volta das 11h30, almoçamos: arroz com feijão, carne de porco assada e salada de alface e tomate. É raro ter salada de folha por aqui, mas o casal havia chegado de Itanhaem na véspera, quando foi feita uma compra para receber a *"turmada"* que viria para o Carnaval. Não se sabia ao certo quem viria.

Ao indagar ao casal como havia sido organizado o Carnaval, soube que não tinham feito convite formal a ninguém. Explicaram-me que era costume que o Carnaval por lá sempre acontecesse, e as pessoas simplesmente vinham sem avisar: a parentela, amigos, amigos de amigos e moradores da Barra do Una, Guaraú, Barra do Ribeira, Baixada santista, Curitiba. Eu estava bem ansiosa para ver tudo acontecer.

Até o dia de nossa chegada, uma sexta-feira e às vésperas de Carnaval, não reparei nenhum preparativo especial para receber as pessoas. A dona da casa lavou roupas no tanque depois do almoço e o marido deve ter ido cuidar da roça, pois o perdi de vista. Aproveitei para descansar um pouco na barraca que montamos na varanda da casa. Fomos os primeiros a chegar e escolhemos um local mais afastado da sala, onde o fandango iria acontecer, provavelmente em todas as noites e durante a noite toda — como manda a "tradição".

No sábado de Carnaval, as pessoas finalmente começaram a chegar. Logo cedo, um barco trouxe alguns amigos de um neto do casal nossos anfitriões, que mora em Curitiba. Logo depois, chegou Dauro e Mariana, filho e neta dos donos da casa, com amigos de Santos também vindos pela Barra do Una de *"jabiraca"*. E pouco depois outras pessoas chegaram a pé pela trilha do Rio Verde, que atravessa a estação ecológica. À tarde, chegou ainda mais gente. No total, havia no sábado à noite umas 30 pessoas "de fora", ou seja, "turistas" (não nativos), amigos de amigos ou conhecidos de amigos. Da parentela, chegaram três casais: Zenélio e a esposa (de Iguape); o filho de Dona Nancy, Pedro, e esposa (da Barra do Ribeira); o neto Cleiton com a esposa e filho (de Peruíbe). Além desses, também veio o neto Gilson (da Barra do Ribeira) e a filha Mariazinha com o esposo Roberto (de Itanhaem). No fandango daquela noite, ficou evidente a diferença entre os dois grupos: "turistas" e "caiçaras".

O baile começou tarde e sem muita animação, já que havia apenas dois violeiros: Zenélio e Cleiton. O que marca o início do fandango entre caiçaras, invariavelmente, é a realização da dança de São Gonçalo. *"A primeira 'moda' é sempre a de São Gonçalo"*, explica-me uma senhora. São Gonçalo é conhecido como o *"santo-violeiro"*.

Foi colocada uma imagenzinha do santo e um copo com uma flor do quintal sobre um banco no salão — simulando, muito provavelmente, um altar. Três casais caiçaras curvaram-se solenemente diante da imagem do santo, em fila, durante cerca de cinco minutos, iniciando "oficialmente" o baile. Além dos dois violeiros, havia uma caixa (espécie de tambor) disponível. Alguns homens presentes revezavam-se para tocar a caixa, acompanhando os dois violeiros que também cantavam as modas tradicionais.

Fotografias 4 e 5 – Momento da Dança de São Gonçalo no início do fandango. Note os objetos dispostos sobre o banco: um pequeno vaso de flor e a imagem do santo. A mesma imagem de São Gonçalo foi ampliada na fotografia ao lado

Crédito: a autora

Depois, dançou-se o *"bailado"* na maior parte do tempo.[60] Duas vezes, dançaram o *"passadinho"*. Os casais se revezavam e não percebi nenhum tipo

---
[60] O *"bailado"* era proibido inicialmente nas festas religiosas nas comunidades tradicionais na região de Iguape e Peruibe (SP). Só se dançava o *"passadinho"*, conforme explicado antes.

de regra especial na escolha das damas pelos homens. Mas havia pouca escolha. Nos primeiros 30 minutos de baile de fandango, o salão (sala da casa) estava cheio. Havia entre quatro a seis casais de visitantes "turistas",[61] além de cinco casais de caiçaras. Mas os visitantes de fora acabaram se recolhendo aos poucos e restaram só "eles", caiçaras: Zenélio e Wanda, Pedro e Dalva, Cleiton e Adriana, Onésio e Nancy, além de nós dois (Léco e eu) e Dauro. Tocaram das 11h30 até 1h10 da manhã. Das 1h30 às 1h40 mais ou menos tocaram fitas cassete reproduzindo ritmos tradicionais do fandango.

Naquela primeira noite de fandango, parecia ser preciso tocar e cantar para os visitantes e para alegrar os donos da casa. Protelaram muito para começar e percebi que tocaram e cantaram sem grande ânimo. Mesmo assim a "brincadeira" estava presente. Uns ironizavam os outros pelo jeito de dançar e de cantar, o tempo todo.

* * *

A casa estava cheia de "convidados" e talvez por isso os parentes acabaram se afastando e montaram suas barracas no meio da "capoeira", perto da roça, a uns 500 metros da casa. Era como que se quisessem se esconder no meio da mata. Achei bem curioso. Os três casais de parentes e afilhados organizaram quase uma vila por lá: improvisaram um banheiro no meio das árvores, que tinha até chuveiro. Por que haviam preferido ficar longe das casas dos pais, avós ou padrinhos?

Até aquele momento eu conseguia distinguir que a "gente de fora" formava três ou quatro grupos diferentes: alguns amigos da namorada de um dos netos do casal que mora em Curitiba (mas que estava ausente); outros vindos de Santos, ligados a uma ONG; e mais outros que vieram de Porto Alegre, além de um peruano. À noite, chegou mais um casal que parecia conhecer a família Prado há mais tempo. A maioria daquelas pessoas era de jovens, universitários e pesquisadores ligados à universidade ou a membros de ONGs.

Da parentela mais próxima, chegaram ainda filhos de uma prima ou tia (Maria do Guaraú), quatro rapazinhos que trouxeram pranchas de surfe. Havia então cerca de 40 pessoas hospedadas no Grajaúna na primeira noite de Carnaval.

---

[61] A discriminação genérica dos dois grupos ("turistas" e "caiçaras") é feita por mim para fins de posterior análise.

Todos almoçaram, jantaram e tomaram café da manhã na casa. Mas o comportamento da grande maioria, todos jovens na faixa entre 20 a 30 anos, chamou-me a atenção: comportavam-se literalmente como hóspedes, ou seja, poucos eram os que colaboravam com as tarefas da casa. Haviam trazido mantimentos também, mas os trabalhos na cozinha acabavam sendo realizados pela dona da casa e pelo menos naquele primeiro dia, por sua nora.

No fandango do domingo de Carnaval, havia mais gente do lugar: cerca de 20 pessoas entre parentes e vizinhos. O baile começou às 22h45 e durou até as 4 horas da madrugada. Houve algumas interrupções, mas com a chegada de mais dois violeiros (Pedrinho e Wellington) e, por estarem presentes vários casais de dançarinos, o entusiasmo foi bem maior do que na noite anterior. Naquela noite de Carnaval, revezavam-se no salão de 3 a 10 casais de dançarinos.

Pode-se dizer que as primeiras horas foram bem animadas. Já das 2 às 4 horas da manhã, notei que aqueles que dançavam estavam cansados, a tal ponto que testemunhei em vários momentos dois dos filhos de Dona Nancy "caçando" pessoas para dançar na varanda. O ânimo era um pouco recobrado quando se dançava o "passadinho". Aí então agrupavam-se de 10 a 12 casais no salão e se movimentavam formando imaginariamente uma espécie de trançado: mulheres a circular de um lado, homens do outro, as duas filas indianas entrecruzando-se e damas e cavalheiros cumprimentando uns aos outros de maneira respeitosa.

Ao presenciar o fandango nessa e na noite anterior, era bem perceptível nos rostos daquelas pessoas que participar do fandango tinha um significado um pouco diferente de uma pura diversão. Tomar parte do baile ou "ajudar" a encher o salão, tarefas nas quais se empenhavam os filhos do casal —, além de tocar e cantar as modas, parecia ser uma espécie de "obrigação" — talvez para retribuir a hospitalidade do casal anfitrião, pessoas muito queridas de todos. Quando eu procurava entender as expressões nos rostos daquelas pessoas, não era de todo perceptível o prazer e a alegria que em outras ocasiões eu presenciara de forma marcante. Havia ali uma espécie de "tarefa a ser cumprida", um dever, um "costume" que parecia fazer parte de uma espécie de código de conduta caiçara que não poderia ser deixado de lado. Tratava-se de alguma regra interna entre esses caiçaras ou, nos termos clássicos propostos por Malinowski (2003), um "imperativo social", que, se não fosse cumprido, implicaria em formas de sanção e punição?

Pareceu-me um paradoxo perceber um tipo de "sacrifício" nos bailes de fandango, onde os traços distintivos, dizem nossos interlocutores, são: a diversão, a brincadeira, a festa. Esse aspecto do fandango me chamou a atenção e imaginei existir aí uma chave especial para entender o fandango desde uma outra perspectiva: a dos ritos e dramas sociais. Essa outra possibilidade analítica de compreensão do fandango será discutida adiante.

Os violeiros pareciam desapontados com a falta de casais dançando no salão. Havia poucos cavaleiros e muitas damas, o que invariavelmente obrigava as mulheres a dançarem entre si. A regra principal ali no Grajaúna era "não beber" (bebida alcoólica), ao menos na presença dos senhores donos da casa. Mas também soube por um de meus interlocutores que frequentava o baile de Carnaval naquele local desde a adolescência, que era regra ali "beber escondido". Contou-me que a emoção era esconder a bebida e de vez em quando escapar para tomar um gole dando como desculpa de que iam "*visitar o cóvo*".[62]

A dança, como sempre, era discreta. Os casais pouco aproximam seus corpos, mantendo sempre uma distância respeitosa. Não notei alguma regra especial para a escolha dos casais: não há problemas quanto aos homens e mulheres casados dançar com solteiros e as trocas entre casais de dançarinos ocorre o tempo todo. No entanto, havia poucos solteiros e solteiras, e um dos mais importantes componentes da dança do fandango estaria então ausente naquela noite: o flerte, a conquista amorosa.

Ao prestar atenção especial nas letras das modas de fandango naquela noite, eu diria que 80% ou mais das letras falava de amor: o amor ausente, o amor impossível, a alegria do amor correspondido... Essa impossibilidade da conquista amorosa provavelmente representaria mais uma falta de estímulo às pessoas presentes naquele baile.

Outra observação que devo fazer é quanto à ausência dos mais jovens da família no Carnaval: os netos do casal e as moças do grupo de fandango Jovens da Juréia, para minha surpresa, não estavam no Grajaúna. Soube até de uma represália que um desses jovens sofreu do tio quando foi informado que o sobrinho, presente na primeira noite de Carnaval, não iria ficar mais tempo: "*Então não devia nem ter vindo!*".

---

[62] "*Cóvo*" é a armadilha de peixe. "*Visitar o cóvo*" é ver se há algum peixe preso na armadilha. No caso relatado, é mais uma das típicas expressões gaiatas dos caiçaras. É preciso fazer novamente aqui menção à Malinowski (2003), para quem as regras são seguidas na maior parte das vezes, mas podem ser também transgredidas.

Por outro lado, havia ali um número expressivo de pessoas mais velhas: senhores e senhoras da vizinhança, com certeza na faixa dos 60 e poucos anos. Eram os mais animados!

Fotografias 6 e 7 – Mulheres na cozinha "esperando para serem tiradas para dançar", seguida de uma cena do *"baile"*

Crédito: a autora

O baile durou cerca de cinco horas. Uma vez mais não foi até o sol raiar, como era o desejo ou a promessa do Carnaval no Grajaúna. E mais uma vez, o grande número de "visitantes" (pessoas "de fora") não participou da festa. Alguns nem ao menos chegaram até o salão para dar uma olhadinha, preferindo recolherem-se na área onde estavam acampados. Os poucos que tomaram parte do fandango permaneceram no máximo meia hora no salão.

O que mais achei estranho nessa suposta separação entre "caiçaras" e a "gente de fora" foi o fato dos primeiros (os nativos) terem escolhido um local do acampamento longe da casa dos anfitriões. No terceiro dia de Carnaval (domingo), não chegaram à casa nem para o almoço. Devem ter cozinhado por lá mesmo. Por que a vontade (ou necessidade?) de ficarem só entre eles, apartados das outras pessoas? A ideia do fandango como espetáculo (performance) surge então para mim de maneira inesperada nessa ocasião. Trata-se de uma festa "deles" e "para eles", mas em que a maioria vem "de fora", não participa da festa, ainda que desfrute de um lugar paradisíaco e dos serviços oferecidos. Meus interlocutores teriam o que a me dizer sobre aquilo? Não encontrei uma circunstância que me pareceu apropriada para perguntar a eles sobre essas minhas inquietações.

* * *

Na segunda-feira de Carnaval, o baile começou às 23h30, assim que os violeiros Ciro e Marquinhos Pio chegaram. O primeiro veio do Guaraú; o segundo da Barra do Una. Ambos viveram grande parte de suas vidas na Juréia e vivenciaram todas as mudanças que ocorreram desde que a área foi decretada estação ecológica.

Os músicos estavam bem animados e assim foi a noite toda, dessa vez até o sol raiar. Entre as pessoas da família Prado, aparentados, afilhados, vizinhos e amigos caiçaras, havia cerca de 20 pessoas. No salão, revezavam-se e dançaram a noite toda entre três a oito casais, até 6h30 da manhã.

Fotografias 8, 9 e 10 – Acima: Cena do "Baile"; Abaixo: Os violeiros Ciro (à esquerda) e com Zénelio (à direita)

Crédito: a autora

Os visitantes ficaram no baile até um pouco mais tarde nessa noite (talvez até 2h da manhã). Alguns homens (caiçaras) assumiram a tarefa de animar a festa, pois são, sempre eles, os homens que costumam tomar as iniciativas entre caiçaras, bradando palavras e frases de incentivo: *"tá bonito!"*; *"Vamos dançar, gente!"*; *"Irrah! Irrah!!!"*.

Como nessa noite havia quatro violeiros, o revezamento foi feito durante a noite toda. Só houve uma breve interrupção maior, por volta das 3h30, para que todos pudessem tomar café como era de costume no fandango mais familiar ou comunitário: café com linguiça assada no fogão à lenha e farinha de mandioca.

Era visível a animação da maioria, principalmente durante a dança do "passadinho". Além das violas, o pandeiro e a caixa (tambor) são instrumentos importantes para manter o ritmo e a animação da festa. Nessa noite, o percussionista. chamado "Cachorrinho", estava especialmente animado.

Como nas noites anteriores, havia mais mulheres do que homens para dançar. Eu mesma dancei algumas modas com filhos do casal Nancy e Onésio, além de Léco. Mas, diferente "deles", para mim é mesmo bem difícil manter a animação a noite toda até de manhã. Até mesmo entre "eles" percebo que às vezes alguns esmorecem, têm de ser motivados e outros poucos desistem e vão dormir. Foi o caso de Seo Onésio, nosso anfitrião, na época com 82 anos. Nesse caso, é compreensível que o cansaço o vença na terceira noite consecutiva de baile. O violeiro da Barra do Una também não conseguiu ficar até o sol raiar. Mas Ciro, um dos meus principais interlocutores nesta etnografia, certamente era o mais animado. Quase de manhãzinha, ele parecia estar em um "transe" — exatamente como havia me confessado que acontecia com ele, à medida que as horas de festa passavam: cantava e tocava cada vez melhor, lembrava-se de modas antigas que seu pai lhe ensinara e que normalmente não se lembrava.

História de Vida #1: Ciro do Guaraú

Ciro nasceu na Cachoeira do Guilherme, na região mais central da Juréia. Seus avós integravam um grupo de pessoas que vieram fugidos da perseguição aos espíritas (*"tavaranos"*, como chamam os nativos da Juréia) de Pariquera — município próximo de Iguape — para o Rio Comprido (Juréia) e abrigarem-se no meio da mata. No começo, fizeram uma oca para morar todos juntos. Caçavam, comiam banana verde, pescavam. Aos poucos, instalaram suas roças de mandioca e *"fizeram o bairro do Guilherme".*

O pai de Ciro presenciou quando prenderam o líder dos *"tavaranos"* (Henrique Tavares) em Pariquera por supostamente possuir poderes mágicos. Desgostosos com a perseguição, os espíritas vieram para Cachoeira do Guilherme e para um lugar que chama de *"Canela",* onde até então não havia ninguém. O grupo se dividiu depois da morte de Henrique Tavares: alguns ficaram no Canela, outros no Pogoçá e outros na Cachoeira do Guilherme. O filho de Henrique Tavares, conhecido por Seo Sátiro, assumiu a liderança espiritual do grupo. O pai de Ciro separou-se do grupo por ser católico e trabalhava em uma fazenda na região: fazia farinha e açúcar de cana para comercialização. Mas sempre que era possível ia visitar os pais e irmãos do grupo dos *"tavaranos"* na Cachoeira do Guilherme. Contou-me ainda que sua avó era índia: *"Mais índia que eu!"*

"Joaquim Tavares era português e dono de escravo na cidade de Iguape. Ele era espírita também. O filho dele era Henrique Tavares era um espírita forte, curador. Só que com a abolição dos escravos, o pai dele empobreceu e ele passou a receber muitos presentes em troca das curas que fazia. Os policiais prenderam Henrique Tavares quando ele e alguns companheiros limpavam uma trilha no meio da mata, com a desculpa que ele estava usando as pessoas como escravos". Quando chegaram no Canela, descendo o rio Comprido perto de Peruíbe. Jipuvura era uma colônia de japoneses no Brasil, era onde o pai de Ciro trabalhava.

"Mané Tavares [do grupo de espíritas que veio se refugiar na Juréia, liderado por Henrique Tavares] *foi para o Pogoçá* [perto do Grajaúna], *que era habitado por escravos. Até hoje tem ruína onde eles moravam. Era de uma família de gente que é quilombola, os Maria".*

Quando faziam mutirão para os trabalhos na roça ou varar uma canoa, depois, havia sempre o fandango. Dançavam principalmente o *"passadinho".* Ciro conta como era organizado o encontro na sua infância:

"O pessoal do Guapiuzinho, onde morava meus tios, ou no Guapiú, mais pra frente, nos chamavam pro mutirão, ou então chamavam nós pra tirar [o fandango] com eles no Carnaval, na reiada, na sexta-feira. Eles guardavam o sábado: - Sexta tinha mutirão do tio Biu, puxa, que legal, vamos pra lá! Cedo a gente pegava a canoa e ia, chegava lá na casa dele era oito e meia, nove horas da manhã, 10 horas as vezes, tomava um café e ia pra roça.

Aí quando era meio-dia chegava, três, cinco, seis mulheres, dois ou três homens, com cada panelão de comida na roça: paçoca de carne seca que eles faziam pra gente tomar café, e almoçava ali, eles compravam, faziam muita manjuba, com carne de caça também..., peixe, todo mundo almoçava. Descansava depois do almoço, deitava debaixo do mato, gostoso, cortava umas folhas de juçara, fazia aquele colchãozinho, deitava ali. Dali a pouco, um mais louco já pulava.

- Tá na hora de ir pra roça, cambada de vagabundo! Vamo pra roça! Aí todo mundo ia, ficava lá no mato até seis horas da tarde: 45, 50, 60 homens. Era feio de ver. Era bonito e era feio porque não tava acostumado, era pororoca de machado, dando machadada de todo jeito sabe, aí queimava que ficava só o barro. Cortava, picava os galhos bem picado, tudo em camada, que nem o mar, aí deixava passar 15 dias. Chegava na roça tava amarelinho. Roça de mutirão, queimado ficava só o barro. Deixa no cepo, porque a árvore que tem tendência de brotar, brota tudo: caixeta, jacatirão. Normalmente, você tirava o arroz no alagado, depois de seis meses, um ano, você chegava lá e já tava o mato nessa altura, tudo fechando já.

Queimava, deixava esfriar, dependia do tempo, se fosse na minguante ele [o pai de Ciro] *já plantava. Na crescente faz bom tempo, na minguante sempre chove. Esperava então a minguante para plantar. Se você semeia o arroz na crescente dá caruncho depois que você colhe. Tem que escolher a lua lá atrás, porque o arroz fica na roça cinco meses e depois pode dar caruncho se plantou na crescente, tem que escolher a lua lá atrás.... Então, nossa vida lá era muito gostoso... Deixa-se passar 10 anos, 12 anos, na capora, caporão, planta. Meu pai pra escolher o lugar pra plantar arroz levava a foice pra ver se tinha barro branco...*

Lá era assim, mutirão na casa do Sátiro [na Cachoeira do Guilherme], *o pessoal vinha, ficava na casa do Sátiro, duas horas de trilha mais uma hora de canoa do Guapiu. Ou do Grajaúna, quatro horas de trilha. De barco, oito horas, De praia, quatro horas...e ia todo mundo pro mutirão, fazer roça.*

[Depois] *ia pras casas* [de amigos ou parentes], *tomava banho e ia pra casa do dono do mutirão. Aí tinha uma mesa grande assim, chapado de comida. Ali jantava, ia pra dentro da sala e era baile, fandango até amanhecer o dia, até amanhecer o domingo, até sete horas da manhã, oito horas da manhã!*

Fazia a roça na sexta, descansava no sábado e fazia o baile no sábado a noite. [...] *A gente ficava satisfeito, é isso que eu falo direto por aí, não se ganhava muito bem, mas tinha uma vida maravilhosa!"*

Ciro vive hoje com sua família no Guaraú, em Peruíbe, onde presta serviços, principalmente para os turistas que têm casas de veraneio no bairro.

(entrevista concedida no Guaraú, em novembro de 2011)

Quando o baile de fandango acabou, o sol já despontava no mar. Todos dirigiram-se à cozinha para tomar café. O violeiro Ciro elogiou Léco por ter mantido a animação e dançado a noite inteira: *"Esse é caiçara de verdade!"*. Isso porque teria honrado a *"tradição"* de manter o fandango durante a noite toda até o sol raiar.

Também o casal Nancy e Seu Onésio, anfitriões da casa, o agradeceram e enalteceram sua atitude: *"Você ajudou muito a gente!"*.

Depois de também descansarmos, tomamos café à moda caiçara (com peixe e farinha de mandioca torrada) e ajudamos com a limpeza da casa. Hoje, terça-feira de Carnaval, haveria baile somente até a meia-noite. A Quarta-Feira de Cinzas é respeitada pelos caiçaras que explicam às crianças pequenas que *"não pode ter fandango depois da meia-noite"*, pois *"cresce rabo"* em quem não respeita a proibição. Assim, violas, pandeiro, rabeca e tambor são guardados ou pendurados na parede da sala, com a parte das cordas escondida virada para a parede. Somente depois da Quaresma há o *"desenterro do fandango"* — ou seja, poderão voltar a tocar e dançar fandango.

* * *

"Domingueira do Nelsinho" – bairro do Rocio (Iguape)

Léco sugeriu que conversássemos com Seo Nico que também vivia no sítio em Aguapiú, hoje área da estação ecológica. Fomos até sua casa em Iguape e o encontramos com a esposa, Dona Elizabeth. Passamos a tarde toda lá.

Como é muito comum nas casas do povo da região, pessoas da família e amigos foram chegando, a dona da casa ofereceu café e todos se acomodaram na cozinha para rememorar histórias que viveram, fazer piadas, brincar uns com os outros. Na hora da janta, fomos todos convidados e nos servimos diretamente das panelas no fogão: arroz e feijão, frango ensopado e salada de repolho. Entre a parentela, por lá estavam Zeli, filha dos donos da casa, Dauro, marido de Zeli e a filha Mariana, a garotinha que dança no grupo de fandango Jovens da Juréia. Seo Nico e Dona Elizabeth nos disseram que no bairro do Rocio em Iguape havia uma *"domingueira"* de fandango organizada por um tal de *"Nelsinho"*. Fomos conferir. Seo Nico, que eu acabara de entrevistar, foi à festa conosco. Ele mesmo havia se oferecido para nos acompanhar e mostrava-se bem entusiasmado com o fandango.

A *"domingueira"* acontece na casa do Nelsinho todos os domingos das 21h à meia-noite. Sua casa fica no bairro do Rocio, na periferia de Iguape, onde vive hoje a maioria dos antigos moradores *"do sítio"* na área em que se situa a estação ecológica Juréia-Itatins.

Sem a presença do Seo Nico teria sido difícil chegar lá. Não havia nenhuma indicação e a casa, bem modesta, fica em uma das ruas secundárias do bairro, distante da avenida principal. Ao estacionar o carro, ainda na calçada, já era possível escutar os instrumentos e ritmos característicos do fandango. Em uma área coberta ao lado da casa, foi improvisado um pequeno salão de festas, onde cerca de 20 casais dançavam. Ao lado da porta da casa, no mesmo nível do salãozinho, cinco músicos tocavam e cantavam as modas mais conhecidas do fandango.

O que mais chamava atenção era a animação dos casais. Revezavam-se, damas e cavalheiros, e quase ninguém ficava sentado por muito tempo. Como sempre fazem, os homens escolhiam uma dama que aguardava sentada no banco na lateral do salão. A grande maioria dos sujeitos ali presentes era idosa, e muitíssimo dispostos e bem-humorados. Brincavam, fazendo piadas e caçoando uns aos outros feito crianças. A alegria era contagiante. Nós mesmos que pretendíamos só observar, acabamos entrando na *"brincadeira"*, como eles próprios se referem ao tipo de encontro de fandango mais comunitário, e dançamos várias músicas, entre nós que já nos conhecíamos e com as damas e cavalheiros que lá estavam.

Eu já havia encontrado "Nelsinho" e seus companheiros no salão de Dona Maria das Neves em Iguape: o Sandália de Prata. Dona Maria é conhecida por todos e muito respeitada. É lá também que se reúnem aos sábados praticamente as mesmas pessoas que encontramos na casa do Nelsinho.

> **História de Vida #2:** Maria das Neves de Iguape
>
> Maria das Neves Rocha Silva morava com seus pais no sítio em Itimirim, perto do Rio das Pedras, próximo à Serra do Itatins, onde se situa a estação ecológica Juréia-Itatins. Contou-me, entre outras coisas, o seguinte:
>
> *"Meu avô era violeiro. Eu desde a idade de 11 anos já dançava. A gente fazia mutirão. A gente trabalhava no sítio, mas a gente não pagava ninguém para fazer nada pra gente, sabe. A gente vivia da lavoura: arroz, milho, mandioca, tudo, tudo. Então se você queria derrubar um terreno, naquele tempo o Ibama não proibia, da beira da porta podia plantar o que queria. Então quando a gente queria fazer uma roça e era meu pai sozinho, nós era tudo pequenininho. Ele não ia fazer um roçado grande. Então a gente fazia o convite pra vizinhança, moravam tudo pertinho, aí a turma vinha, trabalhava, mas você não pagava, dava a comida.*
>
> *Se era de manhã, você dava o almoço. Se era na parte da tarde, você dava a janta. Esse era o pagamento, o fandango. Aí eles vinham e era o fandango, dançava tudo de graça, ninguém pagava nada. Era tanto que se a pessoa não trabalhava, não entrava de noite no fandango, não podia entrar. Quando o outro camarada, colega dele, parente dele, chamava pra trabalhar, a gente tinha onde dançar.*
>
> *Todo sábado nós tinha onde dançar. E [o fandango] era feito nas casas mesmo, tinham o assoalho de madeira, e dançava ali. Depois fui crescendo, eu me casei e aí parei de sair. Eu senti falta, o marido não deixava... Depois começou a aparecer os filhos, e parei. Em 79 nós viemos pra cá.*
>
> *Eu fiquei viúva, eu dançava em uns clubes por aqui. Meu tio tinha um clube [em Iguape] e eu dançava lá. Arrumei namorado... eu queria me divertir, queria aproveitar, eu era presa antes. Aí eu arrumei um paquera que era do sítio. Depois meu tio deixou o salão pra mim.*
>
> *Eu tinha 10 violeiros, tinha rabeca, era o principal. Eu tinha esse barracão aqui, fiz um empréstimo, foi indo, foi indo, eu fazia uma reforma e chegou nisso aqui. E fiquei para trabalhar por aqui e não tinha como sair. [Aqui tem] Baile familiar, não tem briga."*
>
> (entrevista concedida em Iguape, em abril de 2011)

Eram cinco músicos: dois tocadores de viola, um de adufo, um no cavaquinho e outro no pandeiro. Dois deles cantavam: o dono da casa, Nelsinho, e o outro violeiro. Não pararam nenhuma vez no período que estivemos lá, cerca de duas horas. Por volta das 23h30, a esposa de Nelsinho avisou que o café estava servido na cozinha da casa. Aos poucos mulheres e homens acomodavam-se na cozinha e serviram-se de café e pão com carne moída e molho, preparados antes na forma de sanduiche. Pareceu-me que a maioria já se conhecia.

O *"baile"* terminou à meia-noite em ponto. Todos se despediram, agradeceram os donos da casa e tomaram o rumo de suas casas.

* * *

Segundo Festival Caiçara no Guaraú (Peruibe):
"da raiz ao fruto"

Fotografia 11 – O palco do Segundo Festival Caiçara, realizado em 2011

Crédito: Ponto de Cultura Nação Caiçara sediada em Peruíbe, que autorizou a publicação

Havia bastante gente na entrada da quadra de esportes do Guaraú, bairro ao sul de Peruíbe (SP). Para chegar de carro do centro da cidade até lá atravessa-se a serrinha do Guaraú, tomada por uma densa floresta bem preservada, onde se vê do alto, trafegando pela estrada, belíssimas paisagens do mar emolduradas pela mata. No Guaraú está localizada a sede administrativa da Estação Ecológica Juréia-Itatins (EEJI) e, mais adiante, depara-se com o principal portal de entrada da Juréia.

Deixamos o carro a dois quarteirões de onde estava sendo realizado o *2° Festival Caiçara de Peruíbe*, organizado pelo ponto de cultura "Nação Caiçara" e pela prefeitura de Peruíbe (SP). Havia bastante movimentação fora da quadra onde um trailer vendia cachorro-quente e outro, bebidas. Chovia fino, mas o mal tempo não parecia desanimar as pessoas.

No interior da quadra de esportes, havia um grande palco, bem iluminado e decorado com desenhos caprichados de violas e rabecas de fandango. Ao entrar, logo avistava-se a faixa no palco: *"Festival Caiçara: da raiz ao fruto"*. No alto do salão, cobrindo a maior parte da quadra central foi construída uma grande rede de corda de sisal, certamente representando uma rede de pesca, onde estavam penduradas grandes violas e rabecas feitas de madeira compensada, umas 10 vezes maiores do que as originais, também muito bem feitas. Depois soubemos que a decoração havia sido feita por Cleiton do Prado, caiçara e artesão, primoroso luthier, fandangueiro e criador do ponto de cultura "Nação Caiçara". Nos dois lados do palco, foram dispostas fileiras de quiosques onde se vendia comidas e bebidas típicas da região e artesanato caiçara.[63] Um dos quiosques foi dedicado à exposição de moldes para elaboração de rabeca e da viola de fandango, onde se observava todo o processo de construção do instrumento (ver fotografias adiante).

Logo que entramos, Léco e eu avistamos vários amigos. Havia tanto pessoas de Peruíbe como de Iguape e ainda encontramos gente de Cananéia. Algumas daquelas pessoas viviam nas comunidades do entorno da Juréia (Guaraú, Barra do Una, Barra do Ribeira, Prelado) ou mesmo em algumas áreas onde ainda vivem *"no sítio"* algumas (poucas) famílias de caiçaras: Praia do Una e Grajaúna, Rio Verde, Cachoeira do Guilherme.

Além daqueles que se autodenominam caiçaras, apresentavam-se e prestigiavam o evento certos funcionários das prefeituras de Peruíbe e Iguape (inclusive, os secretários de Cultura de Peruíbe, Iguape e Cananéia, além de assessores) e membros de entidades que pesquisam, divulgam ou apoiam de alguma forma as atividades dos caiçaras. Também haviam sido convidados para apresentarem-se um grupo de fandango de Guaraqueçaba (PR) (*"Fandanguará"*) e músicos que difundem os ritmos tradicionais de caiçaras e de outros povos do Vale do Ribeira (ver programação a seguir): Luiz Perequê de Paraty (RJ), Batucajé de Miracatu (SP) e Carrigo de Antonina (PR).

---

[63] Tais como os utilizados para a pesca como redes, jerival, covo, cercos e tarrafa; os utilizados na música como a rabeca, viola, adufo, machete e caixa de folia; e os utilitários de cozinha como colher de pau, pilão, socador de feijão, tábuas de cortar carne e enfeites que podem ser peixes e miniaturas como moendas, monjolos e arapucas. *Cf.* site associação Jovens da Juréia.

Vários grupos locais de fandango de Peruíbe e de Iguape iriam se apresentar. Depois dos shows, segundo o cartaz impresso e mídias digitais de divulgação, o baile de fandango iria durar até o sol raiar.

Imagem 1 – Cartaz do evento

Fonte: Prefeitura de Peruíbe (SP)

"DA RAÍZ AO FRUTO" 2º FESTIVAL CAIÇARA DE PERUÍBE
Dias..:: 26 e 27 de Agosto de 2011.
Local..:: Guaraú - Peruíbe/SP

Dia..:: 26/08
14:00H Trilha na Estação Ecológica da Juréia-Itatins - "Cultura Caiçara e Educação Ambiental"
20:00H Abertura.
20:30H Raízes do Vale - Eldorado/SP.
21:30H Batucajé - Miracatu/SP. 22:30H Carrigo - Antonina/PR. 23:30H Luiz Pereque - Parati/RJ.

Dia..:: 27/08

20:00H Raízes da Cachoeira do Guilherme - Peruíbe/SP. 21:00H Associação de Jovens da Juréia - Iguape/SP.
22:00H Fandanguará - Guaraqueçaba/PR.
23:00H Grupo Manema - Peruíbe/SP.
00:00H Baile de **Fandango até o sol raiar.** (transcrição do folder impresso).

Fotografias 12-15 – As fotografias a seguir são de autoria do Ponto de Cultura Nação Caiçara, coordenado por Cleiton do Prado em Peruíbe (SP). A última fotografia (mais abaixo) mostra as rabecas confeccionadas pelos integrantes de um curso conduzido por Cleiton durante o ano de 2011

Crédito: Cleiton do Prado

E foi assim que aconteceu, rigorosamente, segundo o que havia sido programado e divulgado. Além dos shows dos artistas mencionados, o ponto forte do Festival no último dia (sábado) e o que mais me interessava foi o *"baile"*. O baile de fandango, como era de costume, aconteceria depois das apresentações dos grupos de fandango. Com exceção do pessoal de Guaraqueçaba no Paraná, os três grupos de fandango presentes (*Raízes da Cachoeira do Guilherme, Associação de Jovens da Juréia, Grupo Manema*) agregavam pessoas das mesmas comunidades, muitas das mesmas famílias. Alguns dos membros participavam de dois ou dos três grupos. Eu conhecia quase todas aquelas pessoas. Sabia um pouco de suas histórias, das histórias de suas famílias, dos problemas que haviam enfrentado e ainda enfrentavam com a criação da Estação Ecológica Juréia-Itatins (de agora em diante denominada, simplesmente, estação ecológica).

As apresentações dos grupos de fandango duraram cerca de 45 minutos. Eu havia presenciado esses mesmos grupos muitas vezes antes. Nos dois maiores e mais antigos (*Jovens da Juréia* e *Raizes da Cachoeira do Guilherme*), além dos músicos, apresentavam-se sempre de cinco a 10 pares de dançarinos. Naquela noite, as mulheres trajavam vestidos floridos e rodados, na altura do joelho. Era comum usarem saias longas e bem rodadas nas apresentações. Os homens vestiam camisas brancas e calças jeans. As roupas eram sempre discretas e remetiam às roupas do *"sítio"* — como eles dizem: coloridas e de algodão (chita) para as mulheres, brancas e de algodão para os homens.

No grupo *Jovens da Juréia*, era costume apresentarem-se algumas crianças. Os demais integrantes tinham idade que variava de 15 a 55 anos. Ou seja, o grupo de dançarinos é composto por três gerações, com frequência com a participação de pessoas da mesma família (como o caso da família Prado, representada neste evento por Glorinha, por seu filho Cleiton e pelo neto Allan). De maneira similar, a maior parte dos músicos *fandangueiros* são aparentados ou afins próximos (padrinhos ou compadres entre si) e costumam representar ao menos duas gerações de músicos ou dançarinos (pais e filhos). Uma observação que merece ser sublinhada é que os músicos são sempre homens. Tenho notícia de uma jovem fandangueira de viola que toca em um dos grupos da Ilha do Cardoso (*Jovens de Itacuruçá*), mas confesso que nos inúmeros encontros e bailes em que estive presente nunca tive a chance de ver alguma mulher tocando, nem cantando.

O grupo *Raízes da Cachoeira da Guilherme* apresentou-se primeiro. Havia cinco casais, vestidos com roupas comuns, ou seja, não caracterizados como costumam apresentarem-se outros grupos. Depois, foi a vez dos *Jovens da*

Juréia, seguido pelo grupo do Paraná (*Fandanguará*), um grupo grande, com 12 casais, bem caracterizados com mulheres de saias rodadas e longas e homens de calça preta, camisa branca e tamancos de madeira para dançar o *"batido"*. Por último, apresentou-se o *Grupo Manema*, de Peruíbe, só de músicos.

Naquela noite, as apresentações dos grupos de fandango transcorreram tranquilas, discretas e sem imprevistos — do jeito como costumam pedir a São Gonçalo. Explicaram-me que *"São Gonçalo é o santo dos violeiros"*. No passado, faziam promessa a ele para que os mutirões de roça ou para que a realização de outras atividades coletivas transcorresse na tranquilidade. O santo garantiria que o tempo fosse bom (sem muita chuva, muito menos *"trevoadas"*) e permitiria que as famílias pudessem se deslocar de suas casas para o local onde os trabalhos seriam realizados (*mutirões* ou *ajuntórios*) e para participar do baile à noite, o fandango. Atualmente, ainda costuma-se fazer a dança de São Gonçalo no início do fandango *"para que tudo corra bem"*:

> *No começo e no fim* [do fandango] *tem São Gonçalo. É uma dança respeitosa, um ritual que faziam. Dançavam São Gonçalo, beijavam São Gonçalo pra ajudar na roça, era um respeito que faziam aquilo dali, respeito, não podia brigar. Ficava a imagenzinha até de manhã, aí dançava de novo São Gonçalo* [para terminar o fandango] *e iam embora. Ou na alvorada, é outra dança, faz o beijamento do santo, São Gonçalo* (Glorinha, em entrevista realizada em novembro de 2011 na Barra do Ribeira).

Um pequeno altar com a imagem de São Gonçalo foi improvisado no meio do salão e foi feita a dança simulando o beijamento do santo. Os grupos apresentaram várias modalidades do fandango: *"passadinho"*, *"cirindí"*, *"recortado"*... e o famoso *"batido"*. O *"batido"* requer maior habilidade dos dançarinos e não são todos os grupos que o incluem em suas apresentações.

No *"batido"*, homens e mulheres dançam separados. Os homens batem os pés ruidosamente no chão, muitas vezes com tamancos de madeira. As mulheres acompanham os homens, rodando em torno deles, *"floreando"*, como dizem, ou seja, agitando seus longos vestidos. Essa última modalidade de dança é raramente dançada nos encontros do fandango na Juréia e poucos jovens sabem dançá-la. Tive notícias, contudo, de que no município de Iguape um grupo ligado ao ponto de cultura "Nação Caiçara" realiza oficinas em escolas públicas para ensinar o batido às crianças e aos jovens. Obtive, também, relatos de muitas outras modalidades de fandango (ritmos e danças) que existiam e ainda existem na região: *"nhanhima"*, *"recortado"*, *"balanço"*, *"engenho"*, *"cirandi"*, *"São Gonçalo"*, *"tirana"*, dentre outras.

Naquela noite, os grupos de Guaraqueçaba e da Cachoeira do Guilherme fizeram a dança de São Gonçalo, sendo que a tradicional batida de tamancos de madeira no chão só foi feita pelo grupo do Paraná. Em outras apresentações que acompanhei e serão relatadas à frente, farei mais alguns comentários em especial a respeito dessa dança.

Por volta da meia-noite, como estava previsto, teve início o *"baile"* (de fandango). Muitos esperavam ansiosamente "a vez do baile", como Seo Valter da Barra do Una. Ele havia viajado de ônibus por mais de uma hora atravessando toda a parte norte da estação ecológica para poder participar. Era assíduo nos bailes. Tinha cerca de 70 anos, mas a idade não o impedia de dançar até o sol raiar. O mesmo pode-se dizer de Seo Onésio, que depois me relatou ter sido o último a deixar o salão, por volta das 7h30 da manhã.

Durante o baile os músicos se revezam, em geral permanecendo de quatro a cinco músicos que tocam e cantam as modas de fandango. Os casais também se revezam durante a noite toda. Naquela noite, observei que havia cerca de 30 casais dançando, ou seja, por volta de 60 pessoas. Na quadra, havia umas 100 pessoas que assistiram às apresentações, comiam e bebiam nos quiosques e conversavam entre elas. Não era todo mundo que se atrevia ou se interessava em dançar no baile.

Era possível diferenciar, claramente, os sujeitos da seguinte forma: os que dançavam e tocavam/cantavam ali eram membros das comunidades caiçaras, indivíduos pertencentes pelo menos a três gerações ali presentes. Aqueles que assistiam ao baile, mas não dançavam, ou faziam parte das administrações públicas das cidades de Peruíbe e Iguape, ou eram membros de ONGs de alguma forma ligados ao setor cultural dessas duas cidades (e de Cananéia).

Não percebi nenhum tipo de regra muito rígida quanto *a quem pode dançar com quem* naquele encontro. Pessoas casadas dançavam com outros homens e mulheres casados ou com os jovens solteiros, revezando pares. É claro que havia uma sedução no ar entre os mais jovens. Os rapazes mostravam evidente satisfação ao dançar com as moças mais bonitas e vice-versa. Havia também uma certa rejeição quanto a um senhor que exagerava muito nos passos, destoando dos demais. Isso é muito raro! Na maior parte das vezes, os movimentos no fandango são discretos, contidos, ainda que se percebe que algumas pessoas, sobretudo mulheres, dançam de maneira bem graciosa. Conversando mais tarde com Léco, ele me contou que os homens teriam lhe pedido permissão para dançar comigo. Mesmo procurando observar tudo com a maior atenção, aquelas "combinações" me escaparam.

Havia ainda naquele evento alguns raros pesquisadores, como eu, e curiosos moradores do bairro do Guaraú. Fizeram também parte do baile os jovens fandangueiros de Paranaguá, mesmo não permanecendo até o final. E o baile terminou quando estava previsto: depois que o sol raiou!

* * *

A diversão no baile, pelo que eu pude observar, fica por conta de quem está esperando nos assentos (mulheres) ou em pé (homens), ao reparar no jeito que determinadas pessoas dançam. Há muito humor também em algumas "modas" típicas que todos conhecem e que repetem muitas vezes na mesma noite:

> *O fandango pra nós então era a única diversão* [na época em que moravam no "sítio", ou seja, onde hoje é a estação ecológica]. *Era o único modo de se encontrar no final de semana, no dia de festa e se divertir. Era diversão mesmo! Hoje em dia, é único modo da gente se encontrar, se unir, se encontrar... Fora disso,* [tem, as vezes] *uma reunião pra gente discutir questões ambientais, pra carregar mais o nosso ombro, deixar mais tenso nosso ombro, ainda... Hoje em dia, é o nosso único modo da gente se encontrar, de se unir, tocar, dançar, cantar junto é no fandango. Ainda continua sendo no fandango. Eu vejo o pessoal da Barra* [do Ribeira] *mais em fandango do que pra fazer uma visita. Tio Ciro mesmo, quanto tempo não venho na casa dele? Desde o fandango!* [em agosto, três meses antes, durante o festival caiçara aqui sendo relatado] (Cleiton, em entrevista concedida na casa de Ciro, no Guaraú, em novembro de 2011).

Ao perceber que dançar no baile significava receber uma espécie de credencial para adentrar no mundo daquelas pessoas, procurei nunca me esquivar de dançar com quem viesse me convidar. Muitas vezes, meu corpo doía depois de horas de dança; eu sentia sono ou sede, mas sabia que "não era de bom tom" abandonar o baile. Sucumbi algumas vezes, confesso. Aconteceu de o sono ser mais forte do que minha determinação de pesquisadora em estar presente para não perder nenhum detalhe do baile de fandango. Mas o sono e o cansaço parecem não abalar aquelas pessoas, que quase sem exceção de fato dançam, tocam e cantam até de manhã. Para mim, aquela diversão parecia sacrifício, até mesmo tortura, em certas ocasiões... Mas para eles e elas tudo parecia ser o exato oposto.

Ciro é um dos principais festeiros que conheci na região da Juréia. Ele sempre diz que o fandango deve encerrar *"só depois do sol raiar"*. E justifica: *"É tradição!"*. Sempre que possível, Ciro organiza bailes de fandango no Guaraú, bairro onde vive. Ainda hoje vem gente de longe, como é o caso do pessoal da Barra do Ribeira, do Prelado, ou mesmo do interior da estação ecológica. Foi ele quem organizou o baile no centro comunitário do Guaraú relatado antes, além de ter sido um dos violeiros no Carnaval do Grajaúna.

Há ainda um outro significado contido no fandango. Ele também está claramente relacionado a uma convivência que alguns de meus interlocutores destacaram com ironia marota: o fandango era o lugar de "flertar" dos mais jovens; era onde os namoros começavam e muitas vezes acabavam em casamentos. É ainda uma das principais motivações das pessoas para participar do baile de fandango:

> *O fandango era a fase de conhecimento. Era ali que você conhecia sua esposa, era ali que o pessoal namorava, ali que montavam e desmontavam as histórias deles.* –'*Ah, conheci uma moça assim, no dia tal, no baile na casa do fulano de tal...' Hoje não tem nada disso... Uma piscada era máximo para moça, pro moço, era muito engraçado. Se a moça desse um sorriso então pra você, desmaiava quase. Meu Senhor!"*
>
> *"Antigamente o fandango era muito rígido... No baile todo mundo sabia quem era quem [...] O medo era nem tanto pelo fato deles saírem. O problema é que se você saísse e o outro saísse, o pessoal que tá tocando fazem música na hora. Então eles faziam música sobre aquilo que aconteceu e iam cantar. Então todo mundo ia ficar sabendo. O pai da menina, já pensou que carão que ele ia ficar. Já virava motivo pra você fazer uma música. E ninguém queria passar por isso. No baile era sagrado, Deus me livre se contassem a vida de alguém lá! Isso aconteceu aqui na praia do Una. Uma moça saiu com o rapaz, quebraram um monte de rama lá na roça, rama da mandioca, e no baile cantaram a música relacionada à rama da mandioca. Quase saíram no tapa pra saber quem estava no meio* (Marquinho Pio).

A "rigidez" das regras do fandango mencionada por Marquinho não parece mais ser tão predominante nos encontros mais recentes. As severas regras que codificavam os encontros no passado mudaram bastante. Mas é perceptível ainda hoje o "respeito" e uma clara "discrição" (recato, decência, pudor) que se percebe entre as pessoas presentes nos bailes e em outros tipos de encontro em que o fandango é praticado, independentemente da idade ou da condição de seus sujeitos. Com raras exceções, que são sempre motivo de recriminação e chacota, a discrição é observada nas vestimentas das pessoas durante o fandango, no tom de voz, nas risadas e, sobretudo, nas posturas ao dançar.

Ainda que um acento alegre e invariavelmente irônico faça parte do jeito de ser da maioria das pessoas que conheci no litoral sul paulista, noto sempre uma forte "ética do respeito" que predomina nas relações em geral, sobretudo entre homens e mulheres: um tipo de "poética do respeito" (COMERFORD, 2003, p. 45). A valorização da família também ruma nesse mesmo sentido. Os laços familiares entre pais e filhos, irmãos, tios e avós, primos e padrinhos, afilhados e compadres seguem a mesma lógica: a do respeito recíproco. A improvável combinação entre "brincadeira e "respeito" parece ser a principal constituinte da moralidade desse grupo, ou do "ethos caiçara".[64]

* * *

Festa da Tainha no Marujá, Ilha do Cardoso (Cananéia)

Fotografia 16 – Canal do Trapandé, entre as ilhas de Cananéia e Cardoso

Crédito: a autora

---

[64] Como sugeriu Geertz (1989, p. 141), "os aspectos morais e estéticos de uma dada cultura, os elementos valorativos, foram resumidos sob o termo 'ethos' [...]. O ethos de um povo é o tom, o caráter e a qualidade de sua vida, seu estilo moral e estético e sua disposição, é a atitude subjacente em relação a ele mesmo e ao seu mundo que a vida reflete".

Cananéia, assim como Iguape e áreas adjacentes, é berço de muitos fandangueiros no Vale do Ribeira. Mas, diferentemente de Iguape, onde as comunidades de caiçaras concentravam-se na área da Juréia ou no entorno do que hoje é a estação ecológica, algumas comunidades caiçaras e inúmeros fandangueiros de Cananéia vivem nas inúmeras ilhas e ilhotas. Esses locais, conhecidos na região por *"sítios"*, são separados do continente por canais de água salobra e podem somente ser alcançados navegando-se em canoa rasa pelo mangue e, depois, caminhando por longas trilhas até onde as casas se escondem.

Tive a sorte de conhecer boa parte dos interstícios desse lugar que me encanta de maneira muito especial. Foi por aqui que realizei meu primeiro trabalho de campo, quando cursava a pós-graduação na geografia. Foi também aqui que, há cerca de 10 anos, um colega e eu participamos de uma consultoria para a elaboração de "planos de utilização dos recursos naturais", em duas reservas extrativistas e em uma RDS em conjunto com caiçaras e quilombolas que vivem ainda espalhados em lugares muito isolados no meio da mata.[65] As facilidades de transporte (barco) que tivemos durante aquele projeto, além da ajuda de algumas pessoas que se dispuseram a nos guiar pelos labirintos de canais no meio do mangue e da mata densa, proporcionaram-nos a ventura de conhecer lugares e pessoas que dificilmente conheceríamos em outras circunstâncias. Algumas dessas pessoas são *fandangueiras*. Todavia, vale lembrar que a maioria dos mestres e dos grupos de fandango se encontra na periferia da cidade de Cananéia, assim como acontece em Iguape e em Peruíbe.

* * *

Há alguns anos soube que um dos mais atuantes grupos de fandango de Cananéia era o do "pessoal de São Paulo Bagre": *Violas de Ouro*. Cerca de cinco quilômetros antes de chegar no portal de entrada da cidade de Cananéia passei inúmeras vezes na estradinha de terra que leva à comunidade. Houve até uma ocasião em que entrei de carro no bairro, perguntei onde se costumava tocar fandango e fiquei de voltar mais tarde. Esse dia chegou!

As casas dos caiçaras no bairro chamado São Paulo Bagre ficam espalhadas entre grandes quintais e sítios maiores. Há também na beira do canal, na área mais bonita, várias casas de veraneio amplas e luxuosas, algumas com garagens para barcos e trapiches.

---

[65] Tratava-se de um trabalho técnico "encomendado" pela Sema e realizado por uma empresa florestal (Casa da Floresta) para a identificação dos usos tradicionais dos recursos naturais das comunidades tradicionais nesta região e em outra, mais a oeste do Vale do Ribeira. O trabalho incluiu o mapeamento comunitário dos usos e o estabelecimento de regras entre comunidades e o órgão ambiental.

Soube depois que o líder do grupo Violas de Ouro é Paulinho, da comunidade Agrossolar, nome de um antigo condomínio próximo de São Paulo Bagre. Marquei de conversar com Paulinho no sítio dele.

O lugar é fascinante. O sítio de Paulinho fica no alto de um barranco, quase uma falésia, à beira do canal largo de águas límpidas. Lá ele construiu um bar no formato de um quiosque bastante acolhedor. Combinei o encontro por telefone e no começo senti uma grande resistência do senhor em me receber: *"ah, mas já veio tanta gente saber de fandango aqui... E depois a vida da gente continua na mesma, nada muda".* Expliquei que eu não me interessava em saber do fandango em si, pois de fato há inúmeros registros no livro e nos dois CDS do Projeto Museu Vivo do Fandango. Enfatizei que eu queria saber era mais sobre a vida das pessoas que tocam e frequentam o fandango; o que percebem em relação ao "ressurgimento" (ou "esquecimento") do fandango nas comunidades; quais as facilidades ou dificuldades que enfrentam ao apresentarem-se como *fandangueiros* etc. Ele só se tranquilizou quando eu disse que havia sido o Dauro da Juréia que me recomendara uma conversa com ele e me dera o telefone para contato.

Felizmente, logo em nosso primeiro encontro ele foi muito amigável e conversamos longamente no seu bar. Léco, como sempre, acompanhava-me. As mutucas (ou *"butucas"*, como dizem aqui) nessa época do ano atrapalham bastante as entrevistas. Eu já conhecia há tempos o incômodo e andávamos preparados com repelentes — que no caso desse tipo de mosca não funcionam muito bem. Pior ainda é a ocasião das noites de lua cheia, quando aparecem os *"porvinha"* ou *"barigüi"*, comuns naqueles trechos de beira de mangue.

Paulinho é violeiro e compositor de modas de fandango. Uma delas expressa bem o drama que essa gente sofre por viver em "áreas ambientalmente protegidas" ou em função da postura irredutível das autoridades competentes na aplicação das "leis ambientais". Contou-nos que junto com muitos outros foi perseguido pela polícia florestal por cortar madeira para fazer canoa, por fazer cerco de pesca, plantar mandioca para fazer farinha. Conheço bem essas histórias, só não imaginava que lá, um distrito de Cananéia onde não é nem parque, nem estação ecológica, o povo do lugar enfrentava o mesmo problema.

Pescador que sofre é o artesanal
Quando o guarda vem me escondo no mangual
É "os home" da lei e a fiscalização
O meu gerival é meu ganha-pão
Vou pescar bem cedo sem tomar café
E a minha mulher fica reclamando
Quando eu tô dormindo me ponho a sonhar
No meu gerival tem camarão entrando

O remo é um motor de um cavalo só
Quando chuva, é chuva
Quando sol, é sol
Veja quanto sofre um pescador
Que trabalha tanto e não tem valor
Pesco de enchente, de maré de vazante
Pesco com a chuva, com a trovoada
Pra ganhar sustenta pra minha família
Pesco todo dia, também de madrugada
Vamos dar por despedida
Hoje sim, amanhã não
Hoje navega meus peitos
E amanhã meu coração"
(Pescador Artesanal – de Paulo de Jesus Pereira)[66]

Queixoso, reclama também das ONGs e dos "pontos de cultura" que, segundo ele, tiraram benefícios dos grupos de fandango e não trouxeram nada de volta. Disse que falta incentivo e que o fandango poderia melhorar a renda de pessoas como ele e de seus companheiros do Viola de Ouro, além de tantos outros grupos de Cananéia.

Fotografia 17 – Apetrechos da *"reiada"* (festa de reis) e os tamancos de madeira para dançar o *"batido"* pendurados no barracão que funciona como *tráfico de fazer farinha* no sítio do entrevistado

Crédito: a autora

---

[66] Do CD *Museu Vivo do Fandango*, organizado na obra Pimentel *et al.* (2006).

Mas não foi só sobre problemas que ele narrou. Contou emocionado do *"Encontro de Fandango de Guaraqueçaba"* de 2008, quando conviveu e tocou junto com muitos fandangueiros de várias comunidades: *"Virou uma [grande] família! Não teve briga..."* E nos mostrou muito orgulhoso sua casa de farinha, os instrumentos do fandango, os tamancos e os apetrechos que usam na *"reiada"*: espada, coroa, capa vermelha, estrelas.... Também nos levou para ver em seu quintal uma canoa muito grande que ele mesmo havia construído com um tronco só, de guapuruvu. A árvore tombou por si só em seu sítio, *"e mesmo assim, fui denunciado por causa disso"*.

Além de tocar durante anos com seu grupo nas *"domingueiras"* promovidas em praça pública, em Cananéia, pela associação Rede Cananéia, Paulinho nos relatou que seu grupo também participa dos bailes promovidos por Dona Maria das Neves no *Sandália de Prata*, em Iguape. Pode-se assim perceber que é frequente o intercâmbio entre grupos de vários municípios que compõem o Vale do Ribeira e regiões próximas, o que permite que muitos dos fandangueiros se conheçam e convivam, mesmo depois dos dois saudosos encontros em Guaraqueçaba (Paraná) promovidos pelo Projeto Museu Vivo do Fandango que será apresentado adiante.

Fotografia 18 – A canoa de um tronco só, confeccionada por meu interlocutor

Crédito: a autora

Um parêntese deve ser feito aqui. Durante nossa conversa, após ter sido "quebrado o gelo" inicial, Paulinho fez duras críticas às ONGs que atuam na região *por não repassarem às comunidades"* os benefícios que obtêm dos projetos financiados por órgãos públicos. Um desses programas é o Programa Cultura Viva do Ministério da Cultura (MinC) que apoiou no período de 2004 a 2011 a instalação de 3.670 Pontos de Cultura em todos os estados do Brasil. O programa criado na gestão do ministro-artista Gilberto Gil, sem dúvida, proporcionou uma maior visibilidade aos grupos e artistas tradicionais populares e apoiou a criação de redes de articulação de pessoas e de projetos. No entanto, há quem diga que contrariamente à ideia original do programa, os recursos muitas vezes não chegam às comunidades, a exemplo do que queixou meu informante ou mesmo que não houve efetiva continuidade das ações propostas após a saída de Gil do ministério.

De maneira geral, critica-se o programa por ter favorecido grupos de mediação (ONGs ou agências de produtores culturais) e não exatamente os artistas populares. Sintomaticamente, pude observar, especialmente no município de Cananéia, que vários dos "agentes culturais intermediários" teriam migrado do setor ambiental para o cultural, provavelmente em função do maior montante de recursos repassados aos projetos culturais nas últimas décadas.[67] Ainda que me pareça importante registrar aqui estas informações, não desejo me ocupar desta discussão no presente trabalho.

---

[67] De fato, quando realizei minha pesquisa anterior na mesma região no período de 1996 a 2001, as ONGs que atuavam na época contavam com técnicos especialistas (biólogos, engenheiros agrônomos) que desenvolviam projetos essencialmente ambientais. A maior parte dos recursos provinha então de órgãos, tais como o Fundo Nacional de Meio Ambiente (do Ministério do Meio Ambiente), ou mesmo de agências internacionais. Algumas daquelas mesmas pessoas dedicam-se a promover a "cultura caiçara".

> **História de Vida #3:** Paulinho Pereira
>
> Os avós de Paulinho vieram de Jaraguá do Sul, Santa Catarina. Viveram sete anos em um sítio na Ilha do Cardoso e depois compraram a área de 30 alqueires nesse lugar conhecido localmente por *Agrossolar*, próximo de Cananéia. Paulinho nasceu aqui.
>
> Sua família fazia roça de mandioca para produzir farinha, que era vendida em Cananéia. O transporte até Cananéia era feito por canoa a remo e levava cerca de duas horas. A esposa e a mãe de Paulinho nasceram em sítios localizados no *Taquari* (um local muito isolado do continente, ao lado da Ilha do Cardoso, que faz parte do município de Cananéia).
>
> *"O fandango é uma cultura mesmo caiçara. É uma tradição, era o único jeito de se divertir pra quem morava no sítio. Plantava-se roça o ano todo e a noite tinha o fandango, o ano todo. Pras famílias que vinham trabalhar, depois do banho, tinha janta e o fandango até de manhã".*
>
> *"Fandango fazia geralmente na época de reis, depois Carnaval e aí desafina os instrumentos. [Dança de] São Gonçalo era para pagar promessa pro tempo ficar bom, pra todo mundo poder vir no mutirão".*
>
> *"Estamos indo mais é no Sandália de Prata, na Dona Maria. O Nelsinho [hoje morando em Iguape, no Rocio] é nascido aqui, num sítio aqui da frente".*
>
> (entrevista realizada em novembro de 2011)

* * *

Uma observação que me parece pertinente neste relato etnográfico diz respeito ao caráter distinto que observei nos encontros de fandango, em Cananéia, quando comparados aos de Iguape. Todas as apresentações que presenciei em Cananéia são bem mais próximas da modalidade de "espetáculo" ou "show" — o que aqui chamarei "o fandango para os outros" e analisarei adiante. Os realizados em Iguape e Peruíbe remetem mais aos encontros mais "familiares" ou "comunitários" organizados em casas de famílias ou em salões pequenos — "o fandango para eles mesmos". Há exceções, claro. Uma tipologia traz sempre o risco de engessar as categorias. Um evento que testemunhei que não se enquadra muito bem nem em "tipo", nem em outro, talvez tenha sido a Festa da Tainha realizada em julho de 2011, na comunidade do Marujá na Ilha do Cardoso, em Cananéia.

Se Cananéia me traz muitas e boas recordações, a Ilha do Cardoso, principalmente a comunidade do Marujá, evoca em mim pura alegria — como no poema de Guimarães Rosa, onde eu acrescentaria "lugares": "Deus nos dá pessoas e coisas, para aprendermos a alegria. Depois, retoma coisas e pessoas para ver se já somos capazes da alegria sozinhos".

No Marujá, fiz muitas amizades e fui acolhida com carinho por algumas pessoas, como se fizesse parte da própria família. Até hoje, fico feliz ao desembarcar no portinho da comunidade. O lugar fica a três horas de barco de Cananéia quando se toma a balsa da DERSA (opção feita pelos nativos) ou quando se navegar de escuna (transporte mais utilizados por "turistas"). Há ainda a opção de chegar até o local em uma hora de viagem ao se deslocar com *"avoadeira"*.[68]

Navegar por esse trajeto desde a ilha de Cananéia rumo ao sul até a primeira comunidade da Ilha do Cardoso é uma experiência marcante para a maioria das pessoas. O lugar é de beleza indescritível, mesmo para quem já fez esse mesmo trajeto inúmeras vezes. O Marujá está situado à beira de um canal que separa o continente da Ilha do Cardoso. Até chegar lá, navega-se entre mangue, morros altos de mata densa e se avista muitos sambaquis próximos à margem do canal. Na travessia da Baia de Trapandé, a parte mais larga do canal, é comum se avistar grupos de botos que acompanham saltitantes o barco ou bandos extensos de pequenas aves brancas que descansam nos bancos de areia no meio do canal (ver a imagem a seguir).

---

[68] Nome dado por caiçaras, e também por ribeirinhos na Amazônia, aos barcos de motor possante, tipo de lanchas.

Imagem 2 – Município de Cananéia (SP) e áreas do entorno. As localidades onde vivem meus principais interlocutores nesta pesquisa foram apontadas: Ariri, Marujá (na Ilha do Cardoso) e Agrossolar. As duas últimas fazem parte do município de Cananéia, já Ariri é um outro município

Fonte: imagem acessada livremente no Google Earth

Marujá é a maior comunidade da Ilha do Cardoso. As casas são dispostas ao longo do canal de Ararapira que separa o continente da restinga, bem estreita nessa parte da Ilha. O mar aberto dista cerca de 300 metros do canal e das casas.

Bem diferente das outras moradias de caiçaras na mesma ilha ou de outros locais em que realizei esta pesquisa, a maior parte das casas nessa comunidade são bem espaçosas, de alvenaria e bem acabadas. Muitas são pousadas ou dispõem de alguns quartos para alugar aos turistas que freqüentam o local. Há também áreas para camping espalhados pelas casas, à sombra de árvores e arbustos. Também é fácil localizar no Marujá bares e restaurantes muito simples, alguns improvisados como anexos às casas dos nativos.

Devo acrescentar que mais ao sul nessa mesma comunidade, quando se caminha cerca de 500 metros por uma trilha que segue paralela ao canal, existe um local conhecido por "Sossego", que agrupa casas bem mais simples, algumas construídas com tábuas de madeira. Lá, a maioria das famílias não hospeda turistas, mas presta alguns serviços para os visitantes em determinadas épocas do ano: organizam passeios de barco, vendem iscas para a pesca, trabalham na limpeza de algumas pousadas. Há, portanto, um tipo de hierarquia social interna à comunidade — situação comum nos bairros rurais, mas também nos urbanos.

A Festa da Tainha costuma ser realizada no Marujá todo ano no mês de julho, quando é o auge da pesca dessa espécie de peixe que nos meses de inverno vem dos estados do sul do Brasil para desovar em águas mais quentes da costa.

Não consegui obter nenhum dado que confirmasse o ano em que a comunidade deu início à tradicional festa ao som e com os ritmos do fandango, mas tudo leva a crer que foi por volta de 2002, ou seja, há cerca de 20 anos. Participei de outras festas neste mesmo local em diversas épocas antes de 2001, durante a *"safra do turismo"*, ou na *"entresafra"*.[69] Mas o tipo de música que animava aquelas festas era o forró, o sertanejo mais moderno ou o "vaneirão", ritmo típico dos estados de S.C. e R.S. E a música não era "ao vivo", mas reproduzida por CDs. Só quando voltei ao campo, em 2006, é que soube que a Festa da Tainha era animada pelo fandango e percebi que essa manifestação popular deveria ser um importante objeto de estudo para entender a dinâmica da vida social na Ilha do Cardoso. Algo havia mudado drasticamente neste meio tempo em que me distanciei do lugar.

Chegamos, Léco e eu, ao Marujá no segundo dia da festa, na sexta-feira, pois voltávamos de outras atividades de campo e os fandangueiros só iriam mesmo se apresentar nas noites do segundo e do terceiro dias. Hospedamo-nos na pousada onde eu sempre costumo ficar.

Ainda que exista nessa comunidade toda uma organização rigorosa da Associação dos Moradores do Marujá (Amomar)[70] para a distribuição dos "turistas" de maneira igualitária e no sistema de rodízio entre as pousadas — todas administradas por famílias nativas —, eu tinha carta-branca para escolher onde queria me hospedar. Vez ou outra eu ainda demonstrava o cuidado de consultar o presidente da Amomar antes de me acomodar, mas a verdade é que todo mundo sabia que desejava mesmo ficar na casa-pousada da família de Seo Ezequiel.

O saudoso Ezequiel de Oliveira, além de ter sido considerado uma liderança reconhecida por todos na Ilha e no Vale do Ribeira, sempre foi para mim um grande companheiro e amigo. Muito mais do que isso, Ezequiel é para muita gente um grande mestre por seu exemplo de conduta ética nas questões que dizem respeito aos interesses coletivos da comunidade e por

---

[69] *"Safra"* e *"entre-safra"* são termos nativos utilizados para referirem-se ao turismo apontando a importância deste tipo de atividade para os moradores do Marujá.

[70] Do site da Amomar: "Em 2005 a Associação passou a fiscalizar a capacidade de carga de meios de hospedagem em geral, passando a gerenciar o caixa comunitário. No mesmo ano foi retomado o Grupo de Fandango "Família Neves", com o incentivo do Projeto "Museu Vivo do Fandango", proposto pela Associação Cultural Caburé". *Cf.* Site disponível em http://www.maruja.org.br/amomar.htm. Acesso em: dez. 2012.

seu caráter pacífico, ainda que firme. Participei ao lado dele em incontáveis reuniões do Conselho do Parque. Além disso, conversávamos muito sobre os impasses políticos internos que presenciei na comunidade.[71] Mas, de fandango, curiosamente, ele não tinha muito a me dizer! Felizmente, seu filho mais velho, Ilton, sim.

Foi Ilton que me presenteou com os CDs de modas dos fandangueiros que compõem o Projeto Museu Vivo do Fandango em uma de minhas idas ao Marujá — creio que em 2008. Ele também costumava acompanhar e ajudar, de certa forma, a registrar e divulgar diversas manifestações da cultura caiçara — como as folias de reis, ou *"reiada"*[72] —, além de comercializar objetos do artesanato confeccionado por algumas pessoas da comunidade: apetrechos de pesca feitos de cipó (balaios, *"pogoçás"*, *"covos"*, miniaturas de *cercos*...)[73] e objetos talhados na madeira (remos, colheres, canoinhas e peixes para decoração).

As apresentações de música e de dança durante Festa da Tainha são realizadas no centro comunitário da comunidade, ao lado do campo de futebol. O local é palco dos encontros culturais e de todo o tipo de reunião que acontece no Marujá. Trata-se de um salão grande, espaçoso, decorado com bandeirinhas e instrumentos do fandango desenhados nas paredes, além de objetos coletados na areia da praia pendurados nas ripas do telhado: boias coloridas de grandes embarcações, ossos de baleia e outros objetos inusitados que *"aportam na praia"*. Eles conferem um charme especial ao local, um salão bem iluminado por várias janelas. Há um palco arredondado na entrada e um cômodo anexo interligado ao salão maior por um balcão. É uma espécie de bar para venda das bebidas nas festas.

À frente do salão, há um campo de futebol gramado. Na lateral do campo, para essa festa em especial, foram construídas pequenas barracas com bambu e cobertas por lona ou palha, onde se vendiam bebidas, vinho quente e quentão, ao lado de várias receitas feitas com tainha. Esse

---

[71] O *saudoso* Ezequiel de Oliveira foi agente de saúde na comunidade e durante os anos que pesquisei por lá era o representante da comunidade do Marujá no Conselho Gestor do Parque Estadual da Ilha do Cardoso por ser presidente da Amomar. Com ele, aprendi muito sobre o *modo de ser caiçara*, sobre a dinâmica social nas comunidades da Ilha do Cardoso e do Vale do Ribeira como um todo, sobre as estratégias políticas internas e externas à comunidade nos constantes embates com a Secretaria do Meio Ambiente.

[72] A *"reiada"* está inserida no calendário das festas tradicionais do fandango que irei apresentar depois. Trata-se da festa de santos reis, mas diferente de como é organizada mais no interior do estado de São Paulo ou em Minas Gerais, não tem palhaços. Há somente as figuras do rei, da rainha, príncipe e princesa.

[73] *"Pogoçá"* é um tipo de balaio, apetrecho de pesca e *"cerco"* é uma espécie de armadilha muito grande condicionada com mourões e taquaras utilizada na pesca da tainha durante o inverno e na captura de robalo, no verão.

ano não havia tantas barracas como anos antes, quando estivemos nesta mesma festa.

A tainha é um peixe muito saboroso e sua "ova" é considerada uma iguaria nos restaurantes da capital paulista. Ali, no Marujá, come-se tainha de todo jeito — desde assada com acompanhamento de vinagrete, até mesmo como um simples "tainha-burger": sanduíche de tainha desfiada.

Na programação da Festa da Tainha realizada esse ano (ver cartaz adiante), nota-se que nos horários nobres (noites de sexta e de sábado) o destaque foi dado aos grupos de fandango.

Imagem 3 – Cartaz de divulgação desse ano da Festa da Tainha no Marujá, Ilha do Cardoso (SP)

Fonte: Prefeitura de Cananéia (SP). Disponível em: http://www.cananeiavirtual.com.br. Acesso em: 4 set. 2011

A programação da festa, todavia, não foi seguida à risca. Na primeira noite, quando deveria haver a apresentação do grupo de fandango do Ariri, os músicos não apareceram.[74] Já a apresentação dos fandangueiros do Marujá, o grupo Família Neves, foi bem animada. Contavam com a presença do famoso rabequeiro Zé Pereira, que na noite anterior não pode comparecer à festa.

Zé Pereira é um dos mais ilustres mestres fandangueiros que conheci. Toca viola e rabeca. Sempre ouvia falar dele como sendo o melhor tocador de rabeca da região de Cananéia. A rabeca, instrumento parecido com o violino, mas que emite um som característico, é considerada o principal instrumento do fandango. Entre caiçaras ela é sempre confeccionada na caixeta, uma madeira muito leve e branca coletada nos manguezais da região.[75]

---

[74] O Ariri é a comunidade vizinha ao Marujá, localizada do outro lado do canal, já no continente. Disseram-me depois que houve algum problema de barco e por isso a viagem do Ariri ao Marujá, que leva 15 minutos, não foi possível. Não pude confirmar essa informação.

[75] "A caixeta, ou *'Pau-de-Tamanco'* (*Tabebuia cassinoides*), espécie típica das matas inundáveis da costa da Mata Atlântica. Madeira leve e maleável, a caixeta é empregada em construções navais e na fabricação de outros instrumentos de fandango, como a viola e o adufo. [...] A rabeca de fandango 'também pode ser feita na forma ou cavoucada, utilizando-se vários tipos de madeira diferentes'. O instrumento possui três cordas em quase toda a região [do Vale do Ribeira], com exceção de Morretes e Iguape, onde é encontrada com quatro cordas. A afinação mais usada, da corda mais grossa para a mais fina, é de uma quarta justa. A rabeca sempre dobra a primeira voz e, nos momentos em que a moda ou marca não estão sendo cantada, faz uma linha melódica própria, tendo um toque - ou ponteado - específico para cada uma. Segundo os fandangueiros, a rabeca enfeita o fandango e, por não ter pontos como a viola, é mais difícil de ser tocada. O *dandão* e a *chamarrita*, modas valsadas, possuem vários temas diferentes para rabeca, e podem ser tocados na mesma moda conforme a vontade do rabequista. Em São Paulo os toques de rabeca são diferentes dos toques do Paraná." Informações do blog *Rabequeiros*. Disponível em: http://rabequeiros.blogspot.com.br/2009/02/rabeca-de-fandango-anisio-pereira.html. Acesso em: nov. 2012.

Fotografia 19 – Grupo de fandango do Marujá, Família Neves, com participação especial do rabequeiro Zé Pereira do Ariri, ao lado esquerdo

Crédito: a autora

Escutei Zé Pereira tocando belos solos de rabeca em alguns CDs que fandangueiros da Ilha do Cardoso e da Juréia me presentearam. Mas foi só no evento conhecido por Revelando São Paulo, em Iguape, em junho de 2011, que tive meu primeiro contato com ele. Como havia planejado e combinado com Zé Pereira naquela ocasião, ençontrei-o novamente durante a Festa da Tainha, na Ilha do Cardoso, para uma primeira conversa. Em novembro do mesmo ano, ou seja, alguns meses depois, conversamos com mais tempo em Cananéia. Contou-me sobre sua vida e a história dos lugares onde viveu.

História de Vida #4 – Zé Pereira, rabequista do Ariri

Os pais de Zé Pereira nasceram no Araçaúba, uma área no litoral, quase na divisa com o Paraná. Depois foram para um local conhecido como Rio dos Patos, em Guaraqueçaba, no Paraná. Zé Pereira nasceu lá, em 1951.

O povo do lugar onde ele nasceu e cresceu cultivava roças de arroz, milho, mandioca, criava galinha, porco e também caçava: *"Era farto, aquele tempo!* Todavia, assim como tantas outras pessoas do Vale do Ribeira, seus pais e toda a parentela começaram a abandonar as terras onde viviam, provavelmente como posseiros, enfrentando inúmeras restrições para manter seu modo de vida tradicional assim que leis ambientais rigorosas passaram a nortear as políticas ambientais e as medidas tomadas por autoridades policiais do Vale do Ribeira. No local onde Zé Pereira nasceu (*Rio dos Patos*), foi criado em 1989 o "Parque Nacional de Superagui":

"*Saíram, saíram e ficou só um irmão meu lá dentre umas 30 famílias que tinha. Sairam tudo, tudo. [Por quê?] Saimos do mato por causa desse "meio ambiente". Multavam a gente por causa da roçada. Vinham de Guaraqueçaba. [Faz] mais de 30 anos*". Por essa razão, depois de casado, foi para um local chamado por Varadouro e agora mora no Ariri, uma vila próxima do Marujá da Ilha do Cardoso95. "[...] *e aí o fandango acabou. Essa época acabou, de 1978/80 a 2000, acabou*".

Contou-me que na época que ainda era criança aprendeu a tocar rabeca com seu irmão. Seu pai também era tocador de fandango, mas como teve um dedo da mão amputado durante a lida da roça de mandioca, não tocava tão bem.

"*Ah, do meu tempo eu lembro do mutirão, do fandangada... O pai da gente levava na cacunda, no ombro, assim. Trabalhava o dia e não levava nós, de noite eles se aprontavam e levava nós, quer dizer, aquele cabra mais pequeno ia na canoa, ou no braço, porque tinha muito. Lá a gente ficava sentadinho, no fandango. Aí tinha a janta da tarde, o cafezinho da noite... Aí, a gente dormia ali mesmo, debaixo do banco, aquelas coisas. A gente acordava porque o batido, o sapateado era demais, começava a machucar a cabeça da gente no assoalho, então, a gente acordava com aquele choque...*".

Sobre a suposta "retomada do fandango", contou que o processo iniciou-se em 2000:

"[...] *veio um pessoal de Curitiba lá no Rio dos Patos, que eu nem tava morando lá. Falaram com meu irmão, vieram a primeira vez, filmaram, escutaram, depois vieram a segunda vez e começaram a dançar o fandango. [Quem é esse pessoal?] É Rogério de Lima e Oswaldo da 'Viola Quebrada' de Curitiba. Aí, foram, fizeram um projeto lá, arrecadaram um dinheiro e mandaram nos chamar pra gravar um CD. Gravaram um CD duplo, um da família Pereira. Dessa data em diante, aí o fandango foi se levantando. Dançando o sapateado, tocando assim. Depois teve o pessoal do Rio de Janeiro, o Alexandre do 'Museu Vivo' e fizeram esta festa em Guaraqueçaba.*

Depois dessa festa e do 'Museu Vivo' é que o pessoal se animou e muitos grupos formaram-se: Marujá, Valadares...Tinha um grupo, acho que agora tem uns 10 ou 15: Guaraqueçaba, Morretes... Aí nasceu muita coisa depois do CD e do 'Museu Vivo do fandango'"

Conta sobre o 'Encontro de Guaraqueçaba', que reuniu centenas de fandangueiros dos estados de São Paulo e Paraná:

> "*Tinha uma escuna que ia pegando os grupo do Ariri, do Marujá, Vila Fátima, tudo essas parte pra lá, tudo em Guaraqueçaba. Era bonito, muito! Brincadeira... Tinha gente que a gente nem conhecia de um monte de lugar, tinha gente de Juréia, Iguape que a gente nunca viu.*
>
> *Eu, principalmente, nunca vi essa gente, e aí em Guaraqueçaba, a gente era tudo amigo, eh, eh. Tudo era amigo da gente! Essa festa lá era bom por causa disso, nem a polícia não tinha. Acho que era umas mil e quinhentas pessoas. E não tinha nem polícia porque era tudo fandangueiro, não tinha como brigar com ninguém. Bebida, porre, você não via. Bebia, claro, cataia essas coisas, mas com certo limite. Bonito! [...] Eu falei com todo esse pessoal que eu queria ver, e não conhecia, muito amigo. Choravam até... É verdade, nós chorava assim, muito bom, demais. E ficava muito alegre e queria combinar de se encontrar... A gente nunca teve na vida isso de se encontrar, os fandangueiro assim. Muito bom!*
>
> Zé Pereira: *"[Ser] Caiçara é permanecer como eu sou, saber as coisas do mato, plantar, usar coisas do fandango, se apaziguar um com outro pra fazer um fandango. Essas coisas é coisa de caiçara, esse tipo é ser caiçara. Agora, se não quer escutar fandango, já não gosta do fandango pra começar, tá ali e quer escutar outra música, não é bem caiçara, é metade caiçara. Ele é, mas não pratica as coisas de caiçara. Eu digo porque eu sou* [caiçara], *tem que ser igual eu!"*
>
> (em entrevista realizada em Cananéia, novembro de 2011)

Enquanto a Família Neves tocava fandango naquela noite, vários casais dançavam ocupando todo o salão do centro comunitário. A maioria era de pessoas da comunidade. Mesmo estando presentes no salão um bom número de gente de fora do Marujá, tais como jovens moradores de Cananéia, alguns pesquisadores e turistas de São Paulo, com exceção de um ou dois casais aventureiros que observei dançando, os demais casais eram todos formados por moradores do Marujá.

Por isso, considero essa festa um misto de "fandango pra dentro" (ou "deles para eles") e "fandango pra fora" ("deles para os outros"), já que tinha hora para começar e para acabar. Ou seja, como costuma acontecer em um espetáculo, devia durar um tempo determinado.

Analisarei à frente de maneira mais cuidadosa as modalidades de fandango que observei. Por ora, devo sublinhar que nessa festa em particular, assim que os músicos deram início ao fandango, as outras pessoas que não fazem parte da comunidade deixaram o centro do salão e os caiçaras apropriaram-se da festa que parecia ser só deles e "para eles" (ver fotografias a seguir). Os *"turistas"* (termo muito usado pelos nativos no Marujá para designar quem não faz parte da comunidade) permaneceram no salão, mas só como expectadores, não dançaram. Antes havia sido apresentado um grupo de samba e aquelas mesmas pessoas, *"turistas"*, sentiram-se mais à vontade para dançar.

Fotografias 20 e 21 – Registros da Festa da Tainha no Marujá (Ilha do Cardoso), em julho de 2011, quando o grupo Família Neves se apresentava em parceria com o rabequista Zé Pereira

Crédito: a autora

A apresentação dos fandangueiros da Família Neves durou cerca de duas horas. Depois a chamada Banda Cataia apresentou-se. Foi nítida a divisão dos dois públicos: o do fandango e aquele que tomou conta do salão quando a outra banda começou a tocar. Depois do fandango, aos poucos, pessoas que eu sabia que faziam parte daquela comunidade ou seus parentes que vivem em outras comunidades da Ilha abandonaram o salão. Turistas e pesquisadores — a maioria jovens na faixa dos vinte anos sendo alguns fiéis fãs da Banda Cataia — tomaram conta do salão e só deixaram o centro comunitário por volta das quatro da manhã. O som da música no salão passou então a ser reproduzido em volume bem mais alto, marcado por instrumentos eletrônicos em um tipo de ritmo que lembra o samba-rock, mas também o forró, o samba-raiz e ritmos africanos.[76] A Banda Cataia, mesmo sendo originalmente inspirada na vida dos caiçaras e nesse lugar, é uma música jovem, feita para dançar "nas baladas".[77]

Em outras comunidades caiçaras da mesma ilha, os *"turistas"* não são sempre bem-vindos. No entanto, essa é uma discussão que não pretendo aprofundar aqui, já que em um trabalho anterior analisei em pormenores a relação tensa entre conservação do meio ambiente e desenvolvimento local, tomando como exemplo principal a Ilha do Cardoso (RODRIGUES, 2001). De qualquer forma, as presenças, assim como as ausências dos

---

[76] No blog da banda, o gênero diz ser "Afro-beat/Folclórica/Rock". Essa mistura de gêneros assumida lembra um pouco grupos do chamado "movimento manguebeat" orquestrado por Chico Science de Pernambuco na década de 1990, uma releitura urbana e contemporânea de ritmos nordestinos tradicionais que misturava hip hop e maracatu. Anos depois, surgiram no Brasil outros grupos experimentais que igualmente fazem esse tipo de fusão de gêneros tradicional/raiz e mais contemporâneo. Alguns exemplos: "Mestre Ambrósio", "Cordel do Fogo Encantado", que misturava ritmos como Reisado, Toré, Samba de Côco e o Afro, dentre outros. A Banda Cataia (nome de uma típica cachaça da região de Cananéia) é formada por jovens de classe média e intelectualizada de São Paulo que se conheceram quando acampavam durante as férias na Ilha do Cardoso. Fazem uma releitura do fandango, com instrumentos eletrônicos, misturando-o ao ritmo do forró e do samba-rock contemporâneos. Outras duas bandas surgiram nessas mesmas circunstâncias e são igualmente compostas por jovens de classe média de outras regiões do estado de São Paulo e fazem um som bem parecido com a banda Cataia: "Pé de Mulambo" e "Corda de Barro". Na "Pé de Mulambo", há um dos membros que também faz parte do grupo "Jovens Fandangueiros de Itacuruçá": Felipe, um jovem rabequeiro nascido em São Paulo e que tem uma filha com uma nativa da comunidade do Marujá. Fonte: meu diário de campo.

[77] A comunidade do Marujá está acostumada a esse tipo de festa e aos visitantes (que chamam aqui genericamente de *"turistas"*). Desde que foi criado o Parque Estadual da Ilha do Cardoso em 1962, as pessoas que ali viviam foram submetidas às regras previstas na legislação ambiental brasileira que regulamenta as unidades de conservação. Inúmeros desafios surgiram para garantir a sustentabilidade econômica e a diversidade cultural dos moradores locais. Uma das principais alternativas adotadas foi o turismo. Durante os últimos 20 anos, mais ou menos, a comunidade tem se organizado para implantar um "turismo de base comunitária" no Marujá, por meio de sua associação em conjunto com a administração do parque. Fonte: do meu diário de campo.

diversos públicos durante o fandango, reafirmam a opinião de vários de meus interlocutores caiçaras que declaram que *"fandango é a cara do caiçara!"*.[78]

Para exemplificar o que aqui passo a chamar de "ressurgimento" (ou reinvenção?) do fandango entre caiçaras do Vale do Ribeira e no norte do Paraná na última década e meia, creio ser oportuno nesse momento fazer alguns comentários a respeito da trajetória de um dos fandangueiros da Família Neves, do Marujá. Trata-se de Izidoro Leodoro das Neves, atual vice-presidente da Amomar.

> **História de Vida #5:** Izidoro do Marujá
>
> Conheço Izidoro desde as primeiras vezes que estive no Marujá, há cerca de 25 anos. Desde aquela época, ele administra sua pousada e restaurante localizados em uma das partes mais bonitas do Marujá.
>
> Mas foi durante os anos que acompanhei as reuniões do Conselho Gestor que percebi nos contatos periódicos e constantes com ele alguma mudança na sua maneira de ser e de se colocar perante a comunidade. Reparei com atenção sua lenta transformação: se no começo mostrava ser muito tímido e nunca opinava nas reuniões, ao longo dos anos foi revelando ser uma liderança expoente da comunidade, e assumiu durante certo tempo o posto de representante do Marujá no Conselho do parque.
>
> Os demais membros do Conselho que representavam suas comunidades, com poucas exceções, eram pessoas relativamente politizadas que haviam de alguma forma participado no passado de ações e projetos sociais da igreja católica inspirada nos preceitos da "teologia da libertação". Mas Izidoro não teve a mesma formação.
>
> Nasceu e cresceu na praia da Lage, praia hoje deserta, vizinha do Marujá, porém do lado oposto do continente, onde morava seu pai, Antonio das Neves
>
> Além de tornar-se um membro ativo da associação do Marujá, Izidoro, por volta de 2003, começou a interessar-se pelo fandango e junto com alguns parentes criou, em 2005, o grupo de fandango.
>
> Seo Antônio até pouco tempo era membro do grupo de fandango "Família das Neves" e consta que foi o grande incentivador da criação do grupo. Izidoro ainda se lembra dos mutirões de roça que eram feitos por lá e dos bailes de fandango que sempre eram organizados depois do trabalho.
>
> Mas diz ele: *"Depois acabou, acabou um pouco a tradição e agora, de um tempo pra cá, nós estamos tentando fazer esse resgate da cultura".*

[78] Frase de Marquinho Pio da Barra do Una (Peruíbe).

> Também soube por ele mesmo que, vez ou outra, quando a situação está mais difícil, costuma trabalhar em São Paulo como ajudante de cozinheiro para suplementar a renda de sua família. Tem vários parentes por lá e depois de alguns meses de trabalho volta ao Marujá para retomar suas atividades na pousada e restaurante.
>
> Em uma das minhas últimas idas ao Marujá, presenteou-me com o primeiro CD gravado pelo grupo e contou-me que tem viajado bastante por todo o estado de São Paulo para apresentarem-se em encontros de cultura popular. No seu restaurante, ele pendurou cartazes dos shows que o grupo participou e faz uma coleção de recortes de jornal e revistas com notícias do grupo. Mostra-se muito orgulhoso por ser considerado "artista".

Na Festa da Tainha que relato, foi Izidoro quem organizou as atividades que aconteceram durante o dia na comunidade: torneio de futebol, corrida na praia (de homens e de mulheres) e a famosa *"corrida de canoas"*, que costuma atrair jovens atletas caiçaras de todas as comunidades da Ilha.

* * *

Depois da festa da tainha no Marujá, ainda em Cananéia, fomos visitar alguns amigos que moram no bairro do Carijo. É no Carijo e no Acaraú, bairros da periferia na cidade de Cananéia, onde moram muitos caiçaras que antes viviam nos *"sítios"* ou em comunidades, em áreas próximas transformadas em parques, o Parque Estadual da Ilha do Cardoso e o Parque Estadual de Jacupiranga, uma grande extensão de terras no continente, adjacente à Ilha do Cardoso.[79]

Bete e Seo Toninho são amigos nossos de longa data. Viveram grande parte da vida na comunidade de Itacuruçá, na Ilha do Cardoso, próximo ao núcleo Perequê, onde hospedam-se pesquisadores no Parque. Itacuruçá e Pereirinha são duas comunidades caiçaras contíguas localizadas na parte mais ao norte da Ilha do Cardoso, à frente da Ilha Comprida. Um canal natural separa o continente da Ilha do Cardoso, a Ilha Comprida e a ilha de Cananéia, formando uma grande baía interna: a baía de Trapandé, onde deságuam inúmeros canais secundários e pequenos rios (ver imagem a seguir).

---

[79] O Parque Estadual de Jacupiranga foi transformado em um "mosaico de unidades de conservação" (o Mosaico de Jacupiranga), sendo que na região de Cananéia foram instituídas duas RESEX e uma "reserva de uso sustentável" (RDS).

O casal de amigos, além de seus filhos e netos, mora no Carijo em função das ameaças que sofrem por viverem em um parque. Mas mantêm o "*sítio*" em Itacuruçá, na Ilha do Cardoso, onde vão com frequência e passam as temporadas de férias das crianças. Seo Toninho é um exímio pescador e é também monitor ambiental, assim como seu filho.[80]

Desenho 1 – Esse desenho, acessado livremente na internet, aponta a localização das comunidades caiçaras existentes na Ilha do Cardoso. O canal sinuoso entre o continente e a Ilha do Cardoso é a rota de barco para as comunidades mais ao sul: Marujá, Enseada da Baleia e Pontal do Leste

Fonte: http://www.cananet.com.br/peic/. Acesso em: 9 jul. 2011

Bete é minha uma amiga de longas datas, pois é membro do Conselho Consultivo do Parque (que estudei em outro trabalho) como representante da comunidade de Itacuruçá há muitos anos. Seus filhos compõem um dos mais antigos grupos de fandango da região de Cananéia: Jovens Fandanguei-

---

[80] Ele foi um dos sujeitos que nos ajudaram a localizar os sítios escondidos entre mangue e mata da região durante um trabalho em que participei para elaborar planos de uso com as comunidades em áreas transformadas em RDS e RESEX.

ros de Itacuruçá. Vadico é violeiro, cantador e compositor. Juliana também sabe tocar viola, mas nunca a presenciei tocando em público.[81] Além dos filhos, participa do grupo o sobrinho Tiago.

Juliana se ofereceu para nos acompanhar até a casa de alguns fandangueiros conhecidos que vivem em Cananéia. Foi assim que visitamos em suas respectivas casas no bairro do Acaraú: Seo Ângelo (rabequista e compositor) e Elvaristinho, que canta e toca cavaquinho nos Jovens de Itacuruçá.

Logo que estacionamos o carro na frente da casa de Seo Ângelo escutamos um som que identificamos ser de rabeca. *Só podia ser ele tocando!* E era mesmo. Veio nos atender e logo nos contou que havia vendido sua rabeca e comprado um violino, do qual tirou uma corda pois *"com as três cordas é melhor tocar fandango..."*. E por que teria vendido sua rabeca? Segundo ele, porque quiseram comprar e ele decidiu vender. Estranhei. Curioso e inventivo, Seo Ângelo toca no violino que ele mesmo adaptou os ritmos de fandango. Explicou que o som é *"mais firme, não é guinchado como a rabeca, mais bonito"* e que as rabecas à venda em Cananéia estão muito caras.

Penso que é notável a capacidade dessas pessoas de inovarem o fandango e se colocarem diante das situações que enfrentam atestando a reelaboração constante dessa manifestação popular. Mesmo aquele senhor, um dos fandangueiros mais idosos que conheço no Vale do Ribeira, ousa adaptar o violino para o fandango e está sempre compondo novas modas que refletem a sua vida e a de sua comunidade.

Seo Ângelo nasceu e viveu, como ele mesmo disse, *"no sítio"*, em Jurubaúva, na Ilha Comprida, local que fica na beira do canal que divide Cananéia do continente. Do lado contrário e não muito distante, estão localizadas as comunidades de São Paulo Bagre e Agrossolar, onde dias antes entrevistamos algumas pessoas.[82] O homem que aparenta ter 70 e poucos anos é muito brincalhão. Durante o tempo que conversamos, fez muita piada e demos boas risadas. Contou que ficou quase 30 anos sem tocar fandango logo que se mudou do sítio para Iguape, onde trabalhou com pesca e transporte de pescado *"pra criar os filhos"*.

---

[81] Perguntei ao Seo Zé pereira o porquê não havia mulheres tocando fandango, algo que sempre me intrigou. Sua resposta foi: *"falta interesse"*. Mas não tenho muita certeza se é apenas isso.

[82] Os canais de água salobra são chamados por *"rio"* ou *"mar pequeno"* pelo povo daqui que os diferenciam do mar verdadeiro (oceano) chamando de *"mar grosso"*.

Quando voltou para Cananéia, há uns 20 e poucos anos, comprou uma rabeca e voltou a tocar com alguns *"cunhados"*.[83]

Relatou-me que no começo tocavam para os turistas em hotéis, depois criaram um grupo ("Caiçaras do Acaraú") e tocam às vezes nas domingueiras no salão da associação do bairro ou quando os convidam. Participa também, por vezes, em Iguape da *"domingueira"*, na casa do Nelsinho no Rocio, que é primo de Ângelo. Na Barra do Una (Peruíbe)[84], também andou fazendo fandango: *"Lá fazemos o baile igual no sítio, dantes, até amanhecer o dia".*

A maioria das *"modas"* que cantam nas apresentações públicas ou nos bailes mais tradicionais são muito antigas, de compositores desconhecidos, ou seja, de domínio público. Para Seo Ângelo:

> *Tem moda que eu aprendi quando tinha 13, 14 anos, já pensou? Quando tocava viola, tinha muita moda que já era antigo, então, a gente ainda canta até hoje essas modas, são bonito, antigo pra daná! Fiz umas quatro ou cinco modas. O que via, acontecia, vira moda. A toada é fácil de colocar, o difícil é fazer os versos.*

Das 30 músicas do CD 1 do Projeto Museu Vivo do Fandango (o CD de fandangueiros do estado de São Paulo), somente cinco são de composição recente. Duas delas são de Seo Ângelo, uma de Paulinho do Agrossolar e uma de "Vadico" do Itacuruçá, filho de Bete e Toninho.

Um exemplo de como o atual fandango revela a realidade vivida por esses sujeitos é a música de "Vadico" *Pobre Pescador* (além de outra de composição de Paulinho do Agrossolar apresentada aqui antes).

> *Sou um pobre pescador, ai*
> *Que vivo em alto-mar*
> *Me levanto bem cedinho, ai*
> *Para o meu pão ganhar*
> *Acordo de madrugada*
> *Minha mãe está de pé*
> *Preparando a marmita, ai*
> *Temperando meu café*
> *Quando eu estou saindo*
> *Minha mãe me abençoa*
> *Pede que Deus acompanhe, ai*

---

[83] Observei que *"cunhado"* é o nome carinhoso pelo qual se chamam os fandangueiros do Acaraú em Cananéia, uns aos outros.

[84] Provavelmente, refere-se à praia do Una, perto do Grajaúna, onde até há pouco tempo faziam o fandango durante a noite toda nas noites de Carnaval. Na Barra do Una, que eu saiba, não há mais fandango, entre outras coisas, em virtude da forte presença da igreja evangélica.

> *Pra que a pesca seja boa*
> *A vida de pescador*
> *Ás vezes ela é bem sofrida*
> *Enfrentando a tempestade, ai*
> *No mar arriscando a vida*
> *Vendemos nosso pescado*
> *Para o atravessador*
> *Que vive as nossas custa, ai*
> *Mas não quer nos dar valor*
> *Pagam o preço que querem*
> *Não adianta reclamar*
> *Ás vezes ainda demora, ai*
> *Uma semana pra pagar*
> *Amanhã eu vou embora*
> *Correr a costa do mar*
> *Se eu for vivo eu voltarei, ai*
> *Se a onde não me levar*
> *Vamos dar por despedida*
> *Que eu tenho que descansar*
> *Amanhã eu vou cedinho, ai*
> *Pra pescar em alto-mar*[85]
> *Pobre Pescador (música de "Vadico", Valdemir Antônio*
> *Cordeiro do Grupo Jovens Fandangueiros de Itaruruçá)*

Devo sublinhar o que alguns de meus interlocutores caiçaras disseram e que também está registrado no livro do *Museu Vivo do Fandango*: considera-se que foi em 2003 na comunidade de Itacuruçá, da Ilha do Cardoso, o momento exato que aconteceu o primeiro Encontro Caiçara de Fandango.

Juliana ainda nos acompanhou até a casa de Juvenal e sua esposa, Norma, no Acaraú. Conhecíamos o senhor já há um bom tempo. Além de caiçara e fandangueiro dos mais animados, ele foi guarda-parque do Parque da Ilha do Cardoso.

Conversamos com o casal na varanda da casa. Juvenal faz parte de vários grupos de fandango de Cananéia: Jovens Fandangueiros de Itacuruçá, o mais antigo, do qual é membro-fundador, além de: Caiçara de Acaraú; Vida Feliz, liderado por Seo Ângelo; o grupo de sapateado Batido de Cananéia.

---

[85] *Cf.* Pimental *et al.* (2006), *Museu Vivo do Fandango*, CD 1.

Procurando ainda entender o processo de "extinção" e posterior "ressurgimento" do fandango quando o assunto surgia espontaneamente eu perguntava para meus interlocutores: e por que o fandango acabou?

Norma respondeu sem hesitar: *"Ficou 20 anos sem fandango! Tinha lambada, forró, o pessoal só dançava de CD."* E Juvenal respondeu-me da seguinte maneira:

> *Por que acabou? Foi o seguinte: porque o pessoal do sítio, o mais deles tiveram que ir embora pra cidade.* **Porque entrou o negócio de meio ambiente, não podia mais plantar, se o pessoal fizesse uma roça depois, já era multado** *ai a gente não tinha licença. Hoje não, hoje se você tiver licença no sítio você faz, mas é mais difícil a coisa. O pessoal era acostumado a fazer a roça, plantação e não tinha nada disso. Hoje não, hoje... inclusive eu trabalho no meio ambiente agora, eu sou guarda-parque na Ilha do Cardoso... Então o pessoal foi obrigado a sair, foram vendendo as terras que tinham. Vieram pra cidade... Hoje em dia algum mora no sítio e é muito difícil plantar.* **E aí o fandango acabou porque no meu tempo fazia o mutirão e davam fandango. Pessoal foi saindo, veio pra cidade, ficava pouca gente na comunidade, não tinha como fazer mutirão,** *o pessoal foi esquecendo, os mais velhos deixavam... os mais novos não conhecia mais...* (Juvenal, na casa dele no Acaraú, novembro de 2011, grifo próprio).

O casal nos conta como teria sido o "retorno do fandango", após o longo período de quase "esquecimento" — processo no qual Juvenal parece ter sido um dos protagonistas, ao menos na região de Cananéia.[86]

> Norma: *"Fandango mesmo começou naquela oficina de fandango em Itacuruçá. Em 2002? Foi por aí, sim. Não foi muito tempo depois deles formarem o grupo* [o grupo Jovens Fandangueiros de Itacuruçá]. *Foi aí que começou!*
>
> Juvenal: *Eles começaram a pegar verba pro fandango, assim... a gente não chegou a pegar a verba... Voltou porque é bom, né?"* (Norma e Juvenal, novembro de 2011)

Apresento aqui a história de vida do casal[87], onde há muitos outros dados relevantes para entender a dinâmica do fandango na região:

---

[86] Esse processo foi bem diferente em Iguape.
[87] Os dois nomes são fictícios. Decidi trocar os nomes de ambos para resguardá-los de eventuais incômodos ou retaliações pois o homem era servidor público na época dessa entrevista.

Histórias de Vida #6: Juvenal e Norma

Juvenal nasceu em Guaraqueçaba em um *"sitio"*, na parte mais setentrional do município, um local chamado Batuva. Lá, sua família vivia da lavoura: plantava mandioca, arroz, milho e criava pequenos animais. Para as lidas da roça, faziam *"agitório"*, quando tinha pouca gente para o trabalho, umas 15 pessoas ou organizavam mutirão, com 30 a 40 pessoas. Como pagamento do trabalho no mutirão "fazia-se" o fandango.

Também em dia de santo se fazia fandango, *"prá qualquer santo"*. No começo, dançavam São Gonçalo e para terminar o baile, já por volta das oito da manhã, dançava-se a *"graciosa"*. *"Eu gostava muito* [de fandango], *as vezes meu pai não queria me levar, eu ficava escondido e esperava ele no meio do caminho, no mato..."*.

Disse-me ele que o fandango *"vem dos mais velhos"*. Sua esposa, Norma, completou: *"Não foi definido ainda a raiz dele, de onde ele nasceu, de onde veio, um pouco* [de pessoas] *diz que é de Portugal, ninguém tem a definição dele"*.

Juvenal e Norma participam de três grupos de fandango de Cananéia: "Caiçara do Acaraú", "Vida Feliz" e "Jovens Fandangueiros de Itacuruçá". Os grupos tocam em muitas ocasiões e pelo menos de 15 e 15 dias fazem uma *"domingueira"*, no salão da comunidade do Acaraú onde moram. Também tocam fandango nas *"reiadas"*, nos aniversários. Há cerca de 20 anos, foram a Iguape tocar no salão do Nelsinho no Rocio, bem como tocaram no "Revelando São Paulo" desse ano. Estiveram duas vezes tocando na Barra do Una, a convite da "ONG Mongue".

Ele toca viola, cavaquinho e canta. Ela toca cavaquinho e canta, além de ser a coordenadora do último grupo e toca. Segundo Norma, as mulheres não costumam tocar nas festas, porque têm vergonha.

Há cerca de 50 anos, Juvenal mudou-se de Guaraqueçaba para Cananéia e trabalha como guarda-parque no Parque Estadual da Ilha do Cardoso. Mantém ainda hoje suas atividades tradicionais de roça, pesca de cerco e extrativismo no pequeno sítio que ocupa no Taquari, bairro de Cananéia à margem da baía de Trapandé. Casou-se com Norma que nasceu no Ariri (município na divisa com o Paraná que se emancipou de Cananéia).

Juvenal conta detalhes das madeiras e fases da lua mais apropriadas para fazer os instrumentos de fandango, além de canoa, remo, cerco de pesca. Disse que no passado usava-se uma planta conhecida por "sumbarê" para fazer a cola dos instrumentos: "uma batatinha ou tipo de cebola" que nasce na restinga da região. Para fazer as cordas, usavam o tucum.

(entrevista realizada no Acaraú (Cananéia) em novembro 2011)

> Observação: estivemos no sítio de Juvenal meses antes durante visitas técnicas para a elaboração do Plano de Utilização das RESEX e RDS em Cananéia e pudemos observar as atividades em que estava empenhado na época por lá: roça e montagem do cerco de pesca. O lugar é paradisíaco, na minha visão. Fica à beira do canal entre Ilha do Cardoso e a ilha de Cananéia, em meio a uma mata densa.

Naquele momento de meu trabalho de campo e mais precisamente durante essa conversa com o casal, percebi ele e ela teriam sido sujeitos importantes do fenômeno de "ressurgimento" do fandango caiçara iniciado, por volta do ano 2000, na região de Cananéia.

O grupo "Jovens Fandangueiros de Itacuruçá" teria sido criado por incentivo de Juvenal, que trabalhava naquela comunidade como guarda-parque no início de 2000. Durante uma festa de aniversário, "Vadico", autor da última música apresentada aqui e irmão de Juliana que nos acompanhava em nossas visitas em Cananéia, junto com Juvenal e outros jovens caiçaras teriam começado a tocar espontaneamente os ritmos de fandango, inclusive com alguns instrumentos improvisados (latinhas de cerveja, pedaços de pau). Decidiram então criar o grupo de fandango. Foi um dos primeiros grupos de que se tem notícia na região de Cananéia.[88] Depois desse, muitos outros surgiram na cidade de Cananéia, na Ilha do Cardoso, no Ariri. Além disso, grupos de jovens "*turistas*" que costumavam frequentar a Ilha do Cardoso criaram suas bandas inspiradas no fandango, misturando-o, contudo, a outros ritmos populares e mesclando ao rock e à música eletrônica, como já comentei aqui antes.

---

[88] Somente um outro grupo, o Violas de Ouro, liderado por Paulinho Pereira, do bairro Agrossolar teria sido criado anteriormente a esse grupo de fandango na região de Cananéia.

Imagem 5 – Imagem da região de Cananéia com a indicação de onde vivem alguns de meus principais interlocutores "*fandangueiros*", sujeitos desta pesquisa

Fonte: imagem livremente acessada no Google Earth

Festa do Robalo – Barra do Ribeira, Iguape

A Barra do Ribeira, em Iguape, é uma vila situada entre um riozinho e a praia da Juréia. Ao final dessa praia, em um lugar conhecido localmente por "*costão da Juréia*", encontra-se a entrada sul da Estação Ecológica Juréia--Itatins (ver mapa a seguir). A estação ecológica fica entre os municípios costeiros de Iguape e Peruibe e separa, portanto, a Baixada Santista do Vale do Ribeira, no estado de São Paulo.

Imagem 6 – Local onde o rio Ribeira de Iguape desagua no mar. É onde está localizada a Barra do Ribeira (contornada, na parte de baixo do lado direito). A praia da Juréia é trecho que segue no mapa no sentido nordeste até a divisa da estação ecológica (contornada por uma linha). No extremo nordeste, avista-se Peruíbe, onde se inicia a Baixada Santista

Fonte: Brazil Adventure International, Roteiros de Ecoturismo. Disponível no site: brazadv.com.br. Acesso em: 20 fev. 2012

Antes de chegar na guarita da estação ecológica, há que se trafegar de carro pela areia da praia, como se costuma fazer por lá. No caminho, há um antigo cemitério e dois bairros (Suamirim e Prelado), onde habitam caiçaras em casas feitas de tábuas ou em sítios praticamente escondidos na restinga. Além das pessoas que moram no Rocio, na periferia de Iguape, é nesses dois bairros, mais rurais, para além da Barra do Ribeira, os lugares onde vivem muitas famílias que abandonaram as terras que ocupavam na Juréia, após a criação da estação ecológica em 1987.[89]

Léco e eu conversamos nos meses de abril e novembro de 2011 com cinco *mestres-fandangueiros* que vivem no Prelado e animam as

---
[89] Quando menciono "Juréia" refiro-me à noção nativa *"Juréia"* que não corresponde exatamente ao que hoje se delimita oficialmente como área pertencente à estação ecológica. *"Juréia"*, nos termos nativos, refere-se tanto as áreas onde muitas famílias possuíam sítios no passado, sobreposta por uma "estação ecológica", mas se refere também à praia (praia da Juréia) onde estão localizadas as comunidades do Prelado e do Suamirim, próximas à Barra do Ribeira, onde ainda vivem caiçaras que mantiveram sem interrupções a roça, a pesca artesanal e o fandango.

festas nas comunidades em Iguape, no salão Sandália de Prata ou em apresentações esporádicas de cultura popular: Luis Adilson, Seo Carlos Maria, João Marinheiro, Raul Romão, Seo Altino. Muito tímidos, com exceção de Luis Adilson, mostram-se desesperançosos, quando ao futuro do fandango. Apresento mais a título de ilustração algumas fotografias que registram o lugar onde esses "mestres" vivem e os instrumentos que constroem e tocam.

Fotografias 22 e 23 – Seo Romão, tocando rabeca em sua casa no Prelado. Detalhes dos objetos pendurados na parede da sala

Crédito: a autora

> **História de Vida #7:** Seo Carlos Maria
>
> Seo Carlos é de uma família de descendentes de negros africanos que foram escravizados e que ainda vivem no Morro Seco, perto de Juquiá, na área que na época era domínio "Estação Ecológica da Juréia". Ele e sua família vivem no bairro do Prelado, em Iguape, perto da Barra do Ribeira.
>
> "[O fandango] *A gente do Barro Branco já conhecia. Depois veio os tavares, ouviu falar nesse povo do tavares? Essas danças foram passadas pra eles. Esse grupo de gente era um grupo grande. Ele ensinaram aquele aí, Mané Plácido Pereira [mostrou o retrato do avô da esposa pendurado na parede]. Ele trabalhou mais de 20 anos, nós não ia em médico, ele curava, mais o Sátiro junto com ele. Então esse tipo de dança, eles corrigiam. Era um grupo muito grande de gente porque quando eles vieram aqui pro Rio Comprido não tinha ninguém*".

> "Meus *pais vieram do Morro Seco e eu vim pequenininho, depois fui pro Guapiuzinho, depois rio Comprido. Aí fiquei lá, me casei lá, acompanhando o trabalho deles* [tavaranos]. *Quando ele* [Henrique Tavares] *faleceu ficou o Sátiro. Então é um tipo de dança difícil de corrigir por causa disso, os mais velhos que sabiam disso aí. E foi morrendo. Tem algum ainda, em Iguape tem, que entendem dessa dança".*
>
> *"A dança de bate-pé era lá do Morro Seco mesmo. Depois tinha o passadinho, balanço... Isso era feito em Carnaval, em Aleluia, no mutirão que o pessoal juntava. Também no Dia de Santo Antônio, dia de São Miguel. O protetor deles era São Miguel, 29 de setembro, a festa maior! Era festa religiosa. Negócio de bebida, negócio de bagunça, não tinha. Era uma disciplina nossa"...*
>
> *"Nós, o povo do mato, vivia no mato, serviço, trabalhar. Antigamente quando ia lá era coisa bonito de ver. Entrava dentro de casa e tava cheio de arroz. Era vizinhança grande, hoje tão tudo no Rocio. Pessoal do rio Comprido, do Guapiuzinho, que eu conheci, tão tudo no Rocio. Saíram do mato e tá tudo lá* [nesses bairros na Periferia de Iguape]. *Aconteceu aperto de não poder viver no mato, de não poder trabalha, de não poder fazer isso, de não poder fazer aquilo. Ah, esse negócio de meio ambiente, isso aí apertou bastante! Isso aí modificou. Era isso que o mestre deles falava pra gente. Esse tempo chegou!".*
>
> (entrevista no Prelado, em Iguape, em abril de 2011)

Até a década de 1980, os caiçaras da Barra do Ribeira viviam essencialmente da pesca da tainha e da roça de mandioca. Muitos tornaram-se caseiros dos turistas que compraram suas terras para construir casas de veraneio. A maioria dos homens, contudo, ainda pesca. Dependendo da época do ano, as seguintes espécies de peixe são pescadas na comunidade: manjuba, tainha, robalo, salteira, parati, bagre. Muitas famílias complementam a renda com atividades esporádicas nas casas dos *"veranistas"*, principalmente as mulheres que às vezes cuidam de mais de uma casa.

Ainda que se festeje por lá a "safra" do robalo, o pescado mais tradicional na Barra é a manjuba — um peixinho prateado que costuma ser servido frito e inteiro como tira-gosto. Dizem que ali é o único local onde se pesca manjuba no país. Caiçaras de outros bairros e municípios costumam vir pescar manjuba durante a "safra" e depois voltam aos seus lares. Encontrei familiares de conhecidos meus da comunidade Pontal do Leste, situada no extremo sul da Ilha do Cardoso, que costumam pescar manjuba por aqui todo ano. Os dois lugares, aliás, assemelham-se bastante geograficamente.

Atualmente, a Barra do Ribeira é uma vila de cerca de duas mil pessoas. Há vários comércios e toda uma estrutura montada para a recepção dos turistas durante o verão: pousadas, bares e restaurantes. A maioria dos turistas que frequenta o local, tanto os que têm casa, como aqueles que ficam em pousadas, provêm da periferia de São Paulo.[90] Há uma escola de ensino fundamental e outra de ensino médio no local, mas alguns jovens adolescentes devem viajar todo dia até a cidade de Iguape para frequentar a escola técnica onde há cursos profissionalizantes. É o caso de grande parte dos músicos e dançarinos de fandango do grupo Jovens da Juréia. Foi também o caso de Léco. Desde sua infância, viveu na Barra do Ribeira e, anos depois, fez parte da criação da associação Jovens da Juréia.

História de Vida #8: Léco

O pai de Léco era de Alagoas e veio trabalhar na Barra do Ribeira como empreiteiro, no início dos anos 1980. Gostou do lugar e mudou-se com a família que até então morava em São Paulo. Léco chegou ali aos 2 anos de idade. Seu pai, conhecido por *"Mané-caranguejo"*, foi durante um bom tempo "administrador do bairro" e parece-me ter sido muito querido. Quando faleceu em 1992, em um acidente de carro, era um dos candidatos a vereador no município de Iguape como representante da comunidade.

Percebo que apesar de sua família não ser nativa do lugar, ele é sempre recebido com carinho e atenção por todos antigos moradores caiçaras da Barra como se fosse parte da "família".

Léco cresceu e estudou na Barra do Ribeira até completar o ensino fundamental. Cursou o ensino médio em Iguape, concluindo sua formação como técnico em Meio Ambiente. Foi monitor ambiental e participou como um dos membros mais entusiastas da "Associação dos Monitores Ambientais do Vale do Ribeira". Foi nessa condição que o conheci, em 2003, ao realizar uma viagem de estudos com estudantes da universidade onde eu lecionava.

Junto com outras pessoas amigas, que foram mencionadas aqui diversas vezes, Léco era membro ativo do grupo "Jovens da Juréia". O grupo é referência na divulgação do fandango e de outras atividades da cultura caiçara na atualidade. Dessa forma, ele conhece não só todos os ritmos do fandango, mas também as letras das músicas, os instrumentos, os *fandangueiros* e *fandangueiras* que vivem na Barra do Ribeira e em bairros vizinhos.

---

[90] Há poucas casas de luxo na Barra e é visível um processo de favelização em andamento no centro do bairro, onde os lotes são cada vez mais subdivididos e a infraestrutura é bem precária.

> Há cerca de 30 anos, testemunha os conflitos que enfrentam as comunidades da Juréia. Por essa razão, decidiu estudar Direito em São Paulo. Formou-se em 2007 e passou no exame da OAB no ano seguinte. Participou ativamente da articulação que propunha a recategorização da estação ecológica da Juréia para "reserva de desenvolvimento sustentável" — o que permitiria a permanência dos moradores caiçaras na área.
>
> No final de 2012, obteve o título de mestre (MSc), pela Universidade de São Paulo, no Programa de Pós-Graduação em Ecologia Aplicada.

Devo admitir aqui que a Barra do Ribeira foi meu principal ponto de apoio para a realização deste trabalho de campo. Permaneci semanas ali e foi dali que sempre parti e para onde cheguei ao estar no Vale do Ribeira, já que Léco tem uma casinha no centro do bairro. Sendo sua companheira na época da pesquisa de campo, tive as portas abertas para realizar minhas entrevistas e observações por aqui sem provocar grandes incômodos.

A Associação Jovens da Juréia (AJJ) é anterior à formação do grupo de fandango Jovens da Juréia, organizado em 1998. Todavia, suas histórias e seus protagonistas se entrelaçam. A AJJ, criada em 1993, declara em seu site ter como objetivos principais: "a geração de renda, resgate e manutenção da cultura caiçara e a permanência das comunidades da Juréia em suas terras".[91]

Na AJJ, além do grupo de fandango, desenvolvem vários trabalhos de confecção de artesanato, sobretudo objetos decorativos feitos de caixeta. A associação, desde 2006, abriga ainda o Centro de Cultura Caiçara com sede própria na Barra do Ribeira, construída em grande parte com recursos do Ministério da Cultura por meio do Programa Cultura Viva e constitui um ponto de cultura: o Ponto de Cultura Caiçara da Barra do Ribeira. O grupo Jovens da Juréia, a Associação Jovens da Juréia e a União dos Moradores da Juréia (UMJ) são organizações que estão sobrepostas e congregam praticamente as mesmas pessoas. De alguma forma, teriam influenciado a retomada do fandango em outros municípios da região e do Vale do Ribeira como um todo. Parece ser um dos mais importantes fios soltos da trama que tento reconstituir acerca do processo social de revitalização do fandango caiçara, após um período de suposto enfraquecimento em vários locais onde vivem

---

[91] Do site da AJJ http://ajjureia.wordpress.com. Acesso: maio de 2011.

caiçaras, como em Cananéia. O "esquecimento" do fandango parece nunca ter ocorrido em Iguape e, sobretudo, na Juréia.[92]

De maneira análoga à Festa da Tainha, no Marujá (Ilha do Cardoso, Cananéia), presenciei duas edições da Festa do Robalo, evento tradicional que acontece todo ano no mês de novembro na Barra do Ribeira, em Iguape: em 2008 e 2011.

Imagem 8 – Cartaz da Festa do Robalo, de 2008

Fonte: Centro de Cultura Caiçara. Divulgado no site da Prefeitura de Iguape, datado de 11/11/2008

No cartaz anterior, em fonte muito pequenas, consta: "O Centro de Cultura Caiçara da Barra do Ribeira, através da Associação Jovens da Juréia (AJJ) em parceria com a Comunidade Feminina da Barra do Ribeira

---

[92] De acordo com o livro *Museu Vivo do Fandango*, Dauro, presidente da União dos Moradores da Juréia teria afirmado que: *"Na ilha do Cardoso, o pessoal, quando soube que a gente tinha um grupo formado, por acaso, o Marcos Campolim queria que a gente desse uma força para o pessoal do Pereirinha, que estava lá, que também é caiçara [...]. A gente foi, ficou lá dois dias dançando, a primeira vez. Depois ficamos mais três dias, uma outra vez, e assim deu mais um ânimo para que aquelas comunidades lá [da Ilha do Cardoso, Cananéia] tocassem, continuassem o fandango."* (PIMENTEL, A. et al., 2006, p. 183).

(COFEM) e apoio da Prefeitura Municipal de Iguape, promovem a festa **'Noites Caiçaras na Festa do Robalo'"** (grifo próprio).

> Programação
>
> Dia 12/11 – sexta-feira: Apresentação dos Grupos de Fandango da Comunidade do Prelado, da Associação dos Jovens da Juréia e do São Paulo Bagre de Cananéia
>
> Local: Barra do Ribeira (ao lado do Campo de Futebol), a partir das 21h" (transcrição cartaz).

Imagem 9 – Cartaz da Festa do Robalo, de 2011

Fonte: Prefeitura de Iguape. Divulgado no site da Prefeitura de Iguape

A XVII Festa do Robalo foi organizada em 2011 pela Comunidade Feminina da Barra do Ribeira (Cofem), em parceria com a Prefeitura Municipal de Iguape. De maneira distinta de anos anteriores em que foi organizada pelo Centro de Cultura Caiçara — como mostra o primeiro cartaz exibido antes. Talvez, tenha sido essa a razão do pouco destaque ter sido dado ao fandango em 2011 (ver segundo cartaz — o da XVII festa). Os demais participantes eram de duplas sertanejas eletrônicas. O grupo de fandango Jovens da Juréia apresentou-se na noite de sexta-feira — a primeira da festa — e os demais grupos de fandango e fandangueiros da comunidade vizinha (Prelado e Vila Nova) não marcaram presença.

O grupo Jovens da Juréia, composto por músicos e dançarinos, apresentou-se durante cerca de 40 minutos. Dançaram vários dos ritmos de fandango e houve uma breve explicação dos passos de cada um deles por um dos músicos que estava no palco bem elevado montado no meio da rua no centro da vila. Sendo o calçamento de blocos de concreto, dificultou as danças. Poucas pessoas tomaram parte do *"bailado"* que costuma ser apresentado ao final para dar chance às pessoas da plateia de se integrarem à dança e partilhar da brincadeira. Ao contrário da festa do robalo de anos atrás, onde presenciei muita gente juntando-se aos dançarinos, nesse ano, a participação do público foi tímida e contida. Era uma apresentação que, do meu ponto de vista, aproximava-se bastante de um "espetáculo".

Fotografias 24-27 – Jovens da Juréia apresentando-se na Festa do Robalo na Barra do Ribeira em novembro de 2011. Na foto a seguir, estão os três mais jovens membros do grupo que têm entre 7 a 9 anos de idade

Crédito: a autora

Depois da apresentação do grupo de fandango, foi dada a palavra a Dauro do Prado, que proferiu um pequeno manifesto em repúdio à recente Ação Civil Pública que tramitava na justiça e requeria a imediata retirada de famílias que ainda ocupam a Juréia. Não percebi muito interesse das pessoas presentes diante daquele pronunciamento. Também não pretendo aqui evidenciar os conflitos internos que observo nas comunidades caiçaras no litoral sul de São Paulo. Fiz isso em um trabalho anterior (RODRIGUES, 2001).

O fato é que não são todas as pessoas que moram na Barra do Ribeira ou em Iguape que encampam essa verdadeira *"luta"*[93] a favor dos caiçaras que foram expulsos da Juréia e vivem nos distritos e periferias do município. Nem são todos que apreciam o fandango ou associam diretamente o fandango à cultura caiçara. Essa seria a principal bandeira da Associação Jovens da Juréia e da União dos Moradores da Juréia[94], ambas entidades lideradas por Dauro Marcos do Prado.

De acordo com meus interlocutores, alguns jovens sentem até vergonha de dançar fandango e muitos ainda consideram pejorativa a palavra "caiçara". Essa é uma discussão que irei desenvolver ainda na **parte dois do livro**, mas devo adiantar que considero Dauro um dos principais articuladores do que denomino "movimento do fandango", assumindo seu duplo sentido: movimento ritual e movimento social.

---

[93] O termo nativo *"luta"* foi utilizado por vários de meus interlocutores ao referirem-se às dificuldades e impasses enfrentados por eles próprios ou pessoas próximas a eles.
[94] Atualmente, a antiga União dos Moradores da Juréia se chama Instituto Caiçara da Mata Atlântica

História de Vida #9: Dauro Marcos do Prado

Além de ser um dos membros fundadores e atual presidente da União dos Moradores da Juréia, Dauro coordenou o "ponto de cultura" "Centro de Cultura Caiçara de Barra do Ribeira", na época de redação da tese que originou este livro. Na mesma época, em meados dos anos 2010, era membro da "Comissão Nacional de Desenvolvimento Sustentável dos Povos e Comunidades Tradicionais" (CNPCT) como representante dos caiçaras no Brasil.

Foi ele o principal responsável pela exposição da faixa no centro comunitário de Guaraú a que me referi no início deste trabalho: *"promovendo o fandango, artesanato e cultura caiçara. Manifestação caiçara na luta por território e cultura"*. É bastante articulado a vários grupos, movimentos e sujeitos que estão à frente ou de alguma forma apoiam estas lutas.

Conheci Dauro Marcos do Prado há cerca de 20 anos. Sempre que perguntava a conhecidos que realizavam pesquisas na Juréia quem poderia me conduzir às comunidades ou às poucas pessoas que ainda residiam na atual estação ecológica era unanime a resposta: Dauro! Foi ele que me levou pela primeira vez até o *Rio Verde* e o *Grajaúna*, localidades situadas no coração da estação ecológica onde moram respectivamente seu irmão e seus pais. Seo Onésio e Dona Nancy (que apresentei no preâmbulo desta obra) até hoje fazem todo o ano uma rocinha, mantêm o *"tráfico"* onde fazem farinha e *"beiju"* de mandioca, pescam no rio e no mar, *"tiram marisco nas pedras"*. E é lá que, religiosamente, organizam o fandango nas seguintes datas: na folia de reis (entre Natal e 6 de janeiro); Carnaval (que retratei aqui antes), festa de São João, além de algum outro dia para comemorar aniversário ou terminar um mutirão.

A família do casal Nancy e Onésio é grande; são 10 filhos e muitos netos. Muitos deles, entre irmãos e sobrinhos de Dauro, são assíduos *fandangueiros* e os tenho observado com frequência nas apresentações internas ou externas às comunidades (ver a seguir o diagrama de parentesco dos Prado).

A presença da família Prado na Juréia, há pelo menos sete gerações, permite que se discuta os direitos individuais e coletivos desses sujeitos à terra que ocupam há muitas décadas. Ou seja, estão aqui nesse lugar, que passamos a chamar de Brasil, muito antes de ser colonizado. Vivem (ou viviam há pouco tempo) em sítios ou agrupados em comunidades onde realizam suas atividades produtivas tradicionais comprovadamente sem prejuízo à conservação das matas, dos mangues, de restingas, de rios e praias, áreas essas que foram transformadas em "reservas da natureza" e de onde têm sido gradativamente expulsos

Talvez, possa-se afirmar que aos direitos relacionados à ancestralidade desses sujeitos e meus interlocutores neste trabalho — muitos dos quais afirmam ser descendentes de negros africanos e de indígenas — agregam-se ainda os direitos relacionados ao patrimônio cultural imaterial do qual hoje "eles" são, atualmente, legítimos detentores: os *fandangueiros caiçaras*.

Na imagem a seguir, aponto onde vivem os atuais mestres *fandangueiros* e/ou membros de associações de fandango na região da Juréia.

Imagem 10 – Região da Juréia com a indicação de onde vivem meus principais interlocutores fandangueiros

Fonte: Google Earth, acessado livremente

A seguir, apresento o diagrama de parentesco da família de Dauro do Prado, filho de Dona Nancy e de Seo Onésio, apresentados no preâmbulo do livro, que atesta a presença desses caiçaras na área decretada Estação Ecológica Juréia-Itatins há pelo menos sete gerações. Ou, como Dona Nancy teria afirmado: *"Nossa geração de gente tem mais de 300 anos [aqui]".*

Diagrama 1 – Diagrama de Parentesco da Família Prado

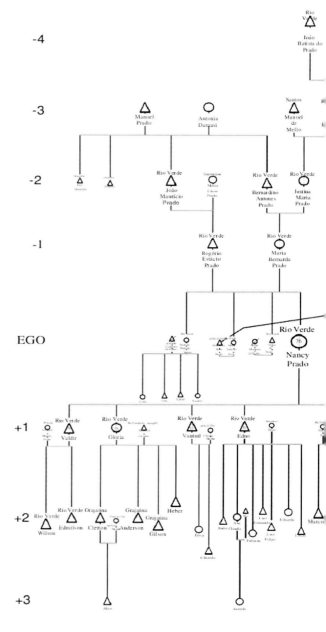

Fonte: elaborado por Carmem Lúcia Rodrigues (a autora), com base nas informações obtida vistas com Nancy do Prado, em fevereiro de 2012, no Grajaúna (Juréia)

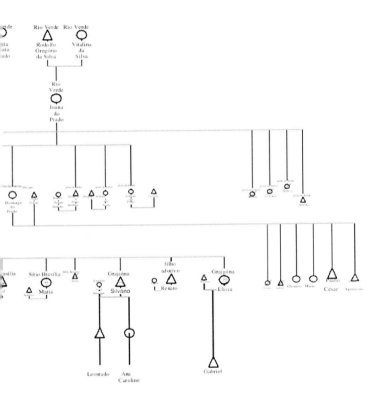

"VIII Revelando São Paulo" em Iguape

Imagem 11 – Cartaz impresso do evento fixado em uma das barracas (s/f)

Crédito: Revelando São Paulo em Iguape

O evento chamado Revelando São Paulo, em 2011, foi organizado na época pela Abaçaí Cultura Arte[95] — uma "organização social" que desenvolvia suas atividades em parceria com a Secretaria da Cultura do Governo do Estado de São Paulo. Além do evento anual realizado em São Paulo com o mesmo nome, até os dias de hoje (2023), foi organizado nas seguintes regiões paulistas em meados dos anos 2010, em conjunto com prefeituras: no Vale do Ribeira, no Vale do Paraíba e na Região Bragantina.

Presenciei o VIII da Cultura Paulista Tradicional, mais conhecido por Revelando São Paulo, que aconteceu nos dias 22 a 26 de junho de 2011, em Iguape. Todos os eventos anteriores realizados no Vale do Ribeira tiveram a mesma sede: o município de Iguape, que tem seu centro histórico tombado como patrimônio nacional pelo Iphan, desde 2009.[96] Meu principal

---

[95] A Abaçaí é uma "organização social de cultura". Não fica claro no site do festival, porém se trata de uma entidade privada ou uma ONG. *Cf.* revelamdosaopaulo.org.br. Acesso em: 24 jan. 2012.

[96] "A arquitetura da cidade também acompanha a história e os ciclos econômicos. São casas e sobrados erguidos no século XVI durante a exploração do ouro; imóveis ligados à construção naval a partir de meados do século

interesse nesse evento era observar a apresentação dos grupos de fandango, a recepção do público e conversar com algumas pessoas presentes. Mas outros aspectos do megaevento me chamaram a atenção.

O Revelando naquele ano foi realizado no principal centro de eventos de Iguape. O local não é muito distante do centro histórico, possui muito espaço e fica ao lado de uma bela mata que, iluminada pelos holofotes, conferira um charme extra ao encontro.

Logo ao chegar, surpreendi-me com a dimensão do palco e com toda a estrutura montada de luzes e som. Não parecia com nenhum local onde eu havia antes presenciado apresentações públicas de fandango — no geral, centros comunitários ou pequenas praças públicas em Cananéia ou nos bairros de Iguape. Não lembrava nem de longe a atmosfera dos "bailes" de fandango que eu havia frequentado nas comunidades ou nas casas de caiçaras.

O palco, instalado em uma quadra de esportes coberta, além de muito extenso e claro, era muito alto. Nunca havia assistido aos fandangueiros, que então conhecia tão bem, músicos e dançarinos, apresentando-se em local tão apartado da plateia. Antes de começar, perguntava-me se os dançarinos estariam em cima do palco ou em baixo, na plateia, onde costumam se misturar durante o *"baile"* final com quem queira se divertir com o grupo de fandangueiros.

Além do palco gigantesco, havia no centro de eventos um galpão, também em proporção colossal, onde estavam dispostos 47 pequenos espaços para exposição e venda de artesanato de todo o estado de São Paulo. O galpão, no espaço bem maior do que os outros, foi destinado à exposição de cartazes, a apresentação de vídeos e a publicações impressas da Sema.

Uma outra área grande e separada dos demais "casulos" foi dedicada à exposição e à venda de artesanato e produtos alimentares das comunidades quilombolas situadas no Vale do Ribeira. Lá, encontramos uma conhecida nossa do quilombo Ribeirão Grande localizado na Barra do Turvo, município mais ao sul e no interior do Vale do Ribeira, onde há cerca de 15 anos desenvolvemos um trabalho com os quilombolas. Havia, ainda, contornando a área do centro de exposições, inúmeras barracas de comidas e bebidas

---

XVIII; e os que representam da cultura de arroz no século XIX [...]. O cenário religioso também é muito forte na formação cultural e arquitetônica, tendo a Igreja do Bom Jesus de Iguape, que atrai milhares de romeiros de todo Brasil para a festa do padroeiro, inaugurada em 1858, como centro da malha urbana". *Cf.* notícia no site do Iphan na ocasião do tombamento da cidade como patrimônio nacional. Disponível em: http://portal.iphan.gov.br/portal/montarDetalheConteudo.do?id=14879&sigla=Noticia&retorno=detal heNoticia. Acesso em: jul. 2011.

típicas onde encontramos outros amigos, amigas e pessoas conhecidas. Foi ainda reproduzido um restaurante que servia "peixe à moda caiçara" —, mas muito caro, só mesmo para turistas!

Foi nesse cenário que os grupos de fandango se apresentaram em meio a tantos outros chamados pelo principal apresentador do evento de "grupos folclóricos". Cada grupo tinha pouco tempo de apresentação: por certo, menos de meia hora! Naquelas noites em que os grupos de fandango marcaram presença, houve também: apresentação de danças e de músicas gaúcha, cigana, germânica e árabe, conforme anunciou-se.

Antes do pessoal do fandango se apresentar, fui até o camarim observar a preparação dos Jovens da Juréia, com quem Léco também iria dançar naquela noite. Como faltava um cavalheiro, pediram que ele substituísse o faltante. Ele foi um dos membros fundadores do grupo e conhece todos os ritmos e danças desde adolescente.

Nos camarins, moças e mulheres mais "maduras" do grupo "Jovens da Juréia" estavam com seus vestidos floridos e se maquiavam. Os rapazes e homens casados, todos meio aparentados daquelas mulheres, pediam ajuda para vestirem suas camisas brancas e esperavam impacientes a hora da apresentação. Fui esperar na varanda dos camarins. Lá, encontrei outros fandangueiros e amigos que tinham vindo de Cananéia.

Avistei Seo Zé Pereira, que até então eu não conhecia pessoalmente, só de vista, mas sabia que se tratava de um dos melhores rabequistas de fandango de que se tem notícia no Vale do Ribeira. Como ele não demonstrou nenhuma resistência, pedi um número de telefone para combinar um encontro quando eu estivesse em Cananéia. Depois de ter anotado na minha agenda, despedi-me e fui até o palco esperar que os Jovens da Juréia iniciassem a apresentação.

Foram só quatro ou cinco *"modas"* que cada grupo pode tocar e dançar. O apresentador do evento no palco interrompia o tempo todo as apresentações e, em um tom professoral demais para o meu gosto, pedia explicações sobre os instrumentos e sobre os passos de dança.

Outros grupos de fandango de São Paulo apresentaram-se (ver as fotografias de minha autoria, a seguir). Eu conhecia todos. E foi a mesma coisa: poucas músicas e fandangueiros interrompidos por explicações do apresentador. Depois, soube por Zé Pereira que ficou bem chateado: *"Onde já se viu a gente ter tão pouco tempo pra tocar! Ficamos mais tempo esperando para se apresentar do que para tocar e, além disso não pagaram nada pra gente..."*.

Fotografia 28 – Apresentação do grupo Jovens da Juréia

Crédito: a autora

Fotografia 29 – Fandangueiros do Ariri

Crédito: a autora

Fotografia 30 – Sandália de Prata (Dona Maria, de saia mais longa, em segundo lugar)

Crédito: a autora

Fotografia 31 – Grupo Tamanco Caiçara de Cananéia, dançando o "batido"

Crédito: a autora

Fotografia 32 – Grupo Família Neves da Ilha do Cardoso, com participação de Zé Pereira na rabeca (o segundo homem da direita para a esquerda)

Crédito: a autora

* * *

Volto aqui a uma discussão iniciada antes neste relato etnográfico: ainda que as apresentações dos fandangueiros nesse evento, em particular, aproximem-se muito mais de um "espetáculo", foi possível observar alguns atributos do que se poderia chamar ethos caiçara: a "reciprocidade" e a "devoção".

A devoção a São Gonçalo que presenciei nesse e em outros encontros de fandango é um exemplo da religiosidade tão presente na relação de trocas que povoam a vida dessas pessoas. A imagem do santo — que na versão conhecida pelos caiçaras veste chapéu, capa e segura uma viola — fica em geral em um altar no salão do fandango (ver imagens a seguir).

Fotografias 33 e 34 – Imagens de São Gonçalo

Fonte: imagens acessadas livremente na internet nos seguintes blogs: à dircita, o santo cultuado em Laranjeiras, Sergipe (blog *iaracajuinfonet*); à esquerda, de Guaraqueçaba, Paraná (blog *nossopixirum*)

Como já mencionei rapidamente nos encontros descritos antes, na *"Dança de São Gonçalo"*, sempre a primeira e última do baile, os casais ou indivíduos aproximam-se em fila do altar, fazem gestos simulando a beijamento do santo e voltam sem dar as costas à imagem. No Revelando São Paulo descrito, não foi diferente!

Fotografia 35 – Grupo Sandália de Prata realizando a dança de São Gonçalo

Crédito: a autora

Fotografia 36 – "Beijamento" de São Gonçalo. Grupo Fandangueiros do Rocio, Iguape

Crédito: a autora

> Cada vez que a gente faz uma brincadeira, a gente faz a reza pra São Gonçalo. A primeira moda é dele. Pra que faça bom, tempo bom. É coisa da igreja o fandango, da igreja católica. [...]
> Todas as festas que fazia no sítio, Santo Antonio, Nossa Senhora das Graças, do Carmo, a gente fazia a festa ali, leilão, bingo quando tinha e depois, lá pelas nove, dez horas era o fandango. (Zé Pereira).

Creio ser oportuno informar que a cidade Iguape, sede do Revelando São Paulo, no Vale do Ribeira, é um local de peregrinação dos devotos de Bom Jesus de Iguape ou "*Bom Jesus da Cana Verde*".

Os festejos acontecem entre 28 de julho e 6 de agosto e incluem missas, novenas e procissões. A festa religiosa em homenagem ao padroeiro é considerada a segunda maior festa religiosa do estado de São Paulo, depois da Festa de Nossa Senhora Aparecida. A chamada "*festa de agosto*" chega a reunir mais de 200 mil pessoas. Ela é realizada desde 1647, quando a imagem do Bom Jesus, vinda de Portugal, foi encontrada por indígenas na Praia do Una, onde se situa a estação ecológica. Essa é a razão da seguinte expressão tão corriqueira entre os nativos do Vale em situações de admiração ou de constrangimento: "*Meu Bom Jesus!*"

Para encerrar minhas observações sobre esse evento em particular — Revelando São Paulo —, penso que seria válido relatar um acontecimento que um de meus interlocutores me revelou. Foi durante uma apresentação de fandango em uma edição anterior do evento realizado na capital paulista, em 2002. Segundo meu interlocutor, que prefiro manter anônimo, aquele mesmo apresentador que estava em Iguape (em 2011) teria feito uma reclamação em público durante a apresentação dos Jovens da Juréia na ocasião: "Por que não dançavam mais o 'batido'?" Irritado, um dos componentes do grupo pediu a palavra e disse:

> Eu não entendo essa sua cobrança. Como você, que aqui representa a Secretaria da Cultura, pode cobrar a manutenção do "batido", sendo que o próprio governo do estado é o principal causador da extinção do fandango ao expulsar as pessoas das comunidades através da Secretaria do Meio Ambiente?

A reação teria sido imediata: cortaram a transmissão do microfone e o grupo não foi convidado para se apresentar na edição subsequente do evento em São Paulo.

A situação, principalmente o lamento do fandangueiro, talvez represente bem o drama que enfrentam não apenas das pessoas que viviam na estação ecológica da Juréia, mas todos caiçaras espalhados pelo litoral do Rio de Janeiro até o norte do Paraná, onde, segundo as narrativas apresentadas e tantas outras histórias que ouvi, os governos teriam privilegiado a preservação dos recursos naturais, mas não a das pessoas, a dos grupos culturalmente diversos ou de suas expressões culturais. Tratarei do tema adiante, no **Capítulo 5**.

Imagem 12 – Imagem do litoral sul do estado de SP

Fonte: Google Earth, sendo que a base desta imagem foi trabalhada pelos membros do Laboratório de Antropologia, Território e Ambientes do Ceres, IFCH - Unicamp

A imagem anterior indica onde vivem meus principais interlocutores nesta etnografia, tanto aqueles que se concentram mais na região de Cananéia como aqueles que vivem na Juréia. Todo o litoral do Vale do Ribeira paulista está representado na tela. Na parte inferior do lado esquerdo, avista-se a divisa com o Paraná. Já na parte superior direita, é possível visualizar o contorno da Estação Ecológica Juréia-Itatins na época da redação da tese que deu origem a este livro (2013) e onde ainda hoje vive parte da família Prado, cujo diagrama de parentesco foi apresentado antes.

Após apresentar os seis relatos de fandango selecionados para uma análise mais pormenorizada neste trabalho, eu diria que há quatro categorias (ou modalidades) de fandango praticadas no Vale do Ribeira com alguns propósitos um pouco distintos. A *primeira* se refere ao fandango praticado nas casas de famílias ou nos centros comunitários dos caiçaras, organizados em datas específicas em que o fandango é quase obrigatório[97] — tal como o Carnaval relatado no Grajaúna — ou para festejar os ciclos de trabalho coletivo ou para diversão, como respectivamente os exemplos da "domingueira do Nelsinho". A *segunda*, a do fandango realizado em datas comemorativas de festas relacionadas aos ciclos da pesca como forma de "espetáculo" para pequenos grupos de turistas (*Festa do robalo*, na Juréia, e *Festa da tainha*, na Ilha do Cardoso, como mostraram os cartazes apresentados), geralmente sendo realizados em centros comunitários. A *terceira*, o encontro do fandango organizado para reunir os *fandangueiros* entre eles próprios (artistas: músicos, dançarinos e compositores) e membros das comunidades caiçaras como no Segundo Festival Caiçara no Guaraú (ver cartaz do *II Encontro de Fandango e da Cultura Caiçara* adiante). A *quarta*, o fandango como "megaespetáculo", geralmente apresentado nas cidades próximas de onde vivem caiçaras ou em grandes encontros de cultura popular e/ou de folclore em datas que não são especiais para "eles", como foi o caso do Revelando São Paulo, há pouco descrito. Essas quatro categorias/modalidades talvez possam ser reduzidas a duas: o "fandango comunitário", aquele que é realizado "por eles e para eles", sem hora para acabar e em que a maioria das pessoas que tocam, cantam e dançam é composta por membros das comunidades; e o "fandango espetáculo" ou "fandango para os outros", isto é, "para fora", realizado por eles para mostrar aos outros, como um show, uma exibição, um espetáculo onde costuma haver um palco e uma plateia, separando fandangueiros dos "outros".

---

[97] Épocas em que se organizar o fandango na Juréia: Festa de Nossa Senhora de Guadalupe; época da folia de reis (entre Natal e 6 de janeiro); Carnaval, festas juninas (Santo Antonio, São João, São Pedro e Santa Isabel); e nos mutirões, segundo informações do fandangueiro Luis Adilson do Prelado, Iguape, SP. (ver o calendário apresentado ao final do próximo capítulo).

Capítulo 4

FANDANGO COMO "MUSEU VIVO DE SI"

Fotografia 37 – Objetos expostos na parede de uma casa no Prelado

Crédito: a autora

Juliana e Tiago, de Cananéia, trocam por meio de *bluetooth* de seus celulares de última geração modas tradicionais de fandango. Assim, quando alguém ligar, será o fandango e não os padronizados toques eletrônicos que os alertam. Alguns dos áudios registram encontros de fandango em que esses mesmos sujeitos participaram em festas comunitárias.

Ao mesmo tempo, de Iguape e Peruíbe, os irmãos Heber, Gilson e Cleiton postam em suas páginas pessoais no Facebook, bem como no site do Ponto de Cultura Nação Caiçara pequenos vídeos de suas apresentações, áudios e inúmeras fotografias que registram as oficinas de confecção de rabeca que Cleiton organizou ao longo de 2011.

Quando se acessa a página do YouTube, pode-se ainda assistir a vídeos caseiros que registram os ritmos e as danças do fandango caiçara. A maioria registra pessoas e lugares do litoral sul paulista, onde foi realizada a pesquisa que trata este livro, não só durante apresentações de fandango, mas também da vida cotidiana dessas pessoas: na praia durante a pesca (como o vídeo Família Neves da Ilha do Cardoso, que mostra os mesmos fandangueiros engajados na pesca de *"picaré"*), na cozinha onde reúnem-se a família (como os Fandangueiros do Rocio em Iguape e os Fandangueiros de Acaraú em Cananéia) ou na varanda da casa (como foi o caso do registro feito do grupo Violas de Ouro em São Paulo Bagre)".[98]

Retomo, neste capítulo, uma consideração que fiz no início desta etnografia e que tem sido discutida por alguns pesquisadores: danças, festas, rituais, *performances* e outras expressões culturais populares não me parecem ser somente "resquícios do passado", ao contrário do que afirmam alguns.

Desde uma perspectiva específica de folclore — com a qual não comungo —, artefatos ou práticas sociais, ainda que apresentados no presente, teriam sido criados no passado e não raramente são considerados "ultrapassados". Correriam ainda o risco de serem perdidos ou extintos e, por isso mesmo, deveriam ser protegidos ou preservados de alguma forma. Tal noção mais conservadora de folclore insinua os antigos "gabinetes de curiosidades" ou "quartos das maravilhas" (precursores dos atuais museus) que "designam os lugares em que durante a época das grandes explorações e descobrimentos do século XVI e século XVII era colecionada uma multiplicidade de objetos raros ou estranhos".[99] O desejo de manter coleções de objetos do passado evoca ainda lembranças de visitas a museus de história natural, onde se pode observar fósseis ou animais embalsamados dispostos em vitrines, além de plantas desidratadas e catalogadas em herbários.

A noção de "museu vivo" contrapõe-se a essa concepção de folclore subjacente à perspectiva da cultura popular como mero culto ao passado e me parece bem apropriada para indicar o poder de reelaboração, recriação ou reinvenção desses grupos de práticas sociais e de outros atributos, que talvez ainda os liguem ao passado, mas que se renovam e assumem novos significados e usos. Seria, desse modo, o fandango um "museu vivo de si"?

---

[98] Do meu caderno de campo redigido em 2011. Devo também adicionar aqui, a título de curiosidade, que ao fazer esta pesquisa no YouTube encontrei um vídeo que remete a uma dança apresentada por duas mulheres, denominada por "eles" "fandango", embora me pareça muito parecida com a dança flamenca com sapateado. A origem do fandango é tema polêmico, mas certamente tem influência da música praticada na Península Ibérica. O responsável pela postagem do vídeo informa que é uma dança espanhola da região de Huelva (Andalusia). *Cf.* site http://www.youtube.com/watch?v=oFOcR-8M45s&feature=fvwrel. Acesso em: nov. 2012.

[99] Wikipedia. Disponível em: http://pt.wikipedia.org/wiki/Gabinete_de_curiosidades.

Museu de si

A oposição aparente entre "museus dos outros" e "museus de si" foi analisada por Benoît de l'Estoile, antropólogo francês que no período de redação desta obra era pesquisador-visitante no Museu Nacional (UFRJ). Na ocasião da inauguração, em 2006, por Jacques Chirac de um museu que se dedicaria à arte e às culturas não ocidentais, o Museu Quais de Branly, Benoît de l'Estoile (2006) publicou o seguinte texto: *Du Musée de l'Homme au quai Branly: les transformations des musées des Autres em France*. Nesse trabalho, o antropólogo discute que os museus, em geral, têm um papel de ordenar o mundo e, mais do que isso, define o "nosso" lugar nesse mundo natural e social.

Ao organizar um museu etnográfico na França como aqueles de que trata no seu artigo (*Museu de l'Homme*, desativado, e o mais recente *Quais de Branly*, ambos em Paris), poder-se-ia apresentar ao público em geral a diversidade de raças e de culturas nos moldes da diversidade de espécies naturais, ou seja, a partir de um paradigma cientificista, enciclopedista. Optou-se, porém, por um outro caminho: ao conceber "os outros", a partir de uma visão primitivista e homogênea, criou-se a partir da exposição da diversidade estética uma espécie de espetáculo, onde exalta-se a beleza plástica do diverso, do exótico, estetizando-se a diversidade humana.

Em ambos os casos dos museus franceses citados pelo autor (*Musée de l'Homme* e *Quais de Brainly*), constrói-se uma clara ideia de "quem são eles" e, consequentemente, "quem somos nós". Afirma-se assim uma continuidade com o passado e se expressa um projeto político de uma suposta identidade nacional.

No caso da França, nas palavras de L'Estoile, é desejável dar a entender ao mundo por meio dos museus etnográficos o compromisso da França em respeitar a diversidade cultural. No entanto, quer por um viés cientificista, quer pelo viés plástico, é propositalmente omitida a herança colonial e assimilacionista que marcou o passado francês e de outros estados europeus e norte-americanos, relacionada *a priori* a essa diversidade exaltada. O autor então conclui que haveria um projeto político ou uma intencionalidade subjacente à organização de museus etnográficos e também de museus nacionais: todos ao mesmo tempo "museus dos outros" e "museus de si".

Apropriando-me da ideia do "museu de si" que, segundo o autor, deveria apresentar aquilo que faz sentido para um "nós" e, talvez, diferencie-nos do que achamos ser os "outros", talvez seja pertinente pensar no fandango como um "museu vivo de si", isso é, do ponto de vista dos caiçaras. É o que me parece indicar a afirmação de sujeitos que entrevistei:

> O fandango é a nossa cara, é a cara do caiçara!
> (Marquinho Pio, violeiro da Barra do Una em Peruíbe, novembro de 2011)

Percepções parecidas foram identificadas nas narrativas de alguns dos membros de grupos de fandango de Iguape. Uma deles é Pedrinho, um de meus entrevistados mais eloquentes na época:

> [...] ter contato com o que é fandango, é com o que é ser caiçara. [...] Minha geração está tendo esse contato de novo. Se a gente não tivesse contato e não soubesse o que é o fandango, como acontece o fandango, por que acontece o fandango, nossos filhos e nossos netos, bisnetos não iam saber. E qual é a nossa meta: não perder a tradição que vem muito antes da nossa [...] O fandango é um dos meios que a gente tem pra gente lutar para o que a gente quer [...] levar essas pessoas que querem voltar pra onde viveram, pra onde era seu modo de vida, de trazer essas pessoas pro ambiente delas [...]. Queremos voltar lá pra dentro de novo! Se eu voltar lá eu vou me sentir em casa (Pedrinho, membro do grupo "Jovens da Juréia").

Percebo na fala desse jovem o desejo de afirmação de um *modo de ser* coletivo (*caiçara*), aliado a uma explícita militância em defesa dos direitos territoriais do grupo no qual admite fazer parte. Há, no entanto, uma observação importante ainda a ser feita aqui retomando o que já foi discutido preliminarmente: o fato de apresentarem-se aos outros e a si mesmos, como grupo que tem valor por se considerar "diferente" da maior parte da sociedade, não creio que seja uma mera "estetização/exotização do diferente" ou que tal fenômeno limita-se a uma estratégia (projeto político) nos termos sugeridos por L'Estoile. Parece-me haver algo mais aí.

Em contato com pessoas como Pedrinho em Iguape e tantos outros fandangueiros que conheci do Ariri até Peruíbe, ou seja, no litoral de todo o Vale do Ribeira, no estado de SP, observo que o fandango teria um papel de reforçar (ou inventar?) o orgulho de ser caiçara e artista. Além do prazer de estarem juntos e juntas para festejar e se divertir, que são lembrados sempre por meus interlocutores como sendo os principais sentimentos que o fandango suscita, o orgulho e a satisfação de serem reconhecidos como artistas, igualmente, são sentimentos enaltecidos por todos. E essa noção contrasta com o que alguns caiçaras mais velhos consideram (ainda) o significado de "ser caiçara": *"Tem gente que acha que a palavra caiçara é muito avacalhado, mas eu não acho. A gente é caiçara mesmo! É a mesma coisa que ser pobre, a gente é mesmo!"* (Seo Carlos Maria, entrevista realizada em sua casa no Prelado, em abril de 2010).

Tudo me leva a crer que esse "orgulho" (ou dignidade) foi ressignificado nos últimos anos muito em função da revitalização do fandango. Ao procurar compreender as possíveis relações entre uma prática social singular (o fandango) e um modo de ser particular (ser caiçara), encontrei ao longo de minha trajetória de pesquisa algumas contribuições analíticas pertinentes — tal como a teoria crítica reformulada por Axel Honneth, sobretudo a respeito do papel da "dignidade humana" em processos de autoreconhecimento identitário. Esse aspecto do fandango, além de alguns outros a serem analisados nesta etnografia, foi sendo desvelado a medida em que eu procurava dimensionar a rede de lugares, objetos, instituições, grupos, famílias e pessoas entrelaçadas em torno do fandango.

Fandango como domínio dos sentimentos e da moral

Fotografia 38 – Capa do livro *Museu Vivo do Fandango*, de 2006. O rabequeiro é Leonildo Pereira, da ilustre *família Pereira* de músicos que vivem em Guaraqueçaba (PR), Ariri (SP) e Cananéia (SP)

Crédito: Felipe Varanda

Note na fotografia anterior de Leonildo Pereira a expressão de satisfação, plenitude, alegria. Essa fotografia parece ser é a mais fiel expressão dos sentimentos que tantas vezes testemunhei ao observar músicos e dançarinos nos bailes e nas apresentações de fandango. "É uma mística", explica-me Paulinho Franco da "União dos Moradores da Juréia", residente na Vila Nova, em Iguape. Acrescenta que é um tipo de prazer ou êxtase, quase espiritual, evocado pela prática do fandango.

Foi a partir de minhas observações a respeito da alegria e da satisfação que testemunhei em tantos rostos de fandangueiros — como o de Leonildo Pereira — que me dei conta de que, muito mais do que um projeto político ou uma mera folclorização (no sentido de exotização, como propôs L'Estoile), o fandango possivelmente representa outros sentidos e significados para essas pessoas.

A importância da dignidade e do respeito em processos sociais relacionados à emancipação foi investigada pelo filósofo e sociólogo alemão Axel Honneth. Identificado como um dos principais expoentes da terceira geração da Escola de Frankfurt, ele foi assistente de Jürgen Habermas, entre 1980 e 1994, e desenvolveu sua teoria justamente contrapondo-se a algumas das principais ideias de Habermas, Adorno e Horkheimer a respeito da Teoria Crítica, ao sublinhar o papel da intersubjetividade e da "eticidade" nos conflitos interpessoais e sociais. É verdade que alguns autores brasileiros discutem há tempos um tipo de "ordem moral" particular observada em grupos do mundo mais rural que compartilham de um sistema de valores específicos, a exemplo de Klaas Woortmann (1987).

Para Honneth, grosso modo, o respeito e a dignidade são aspectos fundamentais em processos sociais relacionados ao reconhecimento intersubjetivo e coletivo. O autor assevera que a subjetividade e a importância das atividades cotidianas foram insuficientemente consideradas por seus antecessores e busca então argumentos na filosofia de George Herbert Mead e do jovem Hegel, além da psicologia de Winnicot para fundamentar sua teoria. Argumenta que valores morais desempenham grande importância na autopercepção dos indivíduos e, na medida em que as qualidades dos sujeitos não são reconhecidas positivamente, tais frustrações pessoais e coletivas tornam-se combustível dos conflitos sociais. Em seu principal livro publicado no Brasil, *Luta pelo Reconhecimento: a gramática moral dos conflitos sociais* (2003), destaca ainda o papel do direito e da solidariedade nos processos de reconhecimento intersubjetivo.

No universo dos valores morais relacionados ao fandango, além da dignidade e do orgulho (no sentido positivo, de autoestima), a honra tem um lugar a ser salientado. Tocar bem um instrumento, cantar e dançar a noite toda ou saber construir os instrumentos artesanalmente são razões de elevação de autoestima e de aceitação do indivíduo pelo grupo (ser *"caiçara de verdade!"*).

Zenélio, que nasceu na Cachoeira do Guilherme, na parte mais central da Juréia, foi um dos interlocutores que me fez entender melhor os sentimentos e os valores relacionados ao fandango e o modo de ser caiçara:

> *O fandango, ele era assim, esse ponto de encontro, que era de matar a saudade. Vamos dizer assim, tava na alma do caiçara levar pra frente o fandango. Era uma coisa que os pais incentivavam as vezes os filhos: a tocar um instrumento, e aprender.* **Não só porque é bonito, mas de poder ajudar também.** *Antigamente se pensava assim: o filho deve aprender, se desenvolver a tocar um instrumento.* **Não só por aprender e ser bonito, mas que pudesse aprender a colaborar. Porque não é fácil passar uma noite de fandango tocando uma viola, tocando um instrumento!** *Pra quem vê, as vezes é bonito, mas não é fácil. Eu falo isso porque eu toco também, a gente toca. Eu toco viola, violão, eu toco cavaquinho. Quando eu vou, eu ajudo bastante, mas não é fácil também porque o cantar, você tem que se esforçar muito. O tocar, chega um momento que seus dedos estão todos doendo. A sua voz, vai ficando rouca, e ai você precisaria do quê?* **De outra pessoa que te ajude, né? Você para, mas o outro continua".** (Zenélio, em entrevista em Iguape em novembro de 2011, com destaques meus).

Tais "dons" ou "dádivas" explicadas por Zenélio se relacionam, de alguma forma, à honra individual e coletiva entre os caiçaras. A honra aqui é entendida como um atributo social "compartilhado por todos os membros do grupo" e ao mesmo tempo confere respeito e prestígio. Ao adotar uma certa conduta, honrar o compromisso de reproduzir uma determinada prática considerada importante pelo grupo (*"dançar, tocar e cantar até o sol raiar"*), o sujeito adquire prestígio perante os demais e passa então a ser ele próprio um sujeito a ser reconhecido.

De maneira contrária, algumas condutas provocam a reprovação do grupo, que as consideram vergonhosas e reprimíveis: não participar do fandango, ausentar-se antes do previsto ou não aguentar tocar/dançar até o raiar do dia, tal como testemunhei os três casos no Carnaval do Grajaúna, desempenhados por sujeitos diferentes, todos criticados severamente por seus parentes e amigos. Tudo isso indica que o que está em jogo é um sistema moral, no sentido maussiano, que orienta as relações entre indivíduos e o grupo social. Nessa equação, parece que quanto mais se participa do fandango de alguma maneira (ao tocar, cantar, dançar, além de fazer os instrumentos, preparar as comidas e o café...), tanto mais se é aceito pelo grupo como parte dele. Assim, a *honra* e o *esforço* aqui relacionam-se às diferentes formas de reciprocidade e indicam o dever de todos os membros de um grupo de partilhar de atributos sociais (BOURDIEU, 1971). Ao valorizar do *modo de ser caiçara,* o fandango revela dons e dádivas característicos do *ethos caiçara* — ou "ordem moral camponesa", nos termos usados por Klaas Woortmann (1987).

Destarte, além de celebrar os usos, os costumes e os valores do grupo por meio de suas danças, composições e de todas as práticas específicas de cada modalidade, o fandango relaciona-se às regras sociais internas ao grupo e pode-se dizer que, em certa medida, também gera determinadas regras. Além disso, mais externamente, o fandango contribuiu para dar visibilidade a essa gente e às suas manifestações populares. Inúmeros agentes contribuíram para essa valorização sem precedentes do fandango, há cerca de 15 anos. O Projeto Museu Vivo do Fandango certamente exerceu um protagonismo fundamental neste processo.

O Museu Vivo do Fandango

No final de 2011, o Comitê Intergovernamental para Salvaguarda do Patrimônio Imaterial da Unesco reunido em Bali (Indonésia) incorporou à Lista de Boas Práticas de Salvaguarda do Patrimônio Imaterial duas iniciativas brasileiras. Um delas foi o Projeto Museu Vivo do Fandango.

O projeto foi apresentado pela Associação Cultural Caburé com a parceria das seguintes instituições: Associação de Fandangueiros do Município de Guaraqueçaba, Associação dos Jovens da Juréia, Associação de Fandangueiros do Município de Cananéia; Associação de Cultura Popular Mandicuéra, Associação Rede Cananéia e Instituto de Pesquisa Cananéia.

Alguns dos membros dessas associações e fandangueiros solistas são retratados ao longo desta etnografia e discorreram a respeito do fandango. Determinados sujeitos apontam a iniciativa (o Projeto Museu Vivo) como o principal responsável pelo fortalecimento de uma rede que inclui, além de pessoas e entidades nativas ou compostas por agentes externos, lugares, objetos, memórias, histórias, identidades coletivas e lutas representados pela música e pela dança característicos do fandango caiçara: a rede do fandango caiçara ou um "museu vivo de si" — como teria sugerido L'Estoile, ao referir-se aos museus etnográficos.

Fotografia 39 – Grupo *Família Neves* da Ilha do Cardoso (Cananéia) apresentado no livro do Projeto Museu Vivo do Fandango

Fonte: Pimentel *et al.* (2006). Crédito da fotografia: Felipe Varanda

Ao analisar os principais produtos do Projeto Museu Vivo do Fandango[100], pode-se deduzir que sem uma inserção efetiva e de longo prazo da equipe do Projeto com os grupos ou pessoas detentores do fandango e sem o conhecimento dos lugares onde vivem essas pessoas — muitas das quais de dificílimo acesso —, aquele trabalho não teria sido viável. Transcrevo a seguir algumas informações divulgadas no site do Projeto importantes para compreender seu papel na vida dos caiçaras e sujeitos desta pesquisa:[101]

O PROJETO

O Museu Vivo do Fandango é um projeto que visa evidenciar e fortalecer uma rede de instituições, grupos e pessoas ligadas ao fandango, através da criação de um circuito de visitação

---

[100] Um livro, um CD duplo: um CD dos fandangueiros em São Paulo, outro no Paraná, além de um site na internet onde se acessa uma infinidade de informações.
[101] Quando me refiro ao Projeto ou mesmo 'Museu Vivo' (com maiúscula) me refiro ao 'Projeto Museu Vivo do Fandango' de autoria da Associação Caburé.

com diversos atrativos culturais nos municípios de Paranaguá, Morretes e Guaraqueçaba (litoral norte do Paraná), Cananéia e Iguape (litoral sul de São Paulo). O Museu não tem uma sede única, mas está distribuído pelas cidades, evolvendo casas de fandangueiros e construtores de instrumentos, clubes e casas de fandango, lojas de artesanato, museus, centros culturais e pontos de consulta [...]. O projeto Museu Vivo do Fandango, realizado em parceria com diversas associações locais, é coordenado pela Associação Cultural Caburé e patrocinado pela Petrobras, através do Programa Petrobras Cultural 2003/2004 e da Lei Federal de Incentivo à Cultura.

PRINCIPAIS AÇÕES DO PROJETO:

REUNIÕES PREPARATÓRIAS, "conversas e reuniões com fandangueiros, grupos de fandango, agentes locais de cultura, turismo e educação e com o poder público local e estadual. Período: 15 a 24 de maio de 2005 Locais: Paranaguá, Morretes, Guaraqueçaba, Cananéia e Iguape

GRAVAÇÕES

Registros em áudio, fotografia e vídeo de 282 fandangueiros para a edição e organização do livro, do CD duplo e do site do projeto. Período: junho e julho de 2005. Locais: Paranaguá, Morretes, Guaraqueçaba, Cananéia e Iguape

OFICINA DE IDÉIAS E PROJETOS CULTURAIS

Oficina realizada em Iguape reunindo 14 jovens integrantes de grupos de fandango e agentes culturais dos cinco municípios, com o objetivo de trocar experiências e formular projetos de estímulo ao fandango para serem geridos localmente. Período: 28 de julho a 1º de agosto de 2005 Local: Iguape

CIRCUITO DE VISITAÇÃO

Circuito constituído por casas de fandangueiros e construtores de instrumentos, clubes e casas de fandango, lojas de artesanato, museus, centros culturais e pontos de consulta.

PONTOS DE CONSULTA

Em parceria com pesquisadores e autores, com as prefeituras e associações locais, o projeto reuniu e disponibilizou exemplares doados e cópias autorizadas de materiais já editados ou publicados sobre o fandango nos sete pontos de consulta ao longo dos cinco municípios onde o projeto é realizado [...].

OFICINA PARA EDUCADORES

Oficinas para educadores das redes pública e particular dos cinco municípios, abordando as possibilidades de aproveitamento do circuito de visitação e do acervo disponível nos pontos de consulta para realização de atividades educativas sobre fandango e cultura caiçara. Todas as oficinas contaram com a participação de um ou dois fandangueiros locais.

Período: abril e maio de 2006 Locais: Paranaguá, Morretes, Guaraqueçaba, Cananéia e Iguape

DIVULGAÇÃO PARA A REDE TURÍSTICA

Apresentação do Museu Vivo do Fandango e convite para participação nos eventos de pré-lançamento realizados através de contatos diretos e de envio de cartas-convite a hotéis, restaurantes, agentes, associações e instituições de turismo. Distribuição de quadros informativos sobre o Museu Vivo do Fandango em 15 estabelecimentos de circulação de público em cada um dos cinco municípios. Período: abril e maio de 2006. Locais: Paranaguá, Morretes, Guaraqueçaba, Cananéia e Iguape

LIVRO

Livro contendo histórias de vida e fotos de fandangueiros, mapas das cidades, além de textos sobre o fandango e sobre a região. Lançamento em julho de 2006

CD DUPLO

Dois discos - um com os fandangueiros dos municípios de São Paulo e outro com os do Paraná - mostrando um pouco da variedade de formas de tocar dos grupos e fandangueiros de toda a região. Lançamento em julho de 2006

ENCONTRO DE FANDANGO

Encontro reunindo fandangueiros dos cinco municípios para marcar a inauguração do Museu Vivo do Fandango e o lançamento do livro e dos CDs do projeto.

Período: 14 a 16 de julho de 2006. Local: Guaraqueçaba/ PR. Co-realização: Prefeitura Municipal de Guaraqueçaba, Associação dos Fandangueiros do município de Guaraqueçaba, Associação de Cultura Popular Mandicuéra, Associação Jovens da Juréia, Associação Rede Cananéia.

A própria concepção de "museu vivo" seria o diferencial do projeto em relação a tantos outros que tratam de "cultura popular" de que se tem notícia. Por certo, tal perspectiva seria resultado da compreensão do termo "museu vivo" de membros da equipe da Associação Caburé — alguns dos quais pesquisadores com dissertações e teses realizadas na UFRJ. Os coordenadores do projeto também admitiram em um artigo recente que:

> [...] a expressão "museu vivo" foi pensada em como um contraponto bem humorado à ideia de que o fandango estaria "morto", expressão muito empregado pelos fandangueiros mais velhos [...]. A proposta de partir de um museu vivo se pautou, desta forma, pela perspectiva de uma reapropriação

material e simbólica de suas áreas de uso por meio do referenciamento de um território cultural, especialmente relacionado à prática do fandango [...]. o modelo Museu Vivo – para além do Fandango - mostra-se como um alternativa viável nas revisões sobre qual deve ser o papel dos museus e sobre os **processos políticos de gestão de patrimônios culturais e ambientais** (PIMENTEL *et al.*, 2011, p. 7, grifo próprio).

Foi por incentivo desses mesmos sujeitos e coordenadores do projeto que se iniciou a discussão sobre a patrimonialização do fandango caiçara junto aos membros das associações de fandango, famílias e comunidades que fizeram parte do projeto, entre 2004 e 2007, sobretudo durante os dois grandes encontros (o I e o II Encontro de Fandango e Cultura Caiçara) realizados respectivamente nos anos de 2006 e 2008, em Guaraqueçaba, no litoral norte do Paraná. O último encontro chegou a reunir mais de 350 fandangueiros durante quatro dias de festa (ver cartaz a seguir).

Figura 9 – Cartaz divulgando o evento organizado pelas comunidades em parceria com a equipe do Projeto Museu Vivo do Fandango e demais entidades parceiras

Fonte: site do Projeto Museu Vivo do Fandango

Ainda que a patrimonialização e os fundamentos da museologia sejam temas amplos e, vale dizer, complexos, resta aqui se considerar que a ideia de "museu vivo" parece-me uma notável forma de apreender o que essa gente quer dizer sobre si mesma, para si mesmos e para as demais pessoas.[102]

Discutirei brevemente no item a seguir determinados aspectos da museologia e de sua suposta relação com a identidade patrimonial, referindo-me ao contexto particular que esta etnografia procura desvelar.

Aprisionados em uma vitrine: museologia, identidade patrimonial e dilemas de museu

Embora muitos países europeus tenham criado coleções de objetos etnográficos desde a era das navegações, foi no final do século XIX que os museus etnográficos, propriamente ditos, começaram a ser organizados, dentre os quais pode-se destacar: o Museu Etnográfico de São Petersburgo (1866), o National Museum de Leiden, na Holanda (1837), e o Peabody Museum, em Harvard (1866) (SCHWARCZ, 2005, p. 125).

No período entre as duas grandes guerras mundiais, os principais museus etnográficos franceses foram inaugurados (Musée Trocadéro, no início da década de 1930), Musée National des Arts d'Afrique et d'Océanie (criado originalmente como uma exibição colonial em 1931) e o Musée de l'Homme (inaugurado em 1938). Esses então passaram a ser uma referência para o mundo todo.

Foi somente na ocasião da inauguração do Musée du Quai Branly, em 2006, que análises antropológicas mais críticas a respeito da relação entre museologia, patrimônio cultural, etnografia e história da arte fecundariam. Dentre os principais questionamentos, debatia-se se os museus seriam fruto das pilhagens feitas pelos países colonialistas. Para Lara Filho (2007, p. 19), "Tais objetos eram exibidos como troféus de conquista e eram utilizados para reforçar a nacionalidade e a identidade dos povos dominantes e mostrar uma 'superioridade' de sua civilização sobre aquela dos povos dominados".[103]

---

[102] Uma das ações promovidas pelo Museu Vivo do Fandango foi identificar as casas dos fandangueiros e fornecer a esses, além de cópias do livro e CD produzidos, uma placa de identificação impressa em papel grosso a ser colocada na porta da casa. Muitos dos fandangueiros retratados que visitei ostentam orgulhosos a "plaquinha" fora da casa, já meio desbotada pelo tempo considerando-se que o Projeto encerrou-se oficialmente. Alguns emolduraram a tal placa e a exibem na sala da casa.

[103] *Cf.* artigo publicado eletronicamente de Lara Filho (2007), "O museu no século XXI ou o museu do Século XXI?". Disponível em: http://www.forumpermanente.org/.painel/artigos/dlf_museu/. Acesso em: nov. 2012.

No Brasil, debates têm sido fecundos nas últimas décadas entre pesquisadores, curadores e outros profissionais a respeito da relação entre patrimônio cultural e identidade coletiva, sobretudo acerca das questões indígenas e de novas e velhas concepções e finalidades dos museus que buscam entender o caráter patrimonial e educacional dos museus.

No ano de 2012, houve o I Encontro Paulista Questões Indígenas e Museus e o III Seminário Museus, Identidades e Patrimônio Cultural, organizado pela Secretaria da Cultura do estado de São Paulo e pela USP (MAE) que pretendeu "ampliar a discussão sobre a revisão pela qual os museus etnográficos vêm passando e trazer à luz os elementos que possam colaborar para a construção de novos e renovados sentidos para as coleções etnográficas".[104]

Não pretendo me estender muito nesse tema que está sendo revisitado no Brasil e que resultou até mesmo em um convênio acordado entre a Associação Brasileira de Antropologia (ABA) e o Instituto Brasileiro de Museus (Ibran).[105] Um de seus primeiros frutos foi a organização de um seminário no pré-evento da Reunião Brasileira de Antropologia, no ano de 2012. Outros eventos similares deram continuidade aos debates. Um dos pontos cruciais das discussões que reúne museólogos e antropólogos trata da proeminência dos aspectos estéticos na exposição e na análise dos objetos culturais.

> [Na inauguração do museu Quai Branly] Pairava no ar a suspeita de que essa súbita visibilidade das artes "primitivas" teria como finalidade principal a valorização desse segmento do mercado de arte, o que de fato ocorreu. Mas, acima de tudo, a querela se dava entre os adeptos da valorização formal das peças oriundas de sociedades não-ocidentais e os defensores de sua contextualização enquanto vias de acesso a outras culturas (GOLDSTEIN, 2008, p. 295).

Segundo a antropóloga Ilana Seltzer Goldstein (2008), quando o Quais Branly foi inaugurado, determinados antropólogos teriam protestado contra

---

[104] *Cf.* do prospecto do evento divulgado em: http://www.forumpermanente.org/.event_pres/encontros/questoes-indigenas-e-museus. Acesso em: jun. 2012.

[105] "O Instituto Brasileiro de Museus (Ibram/MinC) assinou Acordo de Cooperação Técnica com a ABA. O objetivo da parceria é promover a construção do conhecimento nas áreas antropológica e museológica. Dentre as atividades previstas no acordo estão a realização de exposições itinerantes, reunião de acervos digitais com vistas a construção do Museu Digital da História da Antropologia e coedição de livros eletrônicos e impressos com temas relacionados a Antropologia, Patrimônio, Museu e Divulgação Cultural, assim como propiciar subsídios para a criação de museu sobre Cultura Brasileira em Brasília. O termo terá vigência de 16 meses, podendo ser renovado por igual período". *Cf.* site do Instituto Brasileiro de Museus, Boletim eletrônico, ano VIII, n. 381, 1º a 7 de dezembro. Disponível em: https://www.gov.br/museus/pt-br. Acesso: maio de 2012.

o etnocentrismo inerente à proposta do museu, que acabava por encobrir desigualdades políticas e culturais. Ao pensar sobre a possíveis elos entre a arte e a antropologia, a autora salientou que artistas, amantes da arte e etnólogos teriam se unido no início do século XX, na Europa, em busca de retratar povos distantes atraídos pelo "exótico". Os museus criados ao longo do século XX no mundo todo, com algumas exceções notáveis, teriam enaltecido as características plásticas da arte classificada como "primitiva", separando os artefatos dos contextos históricos e sociais de onde foram produzidos. Uma das maiores polêmicas deu-se em torno da seguinte questão: os objetos expostos são expressões/testemunhos etnográficas ou criações estéticas (arte)?

> Ao examinarmos as artes não-ocidentais, estamos diante de objetos que operam, simultaneamente, como **testemunhos etnográficos** de outras culturas aos olhos ocidentais, **como manifestações estéticas com forte poder de comunicação, no seio das comunidades em que são produzidas**, e como **mercadorias** com valor de troca, no mercado global. Trata-se de dimensões distintas, sobrepostas e interrelacionadas.
>
> Pode-se até priorizar uma ou outra dimensão, mas é fundamental não perder de vista as demais. Assim, a abordagem predominantemente estética que deu a tônica do projeto Branly, desde o início, continua a merecer debate (GOLDSTEIN, 2008, p. 310, grifo próprio).

Os grifos anteriores podem bem evocar três principais possibilidades analíticas que proponho para entender os objetos do patrimônio cultural (material ou imaterial), universo onde manifestações culturais como o fandango estão oficialmente situadas: primeiro, "ritual sagrado" (*ritual em si*); segundo, "ritual em festa" (*manifestação*); terceiro, artefato (*mercadoria*). No fandango caiçara, a meu ver, os três possíveis eixos de análise podem ser operados em circunstâncias distintas.

Outras duas questões polêmicas acerca dos objetos etnográficos em museus apontados por Goldstein dizem respeito à "autenticidade" dos objetos e os direitos autorais de saberes e fazeres tradicionais. Ambos aspectos costumam ser analisados ao se discutir patrimônio cultural imaterial.[106]

Diante do cenário proporcionado pelo museu do Quai de Branly, Goldstein propõe a seguinte questão: a diversidade cultural nos oferece várias

---

[106] *Cf.* tese de Penteado Júnior (2011) sobre a ideia de "autenticidade" e o texto de Manuela Carneiro da Cunha (2009) sobre direitos autorais em *Cultura com Aspas*.

possibilidades de interpretação dos objetos ou há uma impossibilidade de "tradução cultural"? (GOLDSTEIN, 2008, p. 311). Ou seja, transpondo essa discussão para o tema aqui em análise: seria possível entender o fandango em suas múltiplas dimensões sem fazer parte daquele grupo social específico? Muito longe de afirmar uma visão única e essencial do fandango, dos caiçaras e do lugar que ocupam, procuro aqui apresentar uma leitura pessoal sobre os processos sociais específicos e de seus objetos que se entrelaçam (como nas redes de pesca de meus interlocutores) a alguns dos temas mais clássicos da antropologia: identidade, reelaboração cultural, reciprocidade, sociabilidade, patrimônio, ritual e performance, direitos culturais e humanos.

Museus etnográficos, assim como objetos de folclore — objetos e práticas sociais objetivadas, como nos esclareceu Gonçalves (2005) —, teriam praticamente o mesmo propósito primordial: preservar um bem-criado no passado e que parece estar em vias de ser perdido, raro e valioso, portanto, e que costuma conferir poder ou prestígio aos seus colecionadores/detentores do patrimônio. Essa concepção de museu como lugar de guarda e de conservação de bens em vias extinção tem sido criticada pela moderna museologia no mundo todo.

Discute-se mais contemporaneamente que os museus devem prestar antes à criação, à comunicação e à produção de conhecimento. Vários projetos políticos motivaram a criação de museus etnográficos em diferentes épocas e nos diversos lugares: coleção de curiosidades e troféu de conquistas coloniais; reificação e caricaturização de culturas alheias; valorização monetária da arte primitiva; testemunho etnográfico; "núcleos de resistência"; "guarda de tradições"; "morada sagrada".[107]

Mais recentemente, surgem novas concepções e usos de museus etnográficos e de museus comunitários. Nas mais recentes discussões sobre as funções e os objetivos dos museus, sublinha-se que museus não deveriam ser meros depósitos de obras de arte ou de artefatos de determinados grupos culturalmente distintos, mas deveriam provocar reflexões, debates. A relação entre museus (etnográficos e comunitários) e as lutas em que estão envolvidos povos tradicionais e/ou grupos populares destaca entre as principais funções da museologia contemporânea promover mudanças na sociedade ou nos grupos aos quais se destinam.

---

[107] As três últimas alternativas foram propostas por James Clifford em seu artigo "Museologia e Contra-história: viagens pela costa noroeste dos Estados Unidos" traduzido e publicado em 2009 no livro organizado por Abreu e Chagas, *Memória e Patrimônio: ensaios contemporâneos*.

Para finalizar esta reflexão, volto a algumas narrativas de meus interlocutores caiçaras pela força de seus pensamentos que demonstram a maneira inevitavelmente integrada que vêm o passado e o presente, a vida no *"sítio"* e na cidade, o sagrado e o profano; a natureza e a cultura.

"Entralhando a rede" do fandango[108]

É um pouco estranho ter de esquartejar o fandango, separando a cabeça, do tronco, das pernas e braços para entendê-lo analiticamente, ao passo que meus interlocutores o tempo todo referem-se ao fandango associando de maneira indivisível o trabalho, a diversão, a fé...: *"no fandango está tudo junto!"*, diz-me um caiçara. Assim, assumindo essa incomoda condição de "esquartejadora", aqui apresento aspectos e dimensões que mais me chamaram a atenção, agora apartados forçosamente, a serem analiticamente entrelaçados neste trabalho. Eu não saberia dizer se esse é o caminho metodológico mais correto a ser trilhado. Mas optei por ele talvez para (de)monstrar o caráter fragmentado e descontínuo dos *lugares* e dos *tempos* em que o fandango manifesta-se. Não me parece haver uma "essência no fandango", mas percebo haver antes muitas possibilidades, caminhos, movimentos, leituras que são aqui apresentados propositalmente desconectados, como fios soltos, que depois procurarei tecer em uma trama só.

Na rede do fandango, estão *"entralhados"*: a rabeca, a casa de farinha, as rezas, os tamancos, a viola branca, a roça de mandioca, as famílias, *"a reiada"*, a caça, a autoestima, o fogão a lenha, o medo, a praia, o rio, a mata, o mangue, o café e o bolo de milho, a cataia, as domingueiras, a canoa de um tronco de *"guapirivú"*, os remos de canela; as casas e centros comunitários, o telhado de *"guaricana"*, as modas, as danças, os celulares e seus toques com modas típicas de rabeca, a tainha, a manjuba, a salteira, os cães, a caixa (tambor), os *"bailes"*, os namoros, as ervas que curam e os mestres curadores, a lógica do *"quente e frio"*, São Gonçalo, São Miguel Arcanjo e tantos outros santos, a caixeta e a canela de onde se faz os instrumentos, o *"covo"*, o *"cerco"*, o *"jerival"*, a alegria e a devoção, o passado, o presente e o futuro.

É com grande esforço que meus interlocutores caiçaras conseguem separar esses "objetos" e é com esforço ainda maior que tento reorganizá-los e dispô-los de maneira atraente, quiçá como em um museu etnográfico

---

[108] Não me refiro aqui necessariamente à teoria de "ator-rede", de Bruno Latour, mas antes à imagem metafórica "rede de significados" que Geertz propõe em alusão à cultura.

francês para que possam ser apreciados e para que evoquem sensações e pensamentos sobre essa gente, suas histórias e lutas e sobre o lugar onde viveram no passado e vivem no presente. Vejamos:

> Então, esse conteúdo de dança, de mutirão, eles dançavam quando varava uma canoa,[109] eles faziam canoa enorme de três palmos e meio de boca, quatro palmo de boca, de canela, e aí juntava sessenta homens pra vará uma canoa e a noite tinha o baile, que é o fandango. Fazia esses mutirão, juntava esse pessoa pra vará a canoa e na época a casa era tudo de chão batido, de terra mesmo, dançavam no chão. Dançavam baile, dançavam também o dito passadinho, dançavam o tal do batido... (Ciro, em entrevista em sua casa no Guaraú, em novembro de 2012).
>
> [...] e aí está o surgimento do caiçara: o modo de vida se misturou de um certo jeito, o modo de fazer a roça, o modo de cultivar, foi se misturando, cada um, cada descendência, ou ascendência, colocou a sua parte ali e viramos os caiçaras! (Cleiton, em entrevista no Guaraú, junto com Ciro, no mesmo dia e local da narrativa anterior).
>
> [sou] Caiçara mesmo! Tem gente que conhece o caiçara pela fala, sabia? E caiçara conhece o fandango. Minha mãe conhecia tanta dança: era tirana, tiraninha, era nhamaruca, era tudo, dança do limão, dança do lenço, dancei no SESC da Pompéia. Mais nos mutirão, no fim de semana. Todo sábado. (Dona Maria das Neves, do Sandália de Prata).

Apresento aqui de maneira ainda apartada concepções do fandango identificadas nas histórias que me contam e nas reflexões de meus interlocutores e interlocutoras.

Nos capítulos subsequentes (Capítulos 5 e 6), buscarei articular todas essas dimensões ou *planos* do fandango, como fazem os caiçaras, ao tecer suas redes e construir os cercos de pesca.

Ciclos do trabalho e fandango

O fandango seria uma continuidade da "lida na roça" ou na pesca. À medida que essas atividades foram proibidas e recriminadas pelas autoridades ambientais, todo o sistema teria colapsado: a roça (e as atividades extrativistas e aquelas relacionadas à pesca), a festa/o ritual (fandango), a

---

[109] *"Varar canoa"* refere-se ao transporte da mata para próximo da casa e do rio a canoa quase pronta, geralmente feita de um tronco só.

convivência na comunidade, os saberes (referentes à roça, às madeiras para fazer os instrumentos, canoa, remédios)... ou seja, de certa forma parece ter sido gravemente ameaçado o *modo de vida* caiçara.

> *Eu lembro que a gente morava na zona rural, perto do Itimirim [perto do pé da serra do Itatins] e depois a gente mudou pro Retiro. Naqueles tempos, a gente fazia o mutirão. A gente trabalhava no sítio mas a gente não pagava ninguém pra fazer nada pra gente. A gente vivia da lavoura, tinha de tudo: arroz, mandioca, milho... Então se você queria derrubar um terreno, até a beira da porta podia. Naquele tempo o IBAMA não proibia plantar as coisas. A gente queria fazer uma roça e como era só meu pai sozinho, nós era tudo pequenininho, ele não ia [poder] fazer um roçado grande de arroz, plantar para dar 100, 150 sacos de arroz sozinho. Então ele fazia o convite pra vizinhança. Morava tudo pertinho. Você fazia o convite, a turma trabalhava, mas só que você não pagava. Você dava a comida. Se era de manhã, dava o almoço. Se era na parte da tarde, dava a janta. Para eles, era o pagamento... Todo sábado tinha aonde dançar. [O fandango] era feito nas casas da gente, casas tudo de assoalho alto. A gente dançava ali.* (Maria das Neves, Iguape).

Para ilustrar a relação do fandango com os ciclos produtivos, apresentarei calendários das festas e dos ciclos (ou *"safras"*, como costumam chamar os nativos dali) que se combinam em vários momentos a seguir.

Tabela 1 – Períodos em que se organiza o fandango na Juréia[110]

período	Festas: de santo, para comemorar *"safra"* de peixe ou *"lida"* na roça
Dezembro	Nossa Senhora de Guadalupe
Entre Natal e 6 de janeiro	*"Reiada"* (festa dos santos reis)
Fevereiro	Carnaval
Junho	Santo Antonio, São João, São Pedro e Santa Isabel
Setembro	São Miguel Arcanjo
Novembro	Festa do robalo
Em qualquer época do ano	Mutirões, aniversários, batizados

Fonte: a autora

---

[110] Segundo informações dos *fandangueiros* Luis Adilson e Seo Carlos, ambos do Prelado em Iguape (SP).

Ciclos produtivos:

- *"Safra do robalo"*: verão.
- *"Safra da manjuba"*: verão.
- *"Safra da tainha"*: inverno.
- Roça de mandioca:
  - Plantio: set./out.; dez./jan.
  - Colheita e fabricação de farinha: dez./maio.

No passado, o fandango era motivo para as pessoas que moravam em bairros e comunidades distantes se encontrarem, primeiro para trabalhar, depois para festar. Claro, uma forte motivação do encontro era *"a festa"*, *"a diversão"* do fandango. Assim como o mutirão ou *"ajuntório"* no passado dessa gente que permitia juntar as pessoas para desenvolver algum trabalho coletivo (relativos à roça, à pesca, à confecção de canoa...), percebo nas narrativas de meus interlocutores e nas observações durante o trabalho de campo que é o fandango que desempenha esse mesmo papel: viabilizar o encontro das pessoas, construir ou fortalecer laços de amizade e de outras trocas, restabelecer certas regras de convivência, ainda que de maneira mais apropriada aos tempos de hoje. O fandango estava e ainda está totalmente inserido em um complexo de reciprocidades.

O fandango representa um *tempo* ou um *lugar* onde essas pessoas podem ser o que são, reconhecem-se e reconhecem nos parceiros e parceiras seu mesmo modo de vida e a mesma visão de mundo. Parece ser o momento em que podem compartilhar dos mesmos valores, costumes, problemas, sonhos, expectativas. Assim, tanto a motivação para tocar, *cantar e dançar a noite toda*, quanto o prazer e a diversão que meus interlocutores dizem sentir durante as apresentações e bailes de fandango poderiam talvez ser traduzidos pela "alegria da convivência".

> *O fandango era tipo de uma diversão, não tinha forró, não tinha festa nenhuma. Tudo mundo se aprontava, comprava roupa nova, era o tipo das pessoas se juntarem, ficar mais perto. Ia chegando, ia comendo, iam dançando, a noite tinha café, ficava na chapa [do fogão a lenha]. Dançava e outra [mulher] vinha e fazia café. Dava vontade de fazer café e fazia (as mulheres). Dançavam o batido, balanço, misturavam, quando tavam cansado dançavam outra coisa...* (Glorinha).

> *Eu conheço o pessoal do Itacuruçá, da ilha do Cardoso, a gente tem um contato grande com eles, com o grupo de Cananéia, do São Paulo Bagre de Cananéia, tem o pessoal do Abacateiro [Varadouro, PR] A gente conhece o grupo lá de Guaraqueçaba, quando tem esses encontros a gente vai e começa a rever esses amigos. Às vezes eles chamam a gente pra tocar, a gente vai, a gente convida eles pra vir aqui [...]. Contato, a gente tem bastante contato. O objetivo [deles e nosso] é o mesmo: difundir o que é a cultura caiçara. Chamar o jovem pra mostrar o que a cultura caiçara tem de bom. A diferença [com esses outros grupos] é o ritmo, a afinação, e a dança. Lá eles têm forte o "batido", em Morretes, Guaraqueçaba, Paranaguá, no norte do Paraná. Lá a gente vê crianças de 7 ou 8 anos já batendo o pé!* (Pedrinho).

Em um dos livros que mais aprecio de Carlos Rodrigues Brandão, *Partilha da Vida* (1995), o antropólogo analisa que a "solidão" não é um sentimento bem aceito na comunidade que pesquisou no bairro rural Catuçaba, em São Luiz do Paraitinga (SP), entre 1979 e 1986. A experiência da vida e do trabalho deveria ser orientada sempre pela convivência, pelo "estar junto", trabalhar junto com a família, os amigos, ou seja, o bom e o bem seriam a constante partilha:

> A solidão não é um costume camponês e um solitário é considerado 'um coitado', um 'infeliz', 'um triste', um 'abandonado' [...] todos dirão que se convive sempre que se pode porque a presença do outro, ao lado de ser 'boa' em si quando o outro é 'bom'; é um bem, é aquilo através do que a pessoa pode experimentar seus próprios sentimentos. Ser 'uma pessoa boa'; ser 'um homem de bem'; ser 'alguém querido' é um estado do ser testado continuamente através da convivência [...]
>
> A solidão é vivida e imaginada como um trânsito entre situações de presenças. È um estágio passageiro daquilo de que a convivência é um estado e, por mediar presenças, afirma em si o desejo do outro. Eis aqui um tipo de sociedade regida por condições naturais e sociais que do passado até hoje dificultam em parte a prática dos encontros e que é, no entanto, tão intencionalmente relacional (BRANDÃO, 1995, p. 125-129).

Sujeitos que viveram próximos ao litoral levando um tipo de vida parecido ao descrito por Brandão ainda hoje procuram no fandango o tempo e o espaço para conviver, encontrar o outro, divertir-se. Parece ser esse desejo que também move essas pessoas a frequentarem aos sábados o *"baile"* no *Sandália de Prata* no salão de Dona Maria das Neves ou as domingueiras no Rocio, no quintal do "Nelsinho", ambos os locais bem conhecidos em Iguape onde se pode vivenciar ainda o fandango "mais comunitário". Também mais ao sul, nas proximidades de Cananéia, tive notícia e presenciei vários encontros de fandango onde era perceptível a alegria de estar ali, de fazer parte daquele grupo, de brincar, de dançar, cantar e tocar todos juntos.

Devoção, fandango e cura

Certos fandangueiros que conheci em Cananéia contaram-me que, vez ou outra, viajam para Iguape (distante cerca de uma hora de automóvel desde Cananéia) para participar do *"baile do Nelsinho"*. É sempre uma "troca": tocam e cantam em troca de alguma refeição e, sobretudo, em troca da amizade, da diversão e do prazer de estar junto com gente que viveu e ainda vive momentos muito parecidos com aqueles de suas próprias vidas. A *amizade* e o *prazer de tocar junto* é revelado em trechos das mais tradicionais modas de fandango de caiçaras de SP:

> *...Fui descendo rio abaixo / Sem ter onde me parar / Convidei meu coleguinha*
>
> */ Para comigo cantar / A dor que meu peito sente / Agora eu vou falar / Papagaio louro que veio da beira-mar...* ("Papagaio Louro", composição tradicional de domínio público).[111]
>
> *... Meu amigo, camarada / Ai quando nós se ajuntamos / Fazemos chorar as pedras / E depois também choramos / O galo canta...* ("O Galo Canta", composição tradicional de domínio público).
>
> *...Quando eu pega no viola / Eu já sei por quem pergunto / Como fica bonito / Dois amigos cantar junto.../ Meu camarada irmão / Eu por vós dou minha vida*
>
> */ Por outro darei ou não...* ("Compra do Palmito", composição tradicional de domínio público).

Não é só brincadeira e diversão que se encontra no fandango, contudo. Há ainda um outro aspecto relacionado ao fandango que não tratei aqui ainda: o poder de cura que lhe atribuem alguns dos caiçaras que conheci, especialmente na Juréia.

Durante meu trabalho de campo, soube de muitas histórias sobre mestres curadores ligados à doutrina espírita que no início do século XX vieram de sítios de Pariquera-Açu, cidade localizada entre Registro e Cananéia, para refugiarem-se onde se situa a estação ecológica. Pessoas que cresceram e

---

[111] Essa *"moda"* e as duas que seguem foram divulgadas no CD do Projeto Museu Vivo do Fandango.

viveram na Cachoeira do Guilherme ou no Rio Verde — grande parte de meus interlocutores em Iguape e Peruíbe — contaram detalhes dessas histórias. Os mestres que curavam com ervas da mata eram conhecidos por *"tavaranos"* (em alusão à Henrique Tavares).

> *Naquele tempo ninguém ia em médico. Eles curavam, Alencar Prado, Adriano, pai deles... as vezes conta que a gente achava impossível eles darem conta, eles davam conta. [Conta-me alguns casos de cura] Foi Plácido Pereira [avô da esposa de Seo Carlos], mestre dele, o Tavares, pai de Sátiro que ensinou essas danças... em 32 [1932]" A dança, tinha esse povo dos Tavares, o finado Sátiro era filho do velho Tavares. Essas dança foi passada pra eles. Eles eram de Pariqüera. O Henrique Tavares [pai de seu Sartiro] era português, era filho de português, esse grupo de gente era um grupo grande, e ensinou aquele ali [mostra uma foto na parede], era avô dela [sua esposa], Mané Plácido Pereira, ele curava, ele e o Sátiro. Esse tipo de dança, eles corrigiam, era um grupo muito grande. (Seo Carlos Maria, do Prelado, Iguape).*

Um dos mais famosos curadores na região, Seo Sátiro, teria fundado a localidade conhecida por Cachoeira do Guilherme e era considerado por todos o principal promotor dos bailes de fandango por lá. Mestre curador respeitadíssimo até hoje, Seo Sátiro era sogro de Pradel,[112] um dos mais prestigiados fandangueiros da Juréia, irmão de Ciro que apresentei antes aqui. O saudoso Pradel teria explicado a um pesquisador o seguinte:

> *[...] todas as religiões tem os hinos deles. E a nossa aqui é São Gonçalo, folia de reis, alvorada, tudo num caminho só, viu. Isso é o costume e o hino nosso da região. Você me pergunta sobre a religião espírita aqui? Bem, foi considerado por homens muito mais antigo que eu, o Henrique Tavares que era avô de Paula [esposa de Pradel], consideram pelo evangelho São Miguel Arcanjo o anjo mensageiro salvador. Prá nós aqui São Migué é o anjo pesador das culpas, ele tem uma balancinha assim, é um anjo protetor, salvador das culpas. Quem trouxe esse adágio foi Henrique Tavares, pai de meu sogro, Sátiro. Eles puseram o povo, eles tinham rebanho por que eram curador, muito bom. Quando tinha algum doente, ele já sabia, ia lá para curar. Essa religião espírita que tinha aqui foi ganhado por este poder e essa fé. Ele que trouxe esse povo pra cá, trouxe sessenta famílias pra cá, de Pariquera-Açu, sessenta família, Henrique Tavares. E quando ele trouxe esse pessoal aqui não tinha ninguém aqui, era só mata virgem, bicho do mato. Em Pariquera*

---

[112] Infelizmente, falecido durante a redação final deste trabalho.

> *O pessoal começou se entrever assim com o povo dele [espíritas]. E ele recolheu tudo e trouxe para cá. Esse povo que são a fé, são a crença e fazia aquela emanação.*
>
> [Entrevistador: Era a religião espírita que ele implantou aqui?]
>
> *Pradel: Só eu posso te falar, nesse gravador, e você pode espalhar pro mundo todo que a verdadeira religião do mundo é a espírita. E legítima, não tem mais. Por que? Porque... acredita em encarnação, encarna e desencarna, a pessoa nasce encarna, morre, desencarna e o espírito segue na vida eterna.... A gente costuma fazer um agradecimento, ne? Oi, vou falar pro cê: Cada um tem um dom, não tem? Eu, eu sou uma pessoa que gosta de tocar, gosta de cantar e gosta de trabalhar com verso. Então pra mim fazer isso tenho que fazer uma cantoria pra fazer isso, ne. É um serviço.*[113]
>
> (Pradel, *in memoriam*).

Um aspecto curioso, mas que não é novidade nos cultos religiosos em nosso país, é que os que se dizem espíritas (e são muitos nas comunidades da Juréia!), cultuam santos católicos e mantêm em suas casas imagens de São Miguel Arcanjo ou São Gonçalo (ver a fotografia logo adiante).

Outro aspecto bem particular da religiosidade dessas pessoas — cristãs: espíritas ou católicas — é que a fé é sempre entremeada pela alegria e brincadeira características do fandango nas festas de santos reis (aqui chamada de *"reiada"*).

Talvez, seja o caso de se fazer aqui um paralelo e lembrar que nos tradicionais ternos de santos reis, que ainda podem ser encontrados no interior de São Paulo e em outros estados, o palhaço desempenharia um pouco este papel: o de "anti-ritual", realizando um ritual às avessas afirmando o profano, ao invés do sagrado, ao fazer deboche e negar as dádivas, como tão bem esclareceu Brandão (1980, p. 47).

Anos depois, tive acesso a uma entrevista concedida por Seo Sátiro a pesquisadores da Faculdade de Educação da USP, em que explica da seguinte forma essa curiosa conjunção profano-sagrado.

Como costumava dizer o falecido Seo Sátiro, o grande mestre-curador da Cachoeira do Guilherme:

---

[113] *Cf.* entrevista transcrita de um áudio disponibilizado ao público pela ONG Mongue no site: www.mongue.org.br. Acesso em: maio 2012.

Deus quer distração. É Deus que manda, pra gente não ficar imaginando bobeira. É porque a bobeira aniquila a gente. E a distração traz a paz.[114]

Fotografia 41 – Registro da imagem de São Gonçalo ao lado dos livros kardecistas da doutrina espírita na casa de meus interlocutores caiçaras na Juréia

Crédito: a autora

Todos contam que Seo Sátiro curava com ervas que colhia na mata. Seguia os preceitos do "quente e frio" das doenças e dos alimentos e ervas.[115] Conhecia remédio para todos os males. Muita gente que conheci confessou ter tido alguma experiência de cura ou conhecia alguém bem próximo que havia sido curado por ele. Há até uma história de cura de uma menina que sofria por paralisia infantil. Conheci ela já moça, na época do meu campo, vistosa e integrante do grupo de fandango "Jovens da Juréia".

Não há como afirmar que essas pessoas acreditam que o fandango cure. Nenhum de meus interlocutores afirmou isso diretamente. Mas muita gente, na Juréia, costuma fazer uma associação entre a "cura" (desde um simples mal-estar até doenças graves), os "mestres espíritas" e o fandango. A reciprocidade seria então exercitada entre essas pessoas, no passado e do presente, de acordo com a seguinte conjugação: *dar* a cura; *receber* lealdade, respeito, devoção; *retribuir* com "distração". Nas palavras do falecido mes-

---

[114] *Cf.* Relato de Sátiro Tavares para Maria Luiza Schmidt e Miguel Mahfoud, pesquisadores da Faculdade de Educação da USP, acessado no site da Mongue citado antes e acessado na mesma data.

[115] Maiores detalhes da discussão sobre "a lógica do quente e frio" na cosmologia caiçara serão reservados para um outro trabalho.

tre Sátiro, que infelizmente não conheci, ao contrário do "aniquilamento", quando há festa e fandango, há paz, há saúde.

Referindo-me nesse momento mais diretamente ao fandango, a reciprocidade parece ser expressa da seguinte forma: *dar* trabalho, *receber* festa, brincadeira, diversão e *retribuir* com amizade, compadrio, lealdade. Ou então: *dar* promessa, *receber* a graça, *dar* festa (fandango).

> *Pra qualquer santo se dançava o fandango. Qualquer santo!* (Norma do Ariri).
>
> *Festa de Santo Antonio, São Pedro, tinha missa, procissão, era o fandango. Em São Paulo Bagre se faz festa de São Paulo no dia 25 de janeiro com fandango.* (Seo Angelo do Acaraú, Cananéia).
>
> *Na festa de são Gonçalo [há um] baile muito bom, baile familiar, junta muita gente. [...] Aqui é muito religioso. A gente faz até o carnaval. Aí todo mundo guardou a viola, acabou. Agora se faz o "desenterro do carnaval" no sábado de aleluia.* (Dona Maria das Neves de Iguape).
>
> *Neste ponto de encontro, tinha um momento que era do baile, do riso, da festa, da alegria onde você podia expor isso pra fora, rindo...* **mas tinha um momento levado pro lado religioso, que era o começo e o final disso tudo.** *Porque o começo de um fandango era feito uma outra moda... tinha a alvorada, onde as pessoas se juntavam naquela sala pra dançar a alvorada. Aí tinha um outro* **ritual que se chamava beijamento** [do santo], *e depois antes de encerrar, vamos dizer, essas duas músicas, nós ouviamos um sermão.* [Na Cachoeira do Guilherme] *por exemplo, o Seo Sátiro passava isso para nós... que se respeitasse um aos outros, que houvesse paz, que todos nós éramos irmãos... A gente tinha um respeito muito grande por aquele que era pra nós o nosso médico: Seo Sátiro.* (Zénelio da Juréia).

Ciro, que viveu grande parte da vida na Cachoeira do Guilherme (na Juréia), explicou-me o que move os encontros de fandango em que participa como violeiro e que organiza com frequência no Guaraú:

> *Eu gosto de ir no fandango. Gosto muito, gosto mesmo! É tanto que eu vou e não saio até quando amanhece o dia. Mas tem um motivo no fandango que ajuda a fermentar a coisa: a quantia de violeiro. Quando tem 10 violeiros no fandango, o fandango não para um minuto. É porque cada um quer fazer melhor que o outro: é que nem galo. [...] Cada um vai lá e canta uma moda bonita... Depois da meia noite, eu pego na viola, lembro de umas modas que meu pai tocava e só me lembro ali, e vem inteirinha. E vem uma em cima da outra. E pra não perder tempo, eu pego na unha e toco.* (Ciro do Guaraú).

Quando Ciro mencionou a palavra "galo", imediatamente lembrei-me da conhecida análise de Geetz sobre a briga de galos em Bali. Entretanto, parece-me que de maneira inversa, quando Ciro fala de galo não se refere propriamente ao duelo, à briga (como entre os balineses retratados por Geertz), mas à vontade e ao prazer do desafio, mais no sentido atribuído ao cordel nordestino: não deixar parar, improvisar e continuar sem parar (a cantoria, a música, a dança, a animação).

Categorias nativas que poderiam bem expressar essas mesmas características da vida social dos caiçaras poderiam ser: primeiro, a *"promessa"*, que sempre implica em dar, receber e retribuir (dar = confiar e fazer pedido, rezar; receber = a graça; retribuir = pagar a promessa), como nos ensinou Brandão em *Sacerdotes de Viola*. Segundo, a *"fé"*. *"Promessa"* e *"fé"* foram sempre palavras lembradas por meus interlocutores quando interroguei se havia alguma relação entre fandango e religião:

> *[...] na verdade, quando você vai fazer uma festa de São Miguel [Arcanjo], vai fazer uma promessa para São Miguel, é o fandango, depois da reza vem o fandango. Quando você vai fazer o fandango? Fazer pedido pra São Gonçalo, pra São Miguel, na alvorada, pedir que Deus proteja, promessa mesmo, vou dar uma festa de fandango pro meu filho... Às vezes, uma picada de cobra, [pedir] que meu filho, meu pai sare disso, uma gripe forte... fazia promessa. E eu acho mesmo que a fé que cura. [A gente] Fazia promessa, fazia festa e fazia o fandango.* (Ciro).

Tanto o princípio da reciprocidade quanto o sentimento de devoção referem-se a noções que podem ser entendidas como formas de sociabilidade ou sistemas de relações que envolvem trocas: entre pessoas e entre pessoas e entidades do mundo sagrado (o santo, Deus ou espíritos curadores por intermédio de mestres como nos casos discutidos aqui).

Situações ou representações que envolvem "dar, receber e retribuir" (Mauss) ou trocas em geral, no geral positivas, parecem estar sendo o tempo todo anunciadas pelo fandango. Destarte, ações relacionadas à reciprocidade parecem ser importantes noções-chave para entender o fandango como um "fato social total".

Todas as modalidades e aspectos do fandango propostos aqui convergem para algo em comum que ocorre também em todas as situações e em diferentes contextos: apresentar "algo" que parece ser importante e faz sentido para essas pessoas e as agregam em associações ou em comunidades: o *respeito*, a *tradição*, a *fé*, a *cura*, a *brincadeira*, suas músicas, ritmos e danças, as lembranças da roça, dos *mutirões* e *ajuntórios*, a devoção a São Gonçalo e a outros santos e mestres curadores, dentre tantos outros aspectos que aos poucos vão sendo desvelados nas modas de fandango, nas narrativas de meus interlocutores, na própria vida desse grupo que procuro analisar nessa etnografia. Todos esses aspectos do *modo de ser* caiçara estão presentes no fandango e se articulam a diferentes dimensões, materiais e simbólicas, da vida e do lugar desta gente interligadas interna e externamente em uma espécie de rede: *a rede do fandango caiçara*.

É possível, contudo, observar um gradiente entre dois polos de opostos, quando se analisa os eventos de fandango descritos em minha etnografia, além de alguns outros. Em um pólo estaria o fandango de forte conotação religiosa (sagrada), no outro, o extremo do profano, o "fandango-espetáculo". Entre esses dois extremos é possível situar os eventos, de acordo com a seguinte lógica contrastante:

+religioso: religioso+profano: profano+religioso: profano: +espetáculo

Pode-se também estabelecer dentre os eventos descritos uma distinção entre aqueles de natureza mais "comunitária" (evento "intercomunitário") e os de natureza mais "extracomunitária".[116]

De maneira a elaborar uma tipologia dos eventos analisados, elenquei alguns critérios para procurar classificá-los. São os seguintes pares de opostos:

a. tempo de duração do evento ou hora prevista para começar e acabar: *"até de manhã"* X com duração previamente combinadas;
b. categoria majoritária dos participantes no evento: caiçaras X "outros";
c. evento com remuneração dos *fandangueiros* X não remunerado;
d. realização na casa de caiçara ou em centro comunitário X realização em local próprio de espetáculos/shows ou similar;
e. previsto no calendário tradicional do fandango (conforme apresentado antes) X não previsto no calendário do fandango;

---

[116] Outra possibilidade de análise dos eventos-rituais seria proposta por Tambiah, autor mais preocupado com a dinâmica da ação social associada aos rituais: aqueles que as pessoas agem de acordo com as convenções sociais (*convencionalized action*) e, por isso mesmo, configuram rituais mais estereotipados, rígidos, independentemente de estarem ou não atrelados à religiosidade; e aqueles que as pessoas expressam mais livremente suas intenções, ou seja, mais distanciado das emoções espontâneas, estados mentais e comportamentos individuais (TAMBIAH, 1985, p. 131-133). Essa tipologia, contudo, não me parece muito indicada para diferenciar os eventos-rituais aqui descritos.

f. presença da imagem de São Gonçalo acompanhada ou não da realização da dança de São Gonçalo X ausência de referências a São Gonçalo ou a outros santos.

No quadro que segue procurei organizar essas informações, propondo uma classificação dos eventos que observei e descrevi em minha etnografia:

Tabela 2 – Detalhamento dos eventos analisados pela autora

	duração	categoria majoritária de participantes	remuneração	local	Previsão Calendário tradicional	Referência a São Gonçalo
Carnaval no Grajaúna	Até de manhã	Caiçaras	Não	Casa de caiçara	sim	sim
Domingueira no Nelsinho	Até meia-noite	Caiçaras	Não	Casa de caiçara	não	sim
II Festival Caiçara Guaraú	Até de manhã	equilibrado	Não	Quadra de esportes	não	sim
Festa da Tainha no Marujá	Duas horas	Caiçaras	Não	Centro comunitário	sim	não
Festa do Robalo (Iguape)	Uma hora e meia	Caiçaras	Não	comunidade	sim	não
Revelando São Paulo	20 min por grupo	"outros"	Sim	Centro de eventos	não	sim

Fonte: a autora

Pode-se construir com base nas informações apresentadas antes o seguinte diagrama que representaria os eventos descritos detalhadamente nesta minha etnografia:

natureza dos eventos de fandango descritos

Diagrama 2 – Classificação dos eventos analisados

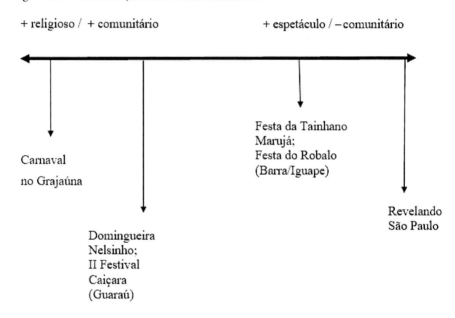

Fonte: a autora

No entanto, ao desconstruir e reconstruir a *trama do fandango*, pode-se entendê-lo como mercadoria, como "festa-ritual" ou como celebração religiosa ou até tudo isso junto ao mesmo tempo, quando as diferentes concepções, sob a ótica dos caiçaras, estariam ora imbricadas, ora apartadas, dependendo das circunstâncias vividas.

Os aspectos, dimensões sociais e concepções do fandango até aqui discutidos parecem ser constantemente *"entralhados"*[117] por esses sujeitos como sistema simbólico ordenado apresentando-se com expressão do *mundo caiçara* por eles mesmos.

---

[117] Como já foi informado aqui antes, *"entralhar"* é um termo nativo muito usado nas comunidades caiçaras da Juréia que significa tecer a rede de pesca.

Devo então concordar com Gonçalves (2007) que os objetos de patrimônio cultural (artefatos ou práticas sociais) são antes de mais nada mediadores entre os sujeitos protagonistas e detentores do "bem" e do "dom" e o mundo onde estão inseridos. O fandango parece ser antes de mais nada uma mediação entre a gente do fandango — *fandangueiros*" músicos, dançarinos, luthiers —, a história e os bens patrimoniais dessa gente, seus saberes e fazeres, o lugar onde viveram e vivem, suas crenças, suas memórias, suas lutas e sonhos.

* * *

Parte III

MÚLTIPLAS DIMENSÕES DO FANDANGO

Nesta última parte do livro, procuro inventariar e problematizar os conceitos "folclore" e "cultura popular", relacionando ambos às recentes políticas públicas de patrimonialização no Brasil.

Além disso, apresento e analiso o que entendo ser o "processo ritual do fandango" no contexto circunstanciado neste trabalho, procurando distinguir o sistema simbólico caiçara dentre as várias modalidades de fandango observadas em campo. Discutirei como estão imbricadas as distintas dimensões do *modo de ser caiçara* às noções de "território" e de "conservação" — tanto da natureza quanto da cultura de povos tradicionais, especialmente daqueles grupos que ocupam áreas ambientalmente protegidas no sudeste do país, mais precisamente, dos *caiçaras* que habitam o Vale do Ribeira, no estado de São Paulo.

Capítulo 5

FANDANGO *PARA NÃO ESQUECER*: RESSIGNIFICAÇÃO DE FOLCLORE E A "RETÓRICA DA PERDA" DA CULTURA E DA NATUREZA

Fotografias 42 e 43 – Registro de uma apresentação de fandango que presenciei na Barra do Ribeira (Iguape, SP) durante a Festa do Robalo, em 2008

Crédito: a autora

No relato de um etnólogo sobre seu encontro com um índio cocana no Peru, há alguns anos, chamou minha atenção a explicação que este lhe teria dado a respeito da importância atribuída a uma velha zarabatana que já não usavam mais na aldeia, mas que cuidadosamente havia sido exposta no meio da maloca: "[É] *Para não esquecer!*" (FREIRE, 2009).

Uma afirmação semelhante foi dita a Carlos Rodrigues Brandão, quando esse antropólogo travou uma conversa apaixonada sobre folclore com um casal de búlgaros, inusitadamente presente na Cavalhada da Festa do Divino Espírito Santo, em Pirinópolis (GO), provavelmente em meados da década de 1970. O búlgaro teria sintetizado a importância de manifestações como aquela para as pessoas do povo, tanto em seu país, como no nosso, assim: "elas fazem isso para não esquecer quem são" (BRANDÃO, 1982, p. 10).

A autora francesa Nicole Belmont (1986) faz um paralelo instigante entre o folclore e a psicanálise em seu texto *Le Folklore refoulé ou les séductions de l'archaïsme*. Sugere que o folclore assumiria uma importância central, quando as pessoas procuram reviver experiências ou sentimentos (individuais e coletivos) que haviam sido reprimidos/recalcados por alguma razão no passado.

* * *

Ao levar essas primeiras considerações especialmente em conta, pretendo neste capítulo revisitar o *folclore* e *cultura popular* para pensar o fandango caiçara. Alguns antropólogos mais contemporâneos que tratam da temática, de vários pontos de vista distintos, trouxeram contribuições teóricas e metodológicas para as mais recentes pesquisas sobre cultura popular. Contudo, aqui não me parece ser necessário apresentar um longo inventário sobre os resultados de suas pesquisas. É certo, porém, que me esquiva de refletir sobre a relação entre o fandango, o *modo de ser* caiçara, a memória (*"para não esquecer"*), o folclore e/ou a cultura popular, bem como as políticas de patrimonialização seria algo impensável neste trabalho. Destacarei, porém, somente alguns aspectos específicos do folclore e de patrimônio aqui. Estabelecerei ainda neste capítulo um paralelo entre patrimônio cultural e patrimônio natural, ambos igualmente analisados aqui sob a lente da "retórica da perda", proposta por José Reginaldo Gonçalves (1996) ao tratar (somente) da dimensão cultural.

A meu ver, ambos os bens (natural e cultural) encontram-se emaranhados e sob salvaguarda de caiçaras (além de indígenas e quilombolas) na área geográfica que se costuma chamar de Mata Atlântica. Paradoxalmente, observa-se de modo geral o jogo de dois pesos e duas medidas, quando se compara a importância atribuída à proteção de plantas, de bichos e de outros "recursos naturais" à proteção de bens culturais e da gente que vive naqueles mesmos lugares. Essa suposta disparidade entre ações e políticas públicas voltadas à salvaguarda do patrimônio cultural e à preservação da biodiversidade parece ser um dos principais objetos de antagonismo entre agentes das chamadas humanidades e aqueles provenientes das ciências biológicas ou naturais.

Conversando com os caiçaras o assunto é recorrente. Como tratar desses conflitos através das lentes da antropologia sem recorrer à análise de ontologias nativas sobre "natureza"[118] e sem discutir questões relacionadas aos direitos culturais, ou seja, aos Direitos Humanos?

Considerando os recortes teóricos necessários à elaboração de uma tese, a qual resultou este livro, optei por discutir folclore e patrimônio cultural a partir das narrativas das pessoas envolvidas com a prática do fandango e que vivem suas vidas nos lugares desta pesquisa. Para tecer uma possível análise sobre festas e rituais populares, relacionados ao contexto político e social particular em que esta discussão se insere, recorro a alguns trabalhos clássicos de Carlos Rodrigues Brandão (sobretudo: *O Divino, o Santo e a Senhora*, 1978; *Sacerdotes de Viola*, 1981), além de Renato Ortiz (*Românticos e Folcloristas*, 1992) e Nestor Canclini (*Culturas Populares na capitalismo*, 1983); além de outros mais recentes de autoria de Maria Laura Viveiros de Castro (2006a, 2006b, 2009) e José Reginaldo Gonçalves (1996, 2005). O texto mencionado de Nicole Belmont no início desta seção, que me pareceu particularmente bom para pensar os significados de folclore, será discutido na sequência. Desejo discutir algumas ideias da antropóloga francesa, relativizando-as ao procurar relacioná-las aos processos sociais que esta pesquisa procura analisar.

---

[118] O tema "ontologias nativas" é tão fascinante como complexo e justamente por essa razão decidi não o abordar neste trabalho. Creio, contudo, ser oportuno sublinhar como o fez Manuela Carneiro da Cunha (2009) que os saberes tradicionais, assim como no conhecimento científico, são "formas de procurar entender e agir sobre o mundo". Ambos os regimes possuem igualmente ontologias, operações lógicas e protocolos complexos. As diferenças entre os regimes seriam, segundo a autora, seus paradigmas e práticas. Se no conhecimento científico hegemônico (ocidental) usam-se conceitos, nos tradicionais usam-se percepções, sentimentos e "premissas sobre o que existe no mundo" (CUNHA, 2009, p. 302-303).

É preciso esclarecer desde já que, assim como faz Gonçalves (2005), considero igualmente "objetos do folclore" as práticas sociais (ou expressões culturais), bem como os artefatos que compõem as chamadas manifestações populares. No caso do fandango, as músicas e as danças nos bailes, festas, celebrações e em apresentações públicas, bem como os instrumentos característicos (rabeca, *adufo*, *viola branca*), saias rodadas e tamancos de madeira, comidas típicas e o bule de café no fogão a lenha, as casas de caiçaras (a maioria construídas de tábuas de madeira) ou centro comunitários onde o fandango acontece... podem ser considerados todos, em separado ou agrupados, *objetos do folclore*. Nesse sentido, não me parece haver uma barreira muito consistente entre "patrimônio material" e "patrimônio imaterial".

Ressignificando o *folclore*

Para muitos estudiosos, a rede que une objetos concretos aos impalpáveis, chamada aqui de folclore, estaria relacionada a um tempo passado. Parece subentender algo que foi de certa forma ultrapassado (defasado, superado, obsoleto, antiquado...) ou que está prestes a acabar, sendo por isso mesmo necessário ser preservado nas vitrines, em câmaras climatizadas de um museu ou registrado devidamente por meio de fotografias, partituras, áudios e vídeos para serem então protegidos da implacável deterioração pelo tempo. Presos nas teias nebulosas de um tempo supostamente já vivido, os objetos do folclore por vezes seriam resgatados como testemunho de um mundo e de uma gente que não existe mais. Por significar para a maioria das pessoas, leigas ou pesquisadores, algo que talvez não tenha mais tanta importância no presente — a despeito dos esforços de alguns célebres estudiosos (Mario de Andrade, Edison Carneiro, Bráulio do Nascimento, Luis da Câmara Cascudo; sem esquecer dos sociólogos Florestan Fernandes e Maria Isaura Pereira de Queiroz, dentre alguns outros) —, grande parte dos objetos do folclore parece ter sido destinada à categoria dos "estudos menores" no campo das ciências sociais ainda hoje, em nosso país e em outros lugares.

Mas será que mesmo em algo que a maioria das pessoas considera "arcaico" não há valor algum? Por que no tempo em que vivemos "objetos" que nos ligam a um passado, de maneira geral, parecem ser considerados para a maioria das pessoas superados, antiquados, anacrônicos?

Ora, vivemos em uma era dos descartáveis pela lógica capitalista pós-moderna — "tempos líquidos", explica-nos Bauman. O que mais interessa é a novidade, que logo transforma-se também em algo obsoleto. A obsolescência é programada para impulsionar o consumo, alimentar o sistema liberal. A mudança e a novidade é o que move os mercados, a economia, o sistema financeiro mundial. O que nos liga ao passado, ao arcaico, deve ser abandonado. Será? Nicole de Belmont elaborou uma reflexão que parece indicar uma perspectiva original para os estudos do folclore e da cultura popular problematizando o significado de "arcaico" atribuído a esse campo específico da cultura popular: o folclore. Parece-me valer a pena revisitar aqui alguns argumentos de Belmont no sentido de procurar entender a complexidade de formas de expressões populares explorando algumas de suas dimensões "menos palpáveis", tais como aquelas que habitam o inconsciente individual e coletivo revelados nos estudos pioneiros de Freud sobre a psiquê humana. Mas, antes disso, devo trazer para essa discussão sobre folclore e/ou cultura popular análises de cientistas sociais que tratam da temática de um ponto de vista mais sociopolítico: Renato Ortiz, Canclini e Brandão, ainda que este último de uma perspectiva um pouco distinta dos dois primeiros autores.

Ortiz (1992) dedica-se a analisar a origem dos termos "cultura popular" e "folclore", em *Românticos e Folcloristas*. Recorre nessa empreita a uma extensa pesquisa documental para identificar as principais correntes filosóficas e respectivos projetos políticos que teriam influenciado a consolidação de ambos os conceitos. Destaca a existência de dois polos neste debate: um deles associa cultura popular aos grupos subalternos e atribui às manifestações concretas uma potencialidade na construção de uma nova sociedade; no outro polo que transcende à noção de estratificação social em classes, associa-se cultura popular aos dilemas da nacionalidade, isto é, à existência de uma "essência nacional". O autor na primeira parte desse texto ainda diferencia "folcloristas" e "românticos".

"Folcloristas" seriam intelectuais também conhecidos por "antiquários" que colecionavam objetos, práticas e narrativas pitorescas da vida popular, especialmente nos séculos XVIII e XIX, na Inglaterra. O termo "folclore" teria sido proposto por William John Thoms ("Folk-Lore – o saber do povo") e agrupava costumes, festas, monumentos celtas, ruínas romanas, história local "tudo absorvido como coisas do passado" (ORTIZ, 1992, p. 13). Segundo o autor, ao serem isoladas do contexto em que teriam sido criadas, tornavam-se "pedaços heteróclitos de cultura" (ORTIZ, 1992, p. 14).

"Românticos" seriam os intelectuais críticos do capitalismo florescente no final do século XVIII, sobretudo na Alemanha. Inspirados na filosofia de Herder, opõem-se ao progresso, ao iluminismo, à superioridade da civilização francesa e à ideia de Estado centralizador. Como contraponto, os românticos consideravam que era nas tradições populares que se encontraria a "autêntica cultura nacional". É nessa época e nesse contexto que teria surgido a expressão "cultura popular" (ORTIZ, 1992, p. 20).

Todavia, tanto entre folcloristas como entre os românticos, afirmava-se que as tradições populares resguardavam um passado em vias de extinção e relacionavam-se à imaginação de um projeto de nação e à ideia de nacionalidade. Isso ocorre não somente na Alemanha, mas também na Espanha, na Itália e em Portugal, onde os Estados-nação foram consolidados tardiamente, quando comparados à França e à Inglaterra. O fenômeno também teria se dado no Brasil, especialmente orquestrado por Silvio Romero, que, segundo Ortiz, procurou "desvendar as bases da nacionalidade brasileira" (ORTIZ, 1992, p. 68).

Um outro autor indispensável para pensar as categorias folclore e cultura popular é Néstor García Canclini (1983), antropólogo argentino radicado no México. Na década de 1980, entendia cultura popular como:

> Culturas populares se constituem por um processo de apropriação desigual dos bens econômicos e culturais de uma nação ou etnia, por parte dos seus setores subalternos, e pela compreensão, reprodução e transformação real e simbólica das condições gerais e específicas do trabalho e da vida (CANCLINI, 1983, p. 12).

Neste sentido, argumenta:

> [...] a existência das culturas populares deve-se ao fato de a sociedade gerar, em suas formas de reprodução: a) uma apropriação desigual dos bens econômicos e culturais, por parte das diferentes classes na produção de consumo; b) uma elaboração própria de suas condições de vida e da satisfação de suas necessidades nos setores excluídos da participação plena da produção social; c) uma interação muitas vezes conflitiva entre classes populares e a classe hegemônica, pela apropriação dos bens (CANCLINI, 1983, p. 32).

Desde essa perspectiva, o "povo" seria visto como "uma totalidade homogênea e autônoma, cuja atividade espontânea seria a mais alta expressão dos valores humanos e o modelo de vida ao qual deveríamos regressar" (CANCLINI, 1983, p. 44). Contudo, Canclini, atento observador dos processos de transformações sociais e culturais na América Latina e no mundo, com o fenômeno da "globalização" intensificado a partir das últimas décadas do século passado, expressou em seus trabalhos posteriores a impossibilidade de as culturas populares manterem-se "puras" na pós-modernidade. Suas obras escritas, a partir de 1990, analisam as "culturas em movimento", em processos contínuos de recriação e de hibridação e sob forte influência midiática.

Brandão, em diálogo com a obra citada de Canclini, pondera a noção de "culturas populares" em um artigo:

> Apenas unidades sociais muito isoladas, e cada vez mais raras, podem preservar as "suas culturas" em um consagrado e frágil estado "puro". Embora uma parte significativa das culturas populares possa "refletir" e "retratar" sua condição subalterna em uma sociedade desigual – em que outras classes e suas agências, que vão da educação à religião e desta aos meios cada vez mais invasivos de comunicação de massa –, elas preservam graus sempre autônomos de criação e de tradução de suas vivências cotidianas e dos modos como simbolicamente a representam de diferentes e, não raro, sistêmicas e persistentes maneiras (BRANDÃO, 2009, p. 728).

Fandango para *não esquecer quem são*

Carlos Rodrigues Brandão se pergunta em *O que é o Folclore*, publicado pela primeira vez em 1982, o que haveria ali na festa do Divino Espírito Santo, em Pirinópolis (GO) que pudesse servir "para [os participantes das *cavalhadas*] não esquecer quem são" (Brandão, 1982, p. 11).

Perguntei-me o mesmo quando assistia aos bailes, festas, *domingueiras*, grandes espetáculos e outras formas de apresentação de fandango. Por que jovens e velhos casais dançam a noite toda até o sol nascer, por mais de oito horas seguidas, sem demonstrarem sinais de cansaço ou desânimo? Por que antes de tocar e dançar casais curvam-se em reverência diante de uma pequena imagem de São Gonçalo e proferem uma música-reza de maneira profundamente respeitosa? Por que, ao dançarem, homens e mulheres mantêm seus corpos a uma certa distância e, observando seus corpos com atenção, percebo que repetem os mesmos passos contidos, sem movimentar os quadris? Por que quando intercalam o *"bailado"* com o *"passadinho"* as expressões modificam-se e percebo um sorriso sutil e uma certa sedução nas trocas de olhar entre homens e mulheres, mesmo estando apartados, mas dançando em dois círculos que se entrecruzam? Por que na festa da tainha, no Marujá, quando se toca fandango praticamente só os caiçaras permanecem no salão? E, de maneira contrária, quando um grupo de samba-rock se apresenta, os "turistas" invadem a pista e os caiçaras só assistem? E por que se bebe só café e nada de álcool, nos bailes familiares na Juréia?

Mesmo quando não se trata de um baile na casa de alguém, como retribuição pelo trabalho na roça (coisa que ainda acontece na Juréia), mas, sim, em apresentações públicas (como no Revelando São Paulo), aquelas pessoas não deixam de realizar a dança de São Gonçalo com admirável respeito.

E o santinho fica lá no palco, até todos os grupos de fandango apresentarem-se. Além disso, é costume nestes grandes espetáculos que as mulheres usem vestidos longos e rodados, geralmente floridos. Por quê? O que querem mostrar com isso? Ou não revelar?

Assim como a velha zarabatana exposta no meio da maloca entre os indígenas peruanos que relatei antes, na maioria das casas de caiçaras, na parede da sala, são pendurados ao meio dos retratos de família e de imagens de santos, terço e folhinha (calendário), as violas, a rabeca, o pandeiro e a caixa. O que querem mostrar ou dizer?

A pergunta mais imediata que se pode fazer quando se associam os objetos do folclore ou da cultura popular a uma suposta identidade coletiva (*quem são?*) seria: mas, então, esses sujeitos ao reconhecerem-se por meio de objetos e práticas sociais, "transmitidos" de pais e mães para filhos e netos, de grupos para grupos, não mudam nunca? Eis uma das mais clássicas questões na antropologia: o papel da *tradição* na transmissão de modos de "sentir, pensar e agir". Em outros termos, a relação da cultura popular com a *identidade tradicional*. O que permanece? O que muda? E por que continua sendo uma referência importante para outras gerações?

De fato, um aspecto que sempre desperta minha curiosidade, quando presencio uma apresentação de fandango, desde os modestos *"bailes"* nas casas de amigos caiçaras, até as apresentações públicas em palcos diante de milhares de pessoas, é o princípio ético de "respeito" que parece marcar as relações entre as pessoas e a lógica de seus comportamentos: entre os *fandangueiros* e *fandangueiras* presentes que tocam e dançam, e aquelas outras pessoas que de certa forma participam da organização do fandango, antes, durante e depois da "festa", do "espetáculo". O mesmo pode-se dizer de um conjunto de códigos de conduta de cunho moral que de certa forma evocam o sentimento de "família". Tanto é que os fandangueiros do Acaraú, em Cananéia, chama-se uns aos outros de *"cunhado"*.

De maneira que me parece análoga à discussão de John Comerford a respeito das reuniões de sindicatos rurais no interior de Minas Gerais, onde o antropólogo realizou sua etnografia, "parentes" ou "família" são alguns dos termos utilizados para "definir todo um campo de relações que a princípio são de confiança, ajuda mútua, respeito, tolerância, intimidade, bem como, em diferentes graus, de compartilhamento de características e também de responsabilidades" (COMERFORD, 2003, p. 34).

Na narrativa do jovem Pedrinho, neto de um casal que mora na Juréia, vários aspectos sugeridos por Comerford estão presentes:

> A gente começou a mostrar o lado bom do que é o fandango, a gente leva família, no fandango dificilmente tem uma briga, por exemplo. Na balada, você vai e tem [briga], no fandango é um ambiente mais familiar, mesmo que você vai sozinho, o pessoal te trata como se você fosse da família.

A "poética do respeito" (COMERFORD, 2003, p. 329) parece sempre estar presente quando se organiza o fandango. Para esse autor, ao invés de "família", "parece ser mais adequado falar de processos de familiarização", que diz respeito ao pertencimento a uma unidade onde se compartilha de valores sociais e de dignidade que seus "membros afirmam conjuntamente perante os outros e dos quais o valor de cada um depende". Todos parecem se conhecer ou fazer parte de uma rede de relações que agrupam famílias, comunidades, grupos de pessoas que mantêm certos vínculos e que nas situações em que o fandango acontece seriam restaurados.

Dona Maria das Neves, de Iguape, é uma referência a todas as pessoas interessadas em conhecer um pouco do fandango caiçara. Há mais de 20 anos, ela organiza todos os sábados em um salão anexo à sua casa, próximo do centro de Iguape, os *bailes* de fandango: o lendário Sandália de Prata. Segundo minha interlocutora, ainda que grande parte do público dos *"bailes"* seja constituída por pessoas mais velhas que viviam no *"sítio"* e que o fandango, *"por ser coisa de sítio, uma tradição antiga é que devia conservar, não pode parar",* admite que cada vez mais há jovens que se interessam pelo fandango:

> Tem um monte de moço que vem aqui. Tem a turmada de São Sebastião, tudo moço de 18, 16, 20 [anos] Aprende e gosta até... por que não tem bagunça, é tudo de respeito, não tem maconha, tanto é que a mulherada senta de um lado, os moços de outro... (Dona Maria das Neves).

"*Tradição*" e "*respeito*", além de serem consideradas categorias nativas das mais importantes para se entender a ordem moral caiçara (ou, "ordem moral camponesa", como procuro evidenciar a seguir), parecem apontar alguns dos valores sociais que sempre são lembrados quando discorrem sobre o fandango.

Klaas Woortmann (1987), em seu texto já clássico *Com Parente Não se Neguceia*, discute o que chama de "campesinidade": uma "qualidade presente em maior ou menor grau em distintos grupos específicos" que detêm o mesmo conjunto de valores sociais (éticos) caracterizando uma determinada ordem moral particular: "a ordem moral camponesa". A intenção de Woortmann é contrapor-se à ideia "economicista" de camponês nos moldes propostos por Chayanov — que analisou a família camponesa como um modo de produção doméstico ("pool de força de trabalho") que resistiria à proletarização da gente do campo, profetizada por vários autores no começo do século passado.

No caso dos caiçaras, que também podem ser considerados membros do mundo camponês no sentido atribuído por Woortmann no texto citado, a "passagem de uma ordem moral para uma ordem econômica" (WOORT-MANN, 1987, p. 16), pode se manifestar nas diversas situações de "crise" a que acabaram sendo submetidos ao deixarem os lugares onde viviam e conviviam: áreas geográficas transformadas por força da lei em estação ecológica, parques e outros tipos de áreas de natureza protegidas.[119] Ao terem se deparado com a "proibição" de suas atividades tradicionais, a exemplo da "*roça*", lançam mão de novas estratégias para garantir, além de sua reprodução econômica, o resgate "de uma tradição na qual se inscreve a campesinidade" (WOORTMANN, 1987, p. 57). Para Woortmann (1987, p. 17, grifo próprio), "o apego à tradição pode ser o meio de sobreviver à grande transformação [...]. A tradição não é o passado que sobrevive no presente, mas **o passado que, no presente, constrói as possibilidades do futuro**".

Parece-me que, assim como o folclore, tudo o que é considerado "tradicional" ainda é visto com reservas por determinados cientistas sociais. Creio, porém, que pensar as categorias "tradição" ou "tradicional" é uma tarefa imprescindível no contexto sendo tratado neste trabalho.

* * *

---

[119] Como já esclareci antes, a Lei Federal n.º 9.985, de 2000, instituiu o SNUC, o Sistema Nacional de Unidades de Conservação, regulamenta as áreas ambientalmente protegidas no Brasil.

Discuti antes a "natureza" da identidade coletiva tradicional no âmbito das dramáticas disputas territoriais travadas no Brasil entre povos e comunidades tradicionais com os grandes donos de terras e/ou com agências governamentais responsáveis pela administração de reservas naturais.[120] De maneira análoga aos objetos de folclore, que alguns intelectuais julgam ser "resquício de culturas paradas no tempo" e por isso mesmo fadados à extinção, o camponês tradicional do final do século XIX, na Europa, teria sido considerado decadente e destinado a transformar-se em operário, de acordo com a clássica tese de Lênin (1899), *"O Desenvolvimento do Capitalismo na Rússia"*. Hoje, sabemos que nem uma coisa e nem outra aconteceram, pelo menos não da maneira inexorável que havia sido prevista.

Com base na filosofia de Hegel, certos autores das ciências sociais e mais especificamente na antropologia, por vezes, discutem processos de mudanças culturais que ora envolvem *tradição*, ora necessidades de *inovação*, em que pesam valores, crenças, práticas e símbolos que operaram na configuração de uma identidade coletiva singular.

Como havia já sublinhado Brandão em seu trabalho sobre o folclore:

> Aquilo que se reproduz entre pescadores, indígenas e camponeses como saber, crença ou arte reproduz-se enquanto é vivo, dinâmico e significativo para a vida e a circulação de trocas de bens, de serviços, de ritos e símbolos entre pessoas e grupos sociais. Enquanto resiste a desaparecer e, preservando um mesma estrutura básica, a todo momento se modifica. O que significa que a todo momento se recria (BRANDÃO, 1986, p. 38).

Interessa aqui procurar entender o que essa gente considera importante para "não esquecer quem são". Nesse sentido, o fandango parece exercer um papel relevante na constante reconstrução do *modo de ser* caiçara, com base na etnografia realizada.

Brandão (1986) ainda observa no mesmo texto que o que se pode chamar de folclore "não existe em seu estado puro", ou seja, naturalizado, essencializado. Existe em meio a processos sociais e nas trocas que se estabelecem no interior das comunidades e entre comunidades diferentes que se cruzam e se relacionam o tempo todo. As práticas sociais e os artefatos denominados aqui genericamente "objetos de folclore" representariam

---

[120] Há inúmeros casos em todo o Brasil. Um dos casos refere-se aos povos indígenas Hunikui, Jaminawa, Manchineri, Apolima Arara, Nawa e Ashaninka, do estado do Acre na fronteira com o Peru, ameaçados em áreas onde o governo do Acre iniciou atividades de prospecção para uma futura exploração de petróleo e de gás que afetarão seus territórios.

categorias sociais de produtores de modos particulares "de ser, de viver, de entender" e de se relacionar com o mundo:

> [...] o folclore é uma situação da cultura. É um momento que configura formas provisoriamente anônimas de criação, popular, coletivizada, persistente, tradicional e reproduzida através dos sistemas comunitários não eruditos de comunicação do saber. Como esses modos ou situações de cultura se cruzam e, de quando em quando fazem emergir algo a que se dá o nome de folclore é o que os viageiros foliões de Santos Reis nos poderiam ajudar a compreender (BRANDÃO, 1986, p. 57).

Também poder-se-ia atribuir aos *"fandangueiros"* a mesma tarefa: a de representarem por meio de movimentos, ritmos, melodias e letras das *"modas"* de fandango o que são, de que maneira vivem — ou gostariam de voltar a viver —, como entendem o mundo e se comunicam — entre eles próprios e com os outros.

Destarte, para pensarmos o fandango caiçara, é de fundamental importância analisar o contexto em que essa gente está inserida ao exaltarem o fandango caiçara. Não basta considerar essa manifestação, um exemplo autêntico de "patrimônio nacional imaterial" chancelado pelo Iphan, de um ponto de vista meramente estético e estático.

Processos e projetos que transformam práticas culturais e objetos, por vezes sagrados, em *espetáculos* ou *mercadorias* são de conhecimento de todos. Brandão já havia nos alertado sobre esta possibilidade perversa há 40 anos: "é o modo privilegiado de a ordem social capitalista estabelecer relações *com* tudo e *entre* tudo que ela subjuga e faz circular" (BRANDÃO, 1986, p. 101, grifos do autor).

O início de um processo de "espetacularização" foi observado e detalhadamente descrito pelo antropólogo, em *O Divino, o Santo e a Senhora* (BRANDÃO, 1978), publicado pela primeira vez em 1975. Em seu estudo realizado no início dos anos 1970, a respeito da festa do Divino Espírito Santo, em Pirinópolis, Brandão teria analisado tensões entre categorias de sujeitos da mesma classe social que compunham a alta sociedade na cidade (a dos comerciantes, advogados e principalmente, fazendeiros), por possuírem interesses distintos em relação à festa: alguns empenhados em manter a "tradição" sagrada do Divino Espírito Santo, outros interessados em "atualizar a festa ressaltando seus valores como espetáculo", com vistas a atrair o turismo para a cidade.[121] Esse mesmo contraste pode ser aferido nas duas modalidades de fandango que identifiquei no litoral sul de São Paulo, nas comunidades e pequenos centros urbanos, e que chamei de "fandango para dentro" (ou fandango "para eles", mais comunitário) e "fandango para fora", "para os outros", mais próximo de um *espetáculo*.

Não creio que caiba aos mediadores e agentes externos às comunidades, como nós pesquisadores e pesquisadoras, julgar a legitimidade destas pessoas e de grupos de *"fandangueiros"* em obterem alguma renda por meio de shows, venda de CDs e de outros eventuais produtos relacionados ao fandango.

Por outro lado, mesmo havendo essa possibilidade de fazer de práticas sociais uma "mercadoria", noto em diversas circunstâncias em que o fandango acontece algo especial entre os sujeitos envolvidos (*"uma mística"*) que parece operar de maneira a reconstruir uma identidade coletiva tradicional, ou seja, *para lembrar quem são*.

Processo similar foi observado por outros pesquisadores em situações parecidas, a exemplo de Maria Laura Viveiros de Castro, quando estudou o festival do Boi-Bumbá, em Parintins, no Amazonas. O processo dinâmico de transformação do Boi-Bumbá de um auto popular de origem ibérica em um megaespetáculo, tal como se conhece hoje, envolveu uma série de transformações na cidade de Parintins e no estado do Amazonas como um todo. O Boi-Bumbá de Parintins é comparado por alguns ao Carnaval do Rio de Janeiro. Importa salientar que, de acordo com Cavalcanti (2000), desde meados da década de 1990, destaca-se na trama uma crescente referência à identidade indígena, que teria configurado em "novo universo simbólico":

> Emerge como um novo movimento nativista que elegeu imagens indígenas como metáforas para a afirmação de uma identidade regional cabocla. Um poderoso processo ritual, através do qual a pequena cidade, e com ela toda a região Norte, como que aspira (e tem conseguido com razoável sucesso) comunicar-se com o país e com o mundo" (CAVALCANTI, 2000, p. 104).

---

[121] Brandão ainda discutiu outras tensões observadas entre a igreja católica, que propunha uma renovação litúrgica do ritual, e agentes da cidade que desejavam uma modernização da festa. Também identificou tensões entre classes sociais distintas. Os mais pobres da cidade (lavradores, pedreiros, donas de casa, calceteiros e outros trabalhadores de baixa renda) não eram incluídos nas posições de destaque (encargos) nas procissões da festa do Divino (Imperador, mordomos, foliões...) a despeito de comporem os principais "empregados" nos cortejos dos santos negros que também eram louvados na mesma festa: Nossa Senhora do Rosário e São Benedito (BRANDÃO, 1975).

Processos de reelaboração identitária, tais como no exemplo anterior, são evidenciados em manifestações culturais e populares sendo exaltadas no mundo todo. Coloca-se, assim, em xeque a "retórica da perda" do patrimônio, tanto o cultural quanto o ambiental, que parece mover as políticas públicas de conservação (de objetos da cultura e da "natureza"), ainda que em sentidos e em função de interesses distintos.

A *retórica da perda*: controvérsias do salvacionismo

Algumas iniciativas como o Museu Vivo do Fandango procuram salvaguardar bens culturais imateriais — saberes, festas e rituais e outras práticas coletivas. Nesse sentido, têm sido premiadas nacional e internacionalmente. A criação dos "pontos de cultura" e dos "pontos de memória"[122] na gestão do ministro Gilberto Gil também impulsionou em boa medida a organização de pequenos grupos locais e de iniciativas originais de apoio às manifestações populares em todo o Brasil, conforme já apontado.[123]

Ainda que eu não pretenda apresentar um histórico pormenorizado dos processos de patrimonialização no Brasil, nem em elaborar uma discussão conceitual detalhada sobre o termo "patrimônio" — já que outros pesquisadores o fizeram há pouco mais de uma década[124] —, devo, contudo, problematizar as principais medidas e mecanismos que movem as políticas culturais de patrimonialização. Observo que, de maneira geral, tais políticas não reconhecem devidamente a importância de homens, mulheres, jovens e velhos, de carne, osso e alma, detentores de um bem imaterial a ser preservado, bem como não evidenciam processos históricos e políticos

---

[122] "Os Pontos de Memória têm por concepção reconstruir e fortalecer a memória social e coletiva de comunidades, a partir do cidadão e de suas origens, histórias e valores. Com metodologia participativa e dialógica, trabalham a memória de forma viva e dinâmica, como ferramenta de transformação social". *Cf.* http://www.museus.gov.br/programa-pontos-de-memoria/.

[123] *Cf.* site oficial do Ministério da Cultura: 1. No período de 2004 até 2011, o Programa Cultura Viva apoiou a implementação de 3.703 Pontos de Cultura, presentes em todos os estados do Brasil, alcançando cerca de mil municípios. Em 2011, foram empenhados R$ 54,58 milhões e Liquidados 7,84 milhões para pagamento de compromissos de parcelas de pontos, pontões e redes de pontos de cultura. Pontos de Cultura Indígena: Redefinição do cronograma de desembolso e dos planos de trabalho dos convênios para implantação de 74 Pontos de Cultura Indígena, com formato de gestão específico para a realidade desses povos e pagamento da 1ª parcela previsto até o final do exercício (3,02 milhões de reais já empenhados); 2. Idealizados na gestão do ministro Gilberto Gil à frente do Ministério da Cultura, no âmbito do Programa Cultura Viva, coordenado pela Secretaria de Cidadania Cultural, em 2003, os Pontos de Cultura nasceram com o propósito de fortalecer as iniciativas culturais da sociedade brasileira dentro de um novo conceito de gestão. Fonte: http://www.cultura.gov.br/site/2010/02/08/pontos-de-cultura-no-exterior/. Acesso em: set. 2012.

[124] *Cf.* Penteado Júnior (2009).

em que "eles" e "elas" estão envolvidos, muitas vezes *representados* pelo bem patrimonial de interesse a ser preservado.

A despeito de serem alvo de admiração por suas danças, músicas, trajes coloridos, animação e desenvoltura, são pessoas que buscam antes de mais nada a valorização de seu *modo de ser* e formas de *saber-fazer* particulares, *modos de sentir, pensar e agir* a que tantas vezes refere-se Brandão, como "cultura do folclore, *ou modos de* "criar, fazer e viver", bens protegidos na Constituição Federal.[125] Além disso, os bens culturais estariam diretamente relacionados aos *lugares* onde essa gente vive, sendo que suas manifestações seriam antes de tudo mediadoras de todas as dimensões sociais daquele grupo, como já salientado.

A preocupação de salvaguardar pessoas, além dos bens culturais que são detentoras, teria motivado o Unesco a considerar tais sujeitos Tesouros Humanos Vivos, segundo Regina Abreu (2009). Entretanto, não se tem notícia de medidas concretas tomadas nesse sentido aqui no Brasil. Mesmo analisando iniciativas pontuais, tais como a que institui o Registro dos Tesouros Vivos da Cultura, no estado do Ceará (Lei Estadual n.º 13.842, de 27 de novembro de 2006), não me parece que essas tenham sido criadas para resguardar os lugares e as formas de sociabilidade onde essas pessoas exercem e reproduzem suas "maestrias".

Creio que para esses sujeitos e/ou grupos, o bem cultural *por si só* não teria valor inerente. Nesse sentido, o Projeto Museu Vivo do Fandango, como uma exceção feliz dentre a maioria dos projetos culturais em andamento, estaria cumprindo, de certa forma, o papel de valorizar/proteger a cultura caiçara e de sublinhar, dentre outros aspectos, as demandas por direitos territoriais desse povo. Mas, grosso modo, iniciativas e políticas públicas que objetivam a salvaguarda do patrimônio imaterial, *por si só*, não contemplam as demandas/reivindicações mais prementes dos mesmos grupos que detêm tais *bens*. Como se pode deduzir das narrativas apresentadas antes e aqui reescritas, meus interlocutores caiçaras nunca separam o fandango de tantas outras dimensões de seu cotidiano:

> *Então, esse conteúdo de dança, de mutirão, eles dançavam quando varava uma canoa. Eles faziam canoa enorme de três palmos e meio de boca, quatro palmo de boca, de canela. E aí juntava sessenta homens pra vará uma canoa e a noite tinha o baile, que é o fandango. Fazia esses mutirão, juntava essa pessoa pra vará a canoa. Na época a casa era tudo de chão batido, de terra mesmo,*

---

[125] Tal como é mencionado no artigo 216 da Constituição Federal de 1988.

dançavam no chão. Dançavam baile, dançavam também o dito passadinho, dançavam o tal do batido...[126] (Ciro).

[sou] *Caiçara mesmo! Tem gente que conhece o caiçara pela fala, sabia? E caiçara conhece o fandango. Minha mãe conhecia um tanto de dança: era tirana, tiraninha, era nhamaruca, era tudo, dança do limão, dança do lenço... Era mais nos mutirão, no fim de semana. Todo sábado.* (Dona Maria das Neves).

Além disso, condizente com o "mito da perda da biodiversidade" que subjaz às políticas de conservação ambiental vigentes e que tem justificado a expulsão de famílias e de comunidades tradicionais de reservas "naturais", o Poder Público e a sociedade de maneira em geral, paradoxalmente, não levam em conta que o resultado mais imediato dessas medidas ambientalistas seria uma inexorável "perda do patrimônio cultural", ao expulsar esses grupos sociais de seus territórios.[127] Um exemplo é a perda dos saberes tradicionais resultante dos processos de expropriação das terras que ocupam.

Quando perguntei aos meus interlocutores qual o significado que atribuíam ao fandango, obtive muitos relatos que indicam a preocupação dessas pessoas com os vários tipos de saberes que estão sendo "perdidos" com a expulsão de suas famílias das áreas que foram decretadas estações ecológicas (caso da Juréia), parques (Ilha do Cardoso, em SP, e Superagui, no PR), além de outras tantas áreas protegidas ambientalmente no estado de São Paulo e pelo Brasil afora. Seria o fandango algum tipo de articulador de saberes e fazeres particulares desse grupo?

Destarte, creio ser necessário analisar aqui a ideologia da "perda" subjacente à noção de patrimônio cultural — também presente na concepção mais conservadora de folclore — e confrontá-la com a mesma ideologia (da perda), quando manifestada no universo da biologia da conservação ou da chamada ciências naturais que dominam os estudos e as políticas ambientais vigentes no país.

Além disso, parece-me de suma importância salvaguardar *os saberes e fazeres* de povos tradicionais na Vale do Ribeira, quando se pretende proteger o "meio ambiente". São os próprios caiçaras que entrevistei, em diferentes circunstâncias, que afirmam, repetidas vezes: *quando nos expulsaram de nossas terras, vieram os palmiteiros e acabaram com tudo!*

---

[126] "*Varar canoa*" refere-se ao transporte da mata para próximo da casa e do rio a canoa quase pronta, geralmente feita de um tronco só.

[127] A exemplo do dramático caso da iminente expulsão dos moradores da Juréia pela justiça de São Paulo cumprindo com a ação civil pública ingressada pelo Ministério Público Estadual sob o n.º 441.01.2010.001767-0, já mencionada.

Tal situação parece embaralhar o lugar das coisas, das pessoas e de bens culturais e naturais que até podem pertencer a domínios distintos do ponto de vista analítico, mas que estão entrelaçados, imbricados, embaralhados de maneira indissociável, quando se observa a vida dessa gente e se ouve atentamente suas narrativas, além das *"modas"* que animam os bailes e apresentações de fandango.

Para desenvolver a análise do suposto risco da "perda" que, de maneira geral, atribui-se ao patrimônio cultural nacional, recorro a José Reginaldo Gonçalves que me inspirou de maneira decisiva. Trata-se de seu livro paradigmático, *A Retórica da Perda*, publicado pelo Iphan e UFRJ, em 1996, que discute a maneira com que os discursos sobre "patrimônio cultural" e, igualmente, sobre "identidade nacional" teriam sido construídos desde a década de 1930.

Gonçalves dedica-se nessa obra a analisar as trajetórias e as narrativas de dois intelectuais que estiveram à frente na concepção e na implementação de políticas de patrimonialização em nosso país: Rodrigo Melo Franco de Andrade (na década de 1930) e Aloísio de Magalhães (na década de 1970). Para o primeiro, os objetos que integram o patrimônio cultural seriam parte de uma totalidade em uma (suposta) situação original ou primordial, sendo fadados à destruição gradativa com o passar do tempo. Para o segundo, "as formas de cultura popular" integrariam um conjunto coerente e harmonioso, sendo gradualmente ameaçadas de destruição e de "homogeneização cultural". Vê-se que ambas as discussões são de interesse central para este trabalho.

Fundamentando-se nas teorias de James Clifford e Roy Wagner, Gonçalves questiona "a existência de um patrimônio substantivo, integrado e dotado de fronteiras bem delimitadas" (GONÇALVES, 1996, p. 107) e aponta que os "ideólogos do patrimônio", ao discursarem sobre o perigo da perda, não estão apenas registrando um fato histórico, mas construindo esse fato com o propósito de implementar um determinado projeto de construção nacional (GONÇALVES, 1996, p. 111):

> [...] a perda não é algo exterior, mas parte das próprias estratégias discursivas de apropriação de uma cultura nacional. É tão somente na medida em que existe um patrimônio cultural objetificado e apropriado em nome da nação ou de qualquer outra categoria sócio-política, que se pode experimentar o medo de que ele possa ser perdido para sempre (GONÇALVES, 1996, p. 89).

Para o autor, a principal consequência ao descontextualizar os "bens culturais" de um tempo e de um espaço em que foram produzidos, ou em que são praticados, não somente *artefatos*, mas também festas, rituais e outras manifestações culturais, seria criar "fragmentos" ou "objetos culturais": objetos que são transformados em objetos de desejo ("relíquias"), objetos que representariam a "autêntica cultura nacional". Metaforicamente, o patrimônio cultural constituiria "signos visíveis" de uma cultura nacional autêntica, ou seja, da Nação brasileira: "Eles não somente dizem o quê o Brasil é, mas, sobretudo, que o Brasil é" (GONÇALVES, 1996, p. 128).

Essa leitura aproxima-se muito do texto de Renato Ortiz analisado antes, no qual o autor esclarece que a noção de cultura popular associada à "autêntica cultura nacional" teria sido criada por intelectuais alemães românticos no século XIX e teria fortemente repercutido aqui também.

Evidentemente, é possível problematizar abordagens antropológicas que parecem empenharem-se em demasia em reduzir tudo a "recursos retóricos". Contudo, ao referir-se ao patrimônio nacional (ou nos termos utilizados por Gonçalves, "objetos culturais") que aqui tenho denominado folclore (ou "cultura do folclore"), o próprio autor teria nos alertado que a "leitura" que fez seria uma entre tantas outras possibilidades. Creio que o que mais importa nesta discussão é enfatizar que mesmo aqueles que parecem ser meros "objetos de folclore" não seriam simplesmente fatos ou dados, mas, sim, construções históricas, políticas e, portanto, ideológicas que encobrem determinados propósitos específicos.

A "retórica da perda" é operada nos dois casos que estão em suspeição neste meu trabalho: o dos "bens culturais" e o dos "bens naturais", em inúmeras circunstâncias, mas por meio de sujeitos diversos e com propósitos bastante contrastantes. É assim propagado pelos mais variados meios o *slogan* do iminente risco de perda tanto da "cultura popular"/"folclore" como da "biodiversidade"/"recursos naturais".

Os mesmos termos relacionados à perda ("destruição", "desaparecimento", "degradação" ou mesmo "extinção") são proferidos, todavia, por categorias diferentes de sujeitos, que apesar de utilizarem palavras e expressões idênticas, referem-se a objetos distintos, filiam-se e defendem projetos políticos diferentes, muitas vezes até mesmo antagônicos.

Há ainda que se distinguir o conceito "preservação" (que implica na intocabilidade e imutabilidade ou no "tombamento", de acordo com as políticas patrimoniais) do conceito "conservação" (que implica em uso, em mudança, em reconstrução). Tanto no caso dos bens culturais ("cultura popular" ou "cultura nacional") como no caso da "natureza" — claro, tomando o cuidado para não essencializar tais noções —, o que se observa na prática é que a mudança é necessária para a própria restauração permanente do "bem". Grosso modo: sem renovação, a floresta não resiste[128]; sem modificação, a cultura popular vira fóssil. Assim sendo, os maiores dilemas dos processos de patrimonialização parecem ser: *o que* merece essa chancela e *para quem* há que se considerar algo tão valioso a tal ponto de tornar-se "patrimônio nacional" ou "patrimônio da humanidade"?

Além disso, como destinar tais bens à "preservação", considerando-se o fluxo da vida, em que de maneira inexorável tudo muda? Em outras palavras: o que pode ser alçado ao status de "patrimônio" e por quanto tempo, sendo que é da natureza dos objetos e dos processos sociais e naturais a *impermanência*?

Retornando à Nicole Belmont, a autora apresenta um breve histórico sobre os estudos do folclore na França, apontando a etnologia como disciplina precursora do folclore por dedicar-se ao estudo de costumes e de crenças de povos exóticos do "Novo Mundo" até o início do século XIX. A partir de 1805, membros da Academia Celta passam a recolher testemunhos de usos locais, costumes, valores morais, tradições, dialetos em várias regiões da França considerados "vestígios dos povos ancestrais de seu país", tal como os gauleses (BELMONT, 1986, p. 261). Contudo, essas primeiras coleções teriam suscitado sentimentos contraditórios na sociedade francesa: ora o respeito, ora o desprezo. A despeito de ter sido criada a "Sociedade de Tradições Populares" e uma revista homônima entre 1886 e 1888, a autora aponta o racionalismo francês como o grande responsável pelo desprezo do folclore na França. No país que foi o berço do iluminismo, foram até que "toleradas" as coleções museológicas de objetos folclóricos, mas, de maneira geral, folcloristas enfrentaram, e parece ainda enfrentarem, uma grande rejeição no mundo erudito. Já na Alemanha e na Inglaterra foi diferente, muito em função do florescimento do romantismo.

Belmont considera que as principais críticas formuladas aos estudos folclóricos seriam: a falta de rigor e de objetividade e a fragilidade teórica e metodológica. Levanta dúvidas, todavia, quanto às verdadeiras razões desse suposto desprezo que pesa sobre a etnologia e sobre os estudos folclóricos

---

[128] Estudos biológicos e agronômicos a respeito da "sucessão florestal natural" demonstraram que quando uma mata se mantém intocada, ou seja, quando não ocorre processos que provocam a sua restauração natural — a exemplo de quedas de árvores ou queimadas por raios —, ela se degenera e pode até entrar em colapso.

na França. Para entender sobretudo o "não dito" ou o que está implícito (ela usa o termo "sub-reptício"), a autora propõe um caminho de investigação que busca dimensões mais abstratas do pensamento. É nesse exercício que chega até Freud:

> As produções folclóricas são comparáveis às lembranças da infância do indivíduo, que descontínuas, não restauram a totalidade do vivido: elas emergem como ilhas - ou blocos erráticos - em meio a névoa do esquecimento. Mas elas também parecem tocar o ridículo quando as comparamos com importantes eventos que, elas, não deixam qualquer vestígio. Freud não hesita de ver nas representações coletivas populares traços e impressões inconscientes da humanidade primitiva (BELMONT, 1986, p. 264).[129]

Fundamentando-se nas teorias sobre o inconsciente formuladas por Freud, Belmont sugere que objetos do folclore (práticas sociais e artefatos) trariam à tona sentimentos, emoções, pensamentos que por alguma razão teriam sido reprimidos (recalcados) e permaneceram escondidos em algum lugar da memória. Assim como em sonhos ou lapsos, aquilo que foi reprimido manifesta-se, torna-se consciente. Ao procurar fazer um possível paralelo entre folclore e as teorias da psicanálise de Freud, considerando-se as inúmeras críticas que foram elaboradas às suas ideias, talvez o mais interessante seria destacar que "o processo da repressão é em si mesmo um ato não-consciente" (BELMONT, 1986, p. 267), isto é, não ocorreria por meio da intenção dos pensamentos ou sentimentos conscientes. Em outras palavras, segundo Freud, o inconsciente seria tanto causa como efeito da repressão (na antropologia, a concepção de consciente coletivo, obviamente, é outra).[130]

---

[129] Tradução livre do original em francês: "Les productions folkloriques sont plutôt comparables aux souvenirs d'enfance de l'individu qui, discontinus, ne permettent pas de rétablir la totalité du vécu: ils émergent comme des îlots - ou sont blocs erratiques - au milieu de la brume de l'oubli. Mais ils semblent aussi de portée dérisoire quand on les compare aux événement importants qui, eux, n' ont pas laissé de traces. Freud n' hésite pas à voir dans les représentations collectives populaires les traces mnésiques inconscientes des impressions de l' humanité primitive" (BELMONT, 1986, p. 264).

[130] O tema "consciência coletiva" foi tratado pelas Ciências Sociais, especialmente por Durkheim, Mauss e Lévi-Strauss, ainda que de pontos de vista distintos. No livro *O Inconsciente na Antropologia de Lévi-Strauss*, Claude Lépine discute a noção de "inconsciente coletivo" em Freud, comparando-o ao de Lévi-Strauss: "[...] o inconsciente freudiano também é, ao mesmo tempo, natureza (*Id.* conteúdo instintual) e cultura (*Superego*, regras culturais interiorizadas). Para a Antropologia, a cultura representa o termo intermediário entre o homem e a natureza; na estrutura psíquica do indivíduo, ela ocupa um lugar simétrico, atuando como intermediário entre o *ID* e o *Ego*. Mas Freud pensa o conteúdo do inconsciente em termos biológicos, e não distingue claramente do sistema formal. A leitura de Freud por Lacan, possibilitada pelo recurso à linguística moderna, é o que nos permite realmente aproximar o inconsciente psicanalítico da concepção de Lévi-Strauss" (LÉPINE, 1979, p.

Retornando ao estudo etnográfico realizado, mesmo quando se leva em conta as distintas modalidades possíveis do fandango, ao refletir sobre os sentimentos e os pensamentos que tais práticas parecem suscitar entre seus agentes, parece-me que expressões de moralidade dos caiçaras tornam-se tangíveis ou "conscientes" nos termos usados pela psicanálise.

Os diversos sentimentos apontados nas narrativas aparecem sempre em pares de opostos (*honra-desonra, respeito-desrespeito, dignidade-humilhação, comunhão-separação, devoção-descrença, cooperação- individualismo, lealdade-falsidade...*).

Por relacionarem-se a valores morais e por serem coletivos e inconscientes na maior parte do tempo, teriam sido esquecidos ou até mesmo reprimidos por razões que se pode imaginar. É plausível considerar que, durante a experiência coletiva no fandango, tal como em um sonho ou na catarse psicanalítica, permite-se que sentimentos e pensamentos coletivos (tanto negativos quanto positivos) venham à tona.

Nesse sentido, a análise de Belmont parece contribuir para desvendar certas dimensões pouco tangíveis dessas práticas sociais populares que se operam nos momentos da festa e/ou do ritual coletivo.

Religa-se assim o inconsciente ao consciente, assim como o passado ao presente e ao futuro. Mutirões de roça ou de confecção de canoas foram abandonados, mas as reuniões das pessoas para a celebração, que envolve muitos preparativos e arranjos "antes" e "depois" do baile ou da apresentação pública, não. E ela une o passado, reprimido ou esquecido na memória desta gente, ao presente dos "pontos de cultura", toques de celulares e gravações de CDs e de pequenos vídeos caseiros disseminados na internet em redes sociais, nos quais jovens caiçaras criam suas páginas e conectam-se a agentes culturais, membros de ONGs, órgãos governamentais e corporações que financiam seus projetos. O "de dentro" (comunidade, bairro, família) liga-se ao "de fora" da vida cotidiana desta gente e das políticas culturais.

Como um fio de Ariadne, o fandango desvela e religa, material e simbolicamente, "fora" e "dentro", "consciente" e "inconsciente", "passado" e o "presente", além de apontar para algo no futuro que ainda não tem contornos muito bem definidos.

---

12). Todavia, devido à complexidade do tema, não irei me dedicar a ele neste meu trabalho. Reservo a análise para um trabalho posterior. Mesmo assim, decidi manter aqui as possíveis contribuições de Freud para pensar o folclore a partir das reflexões da antropóloga francesa Nicole Belmont.

Esse embaralhamento de dimensões, espaços e tempos e de tantos outros possíveis aspectos das manifestações culturais torna-se perceptível na atualidade, não só no fandango caiçara, mas também em tantas outras expressões populares que parecem ressurgir de um (in)consciente coletivo, sendo que nunca foram realmente esquecidas ou abandonadas. Para Freud: "Se presumirmos a sobrevivência desses traços de memória na herança arcaica, teremos cruzado o abismo existente entre psicologia individual e de grupo: podemos lidar com povos tal como fazemos com um indivíduo neurótico".[131]

De acordo com Belmont, até mesmo monumentos comemorativos de batalhas travadas entre povos ou nações (a exemplo de *Charing Cross* em Londres ou o Arco do Triunfo, em Paris) suscitam sentimentos e emoções guardadas na memória de um povo. Ao visitar esses monumentos, pode-se provocar o "reviver de algo que havia sido reprimido" e que teria permanecido na memória.

Experiência parecida é evocada quando se entra em contato com tradições, crenças e rituais populares, igualmente qualificados como "monumentos" por membros dos grupos ou em recentes políticas de patrimonialização. Tratam de legítimos testemunhos de um passado que no momento do ritual são localizados, recuperados e revividos (BELMONT, 1986, p. 265).

Sublinho ainda um aspecto importante nessa análise que o próprio Freud teria asseverado: os sentimentos e emoções não surgem (ou ressurgem) simplesmente nessas situações, mas são criados no momento da evocação "por razões que a verdade histórica é a última preocupação" (BELMONT, 1986, p. 265).[132] Freud acrescenta que os povos não conservam de maneira ininterrupta sua história, mas que a constroem segundo suas aspirações e necessidades.

Esse último ponto da reflexão freudiana parece ser aquele que mais se aproxima dos estudos mais contemporâneos sobre cultura popular e identidade coletiva. Ao procurar romper com a ideia de permanência e de necessidade de resgate e de preservação, considera-se que ambas (cultura popular e identidade coletiva) estão o tempo todo se reinventando, sendo reelaboradas, reconstruídas.

O fandango, tal como outras manifestações culturais de grupos populares em nosso país, parece expressar as alegrias e vicissitudes que essa gente enfrenta em seu cotidiano representando suas lutas, sonhos, o mundo que

---

[131] Freud, Z. (1938), texto acessado livremente na internet.
[132] Livre tradução do texto original de Belmont: "En réalité, remarque Freud, ils n'ont pas émergé, mais ont été formés au moment de l'évocation, pour des motifs «dont la vérité historique est le dernier des soucis" (BELMONT, 1986, p. 265).

desejam para viver. Como Geertz (1989) teria sugerido, o fandango parece contar "uma estória sobre eles que eles contam a si mesmos".

Belmont (1986) pondera que objetos de folclore, apesar de serem considerados por muitos intelectuais ainda hoje como "atraso", evocam curiosidade, incomodo e atração por sua beleza e pelo sentido misterioso que costumam encerrar (*o que quer dizer?*). Talvez por isso mesmo, nunca desapareceram completamente. Muito pelo contrário, manifestações culturais populares tais como festas, folguedos, ritos e outras tantas têm sido praticadas de uma maneira recorrente e crescente no mundo todo.

Para a autora, tais fenômenos ao serem compreendidos como "o retorno do reprimido", nos termos de Freud, causam incômodo, pois tendem "a dizer o que não se deve dizer abertamente e seduzem pela mesma razão". Ao contrário do que diz ou pensa a maioria, Belmont considera que o folclore seria marcado por seu dinamismo e poderia reaparecer de várias formas, permitindo impor-se com autoridade, tanto em sua prática, quanto em seu estudo (BELMONT, 1986, p. 226).

A antropóloga francesa ainda elabora uma dura crítica ao que chama de "cultura pensante", quando seus sujeitos associam diretamente sociedades tradicionais ao arcaismo, ao primitivismo. Ao considerá-las anacrônicas, reproduzem uma determinada ideologia:

> Se não estamos dispostos a ignorar o passado e considerar a história como indigna de atenção, encontraremos pistas do que talvez seja a primeira tarefa, fundamental, essencial da etnologia: descobrir o arcaísmo que está em nós e em nossas sociedades, incluindo o que há de mais atual e contemporâneo (BELMONT, 1986, p. 228).[133]

Assim como fez Teseu libertando-se do minotauro ao seguir o fio de Ariadne, Belmont teria assim ressignificado as noções de "arcaico" e de "folclore", atribuindo outros significados à cultura popular, permitindo livrá-la do labirinto construído por análises preconcebidas e preconceituosas de tais práticas sociais.

---

[133] Tradução livre de: "Si l'on veut bien ne pas considérer cette histoire comme révolue et indigne d'attention, on y trouvera les indices de ce qui est peut-être la tâche première, fondamentale, essentielle de l'ethnologie: mettre au jour l'archaisme qui est en nou et dans nos societés, y compris dans le plus actuel et le plus contemporain" (BELMONT, 1986, p. 228).

Capítulo 6

TRAVESSIA RITUAL E LUGAR DE CAIÇARA

Em campo, eu sempre me perguntava: o que leva essa gente a manter com afinco, quase com obstinação, a *"tradição"* de fazer o baile de fandango até amanhecer? E foram tantas vezes... Eu sabia que a "tarefa" de sustentar o fandango por horas a fio é muitas vezes penosa, chega até a ser dolorosa (*dedos doem ao tocar horas a fio; vozes ficam roucas; dançarinos suam muito e reclamam de pés e pernas que doem...*). Mas se trata de um "trabalho" realizado com a maior seriedade. Nesses momentos, suspeitava resvalar em uma face do fandango em que as contribuições teóricas, nas quais até então havia fundamentado minhas análises, não davam conta de explicar.

"*Pagamento*", "*ajuda*", "*serviço*" são expressões nativas que coletei em diferentes momentos de minha pesquisa de campo ao discutir com meus interlocutores caiçaras a respeito do fandango. Tais palavras e, sobretudo, os gestos e movimentos que testemunhei revelam seus significados menos evidentes que parecem transcender ao papel da convivência e da rearticulação identitária como objetivos primordiais dos encontros de fandango.

O fandango parece significar "algo mais" e faz acontecer "alguma outra coisa" entre essa gente e entre "eles" e outros grupos, que escapam das dimensões analisadas até aqui. Foi esse aspecto da ordem do imponderável que percebi no fandango em determinadas circunstâncias, aquilo que despertou meu interesse nos estudos dos ritos e de *performances*.

Discuto neste capítulo alguns dos significados do fandango pensados a partir de minha trajetória em campo e da literatura antropológica, ciente de que esta reflexão não se esgotará aqui.

Fandango como ritual

Dez ou 11 conselheiros estavam sentados em cadeiras de espaldar alto dispostas em torno da grande mesa no centro do salão. A sessão ainda não havia sido formalmente iniciada. Solenemente, lhes serviram em baixelas de prata: frutas, pães e docinhos bem decorados. Para beber havia sucos de frutas variadas e café. A maioria dos conselheiros tinha os cabelos brancos e estavam elegantemente vestidos. Desfrutavam as iguarias sem pressa, com gestos suaves, em completo silêncio. Em torno deles e da grande mesa, havia muitas fileiras de cadeiras, bem mais simples do que a dos anciões, onde uma plateia de cerca de 50 pessoas os aguardava igualmente em silêncio.

A sala do Conselho tinha as paredes decoradas por pinturas de Candido Portinari. Retratavam cenas em que homens e mulheres, todos dotados de corpos vigorosos, realizavam os mais diferentes tipos de trabalho braçal: colheita de café, fumo e algodão; pastoreio de gado; corte de cana, mineração.

A sessão começou assim que a nova presidente do Conselho tomou seu lugar na cabeceira da mesa. Feitos os discursos de praxe com todas as formalidades apropriadas à ocasião, foram distribuídos aos conselheiros pilhas de documentos que deveriam ser apreciados pelo grupo antes da aprovação dos três casos em discussão naquele dia. Tratava-se da reunião do Conselho do IPHAN, em sua última sessão do ano de 2012. Seriam analisados ali os pedidos de tombamento de duas pontes e o registro do *fandango caiçara* como patrimônio cultural imaterial.

Havia mais de 13 anos que se aguardava aquela decisão. Lideranças caiçaras e alguns de seus parceiros - como era o meu caso - observavam a solenidade com que os debates foram conduzidos com certa perplexidade... (do meu diário de campo).[134]

* * *

Rituais podem ser entendidos como formas de "discurso", à medida que reproduzem papéis e situações sociais ou as invertem em determinados momentos. É o que nos ensinou Roberto DaMatta, ao analisar o Carnaval do Rio de Janeiro, seguindo os passos da antropologia de rituais nos termos cunhados por membros da escola de Manchester — Gluckman, Victor Turner e, antes deles, Van Gennep (DAMATTA, 1979).

Alguns dos possíveis mecanismos de análise propostos para o estudo de rituais seriam *revelar, ocultar* ou *inverter papeis sociais*. Parece-me relevante sublinhar que, para DaMatta, os rituais não trariam algo de "místico" ou "mágico", mas que simplesmente iluminariam mecanismos sociais da vida cotidiana, tal como em qualquer *drama social* ou *performance*, para os casos

---

[134] Observações redigidas na Reunião do Conselho do Iphan, no dia 29 de novembro de 2012, no Palácio de Capanema, Rio de Janeiro, data em que o fandango caiçara obteve o registro como 26º. "bem imaterial" brasileiro.

em sociedades complexas.[135] Como um todo simbólico, o ritual destacaria certos aspectos da realidade em detrimento de tantos outros possíveis de serem investigados (DAMATTA, 1979, p. 79).

Já Mariza Peirano (2001) sublinha a "ação social" na análise de rituais. Muito além de narrativas e de representações, cultos e ritos são antes de mais nada *atos de sociedade*: "o feito". E como relembra a organizadora da coletânea *O Dito e o Feito*, a linguagem é também uma forma de ação. Peirano não associa os ritos diretamente à religiosidade, tal como prevaleceu nos estudos clássicos de rituais.[136] Interessa-se, antes, no significado político de determinados "eventos críticos" que possuem três características que os diferem de outros: *primeira*, "não são rotineiros"; *segunda*, "possuem uma ordenação que os estrutura"; *terceira*, constituem formas de *"performances coletivas* orientadas para um determinado fim".[137]

Reflexões teóricas e experiências etnográficas dos demais antropólogos coautores na coletânea de Peirano que também teriam se inspirado em Tambiah — a exemplo de John Comerford e Carlos Steil — contribuem para aprofundar as discussões a respeito de manifestações populares, como esta que trago para cá (fandango), por tratarem igualmente de momentos de intensificação de situações sociais, independentemente do aspecto que se deseja enfatizar em eventos-rituais (*político, cognitivo, cosmológico ou religioso*). A noção de ritual é então ampliada ao tratar de eventos "mais formalizados e estereotipados, e portanto, mais suscetíveis à análise porque já recortados em termos nativos" (PEIRANO, 2001, p. 8) "tornando [o ritual] instrumental analítico para eventos críticos de uma sociedade" (PEIRANO, 2001, p. 35).

---

[135] Vale aqui lembrar o que Langdon teria afirmado a respeito o aspecto performático de rituais como este que ora é objeto de análise: "Em lugar de enfatizar o rito como revelador de uma cultura, uma mentalidade, uma sociedade, propõe-se uma nova classificação, um estudo voltado aos "gêneros performativos", que não seriam limitados a teatro, concertos, palestras, como reconhecidos no mundo ocidental, mas incluiriam ritos, rezas, cerimônias, festivais, casamentos etc." (LANGDON, 1999, p. 23-30).

[136] Tais como alguns dos realizados por Van Gennep, Victor Turner, Durkheim e Geertz.

[137] Os "traços fundamentais de um ritual" foram apontados por Peirano a partir das contribuições de Tambiah. Posteriormente, Mariza Peirano apresentou a seguinte definição de ritual: "O ritual é um sistema cultural de comunicação simbólica. Ele é constituído de sequências ordenadas e padronizadas de palavras e atos, em geral expressos por múltiplos meios. Estas sequências têm conteúdo e arranjo caracterizados por graus variados de formalidade (convencionalidade), estereotipia (rigidez), condensação (fusão) e redundância (repetição). A ação ritual nos seus traços constitutivos pode ser vista como «performativa» em três sentidos: 1) no sentido pelo qual dizer é também fazer alguma coisa como um ato convencional [como quando se diz 'sim' à pergunta do padre em um casamento]; 2) no sentido pelo qual os participantes experimentam intensamente uma performance que utiliza vários meios de comunicação [um exemplo seria o nosso carnaval] e 3), finalmente, no sentido de valores sendo inferidos e criados pelos atores durante a performance [por exemplo, quando identificamos como 'Brasil' o time de futebol campeão do mundo]" (PEIRANO, 2003, p. 11).

229

Tais abordagens preliminares sobre rituais associadas a algumas outras que trarei para esta discussão permitem analisar de uma maneira um pouco distinta da que tenho até aqui elaborado para compreender "o que caiçaras expressam por meio do fandango".

O fandango constitui um "momento extraordinário" (TURNER, 1974), onde determinadas características sociais, papeis ou situações do cotidiano daquelas pessoas tornam-se diacríticos, sendo então impetuosamente manifestos. A primeira pergunta a ser feita então seria: o que o fandango enfatiza sobre "eles" e "elas"? Ou mesmo: o que "eles" dizem aos outros e "se dizem" através do fandango? O que o fandango revela, e talvez também esconda? A dimensão simbólica ou sagrada[138] no fandango evoca a construção de um universo social particular? Onde ou o que seria o que chamam *"o lugar da gente",* isto é, o *lugar de caiçara?*

O universo ritual constitui uma dimensão onde tudo está relacionado: cultura e natureza, saber e identidade coletiva (DAMATTA, 1979, p. 61). Aspectos relacionados ao conhecimento, ao comportamento e à comunicação teriam ainda sido enfatizados por Leach em estudos de rituais. O autor afirmaria em um simpósio que discutia comportamento (humano e animal) que os rituais constituem sistemas de comunicação e de transmissão de informações (sobre natureza e sobre sociedade) responsáveis em última instância pela "sobrevivência de povos iletrados", tais como esquimós, aborígenes e povos do Kalahari (LEACH, 1966).

A relação entre fandango e transmissão de conhecimentos (saberes) foi lembrada pelo jovem Pedrinho na narrativa que transcrevo novamente aqui:

> [...] *os saberes da mata está se perdendo como o fandango, são paralelas. O fandango era esse elo entre o saber dos mais velhos com o que os jovens tinham que aprender. Hoje é difícil isso. A hora que o jovem entrava na roça ele já estava aprendendo, depois ia pro fandango, sabia a erva que precisava pra curar alguma coisa...* (Pedrinho).

Assim, o fandango poderia ser entendido desde esse ponto de vista como uma possível expressão do sistema simbólico *saber-cultura-natureza* caiçara que procuro entender ao discutir com eles o que pensam ser o fandango — tanto no *"tempo dos antigos"* quanto na atualidade.

Destarte, quando os caiçaras sugerem compreender o fandango como um lugar onde *"está tudo junto",* em outras palavras, como uma *rede* onde vários aspectos e dimensões do mundo em que vivem e de como o enten-

---
[138] Que, segundo Turner (1974), são dimensões muito próximas.

dem encontram-se "*entralhados*", meu esforço é procurar compreender "a teia de significados" (GEERTZ, 1989) que lhe atribuem e de que maneira o fandango relaciona-se à vida cotidiana dessa gente.

De maneira análoga a Roberto DaMatta, ao analisar aspectos ideológicos do Carnaval, no Rio de Janeiro, interessa-me saber o que estaria sendo "reforçado" e o que estaria sendo "invertido" no fandango. O fandango como reflexo ou "reflexo invertido da sociedade",[139] sendo pensado no contexto sociocultural específico apresentado, criaria suas próprias regras e inventaria seu mundo, um mundo idealizado talvez, um mundo que possibilita "novas alternativas de relacionamento social" (DAMATTA, 1979, p. 71).

Ora, se "vivemos sistemas rituais complexos, interligados, sucessivos e vinculados, atualizando cosmologias e sendo por elas orientados" (PEIRANO, 2001, p. 28), o fandango também pode ser entendido como síntese da *cosmologia caiçara* ou, então, ao menos uma boa parte da *cosmologia caiçara*.

Ainda com o intuito de apresentar algumas possibilidades de análise do processo ritual que se pode observar no fandango, eu poderia apontar uma outra abordagem, também simbólica, que se relaciona ao direito/justiça, ainda que tal enfoque esteja situado "muito além daquilo que está expresso em qualquer código de direito, ou mesmo nos princípios formais que balizam os procedimentos e nas leis positivadas" (OLIVEIRA, 2010, p. 17). Parece-me que mais próxima a essa última dimensão há ainda uma compreensão de ritual relacionada à moralidade e aos valores sociais que conferem *honra* e *prestígio* a determinados sujeitos. Este é um dos sentidos atribuídos por Tambiah aos rituais, em seu texto de 1976:

> [analisando características performáticas dos rituais] [...] existe o sentido de valores "indexicais" [...], que são transferidos para os atores e inferidos pelos mesmos, conferindo-lhes desse modo prestígio, legitimidade, autoridade, poder e outras formas de capital simbólico (TAMBIAH, 1976, p. 23).

Tambiah também evoca uma suposta "passagem" (ou "travessia") de sujeitos sociais para uma outra condição mais favorável em rituais e eventos públicos, um aspecto discutido desde Van Gennep até Victor Turner. Essa seria uma das características mais marcantes de processos rituais. É nesse estado intermediário de *liminaridade,* onde os sujeitos se transformam, "transmudam" (DaMatta), adquirindo novos atributos, uma outra posição hierárquica, outro status ou prestígio. E é em um estado (ou espírito de

---

[139] Tomo emprestada a expressão de DaMatta (1971, p. 71).

comunhão) especial denominado por Turner (1974) de *communitas* que o novo encontra condições de se manifestar.

Tal "passagem do sujeito social para o sujeito ritual" é recorrente em ritos populares brasileiros, como alguns dos estudados por antropólogos com os quais já dialoguei aqui e aos quais novamente recorro: Carlos Brandão e Maria Laura Cavalcanti.

Brandão (1981, p. 39) teria considerado a Folia de Reis em seu livro *Sacerdotes de Viola*, publicado pela primeira vez em 1981, "uma reconstrução simbólica de um espaço camponês para usos comunitários de um ritual religioso produzido por situações de diálogo e contrato" entre dois grupos: os foliões e os moradores rurais. Em outras palavras:

> Para a cultura popular [sair da roça e vir para a cidade] significa o risco de transplantar, para uma outra conjuntura, aquilo que muitas vezes só sobrevive sem perdas na rede de trocas e de significados que, entre outras coisas, precisou criar a dança, os versos e os gestos, para explicar-se a si própria [...] O que importa não é a transferência da roça para a cidade, mas a **passagem de uma ordem de relações e de sujeitos, para uma outra e para outros sujeitos sociais, ou os mesmos, em novas posições e com novos interesses** (BRANDÃO, 1981, p. 107, grifo próprio).

De maneira análoga às festas populares, tais como a do Divino analisada por Brandão, folguedos, autos e tantos outros tipos de manifestações protagonizadas por pessoas e grupos populares, muito além de evidenciarem processos de reelaboração identitária, encerram significados simbólicos que deveriam ser mais bem compreendidos a partir do diálogo com o(s) ponto(s) de vista dos próprios nativos.

Travessia ritual no Vale do Ribeira

Muitas vezes, observa-se nesses processos rituais transformações de agentes sociais que ocupam posições de destaque ou de subalternidade na sociedade em agentes rituais reforçando o prestígio desses sujeitos (como no caso da festa do Divino em Pirinópolis) ou provocando subsequente inversão de papéis sociais (caso do Carnaval no Rio de Janeiro, de acordo com DaMatta). Essa dinâmica social, característica dos rituais, talvez possa ser expressa na seguinte formula estrutural inspirada em DaMatta (1979), adequando-a ao contexto aqui sendo pensado:

roça/rio/mar/floresta ("*mato*") : casa : : fora : dentro : : homem : mulher

ou, então:

homem : mulher : : tocar/cantar : dançar : : trabalho : festa/celebração

Em sociedades tradicionais, de maneira geral, a maior oposição entre o "público" e o "doméstico" ou, melhor, entre o espaço social representado pelos espaços de trabalho (entre caiçaras: *na roça, no rio, no mar, na floresta*), ou seja, o "fora" opõe-se ao espaço doméstico representado pela "casa" ("dentro"). A maior oposição entre "casa" ("dentro") e "fora" poderia ser entendida aqui também como a oposição entre o princípio tradicional masculino ("fora") e o princípio tradicional feminino ("casa").[140] Essa oposição é reproduzida durante as apresentações de fandango.

Ainda que a festa (*"baile"*) ou na celebração dos santos (São Gonçalo e São Miguel Arcanjo, principalmente) aconteçam na "casa" (ou no centro comunitário), as atividades que conferem maior prestígio (tocar e cantar) são realizadas por homens. São eles que estão no palco ou em algum lugar de destaque na casa ou no salão. São eles que são admirados, que detêm grande prestígio que lhes conferem orgulho, honra e respeito. A simples atitude de convidar uma dama para dançar apontando o dedo indicador em sua direção, sem cerimônias, sem que ao menos seja dita alguma palavra, já aponta as distinções de papéis. As damas esperam sentadas no banco para serem "escolhidas" por algum cavalheiro para dançar e nunca tomam a iniciativa. Mas, em boa medida, é através "delas" que o fandango é o que é. De certo modo, podemos dizer que o fandango é um evento *entre* homens *através* de mulheres. Elas nunca "tocam", mas são "respeitosamente tocadas".

O fandango mais comunitário ou familiar acontece na "casa", mas reproduz e valoriza sobretudo as atividades realizadas na roça, a pesca, a caça e, principalmente, no jogo das conquistas amorosas. O fandango seria ainda um lugar privilegiado onde se estabelecem as relações amorosas, onde se encontram os casais, onde é feita a corte como contam meus interlocutores caiçaras, a exemplo de Marquinho Pio, da Barra do Una:

> *Era assim que muita gente casou, por causa do fandango. Se conheceram no baile... vinha com perfume, era uma cartinha que recebia.*

---

[140] DaMatta entende o espaço da "casa" e o da "rua" como domínios distintos análogos aos domínios opostos: "doméstico" ou "íntimo" (a casa) e o "público" (a rua). Devo ainda a Felipe Vander Velden a sugestão da expressão "princípio feminino" (ou masculino) na análise da fórmula estrutural Karitiana que compôs inspirado em Philippe Descola (VANDER VELDEN, 2010, p. 133).

Era assim a coisa, um pedacinho de pano, de lenço que davam, guardavam, fulana de tal que me deu num baile não sei de onde... Quando o fandango era feito em casa de quem tinha filha bonita, chovia gente no baile. Quando vinha uma menina de uma outra comunidade, os meninos colocavam a melhor calça que tinham, a melhor camisa, jogava perfume e todo mundo ia com a intenção de conhecer, de namorar, de dar uma piscadinha... (Marquinho Pio).

Outro exemplo é a moda Barra do Jardim, de autoria do Seo Ângelo Ramos, o rabequeiro do Acaraú em Cananéia, que ilustra bem as observações de Pio a respeito dos jogos de sedução, que de certa forma estão sempre presentes no fandango, tanto na Juréia como em Cananéia:

*Tava lanceando lá na Barra do Jardim
Vinha um assobiando e eu pensei que era um sunci* Ele vinha perfumado, lai, lai
Que o cheiro bateu em mim
No que passou de mim começou a assobiar Uma moda de caipira que dava gosto de escutar Um rapaz que vai cantando, lai. lai
Decerto vai paquerar
A moda que ele cantava, eu vou vou contar pra vocês Fui em casa da morena pedi água pra beber
Não é sede, não é nada, lai, lai Eu Vim aqui só pra te ver
Minha mãe ralha comigo quando eu saio passear Eu filo canoa dos outros pra de noite paquerar Saio à boca da noite, lai, lai
Pra madrugada voltar
Vamos dar a despedida, essa moda já deu fim
Eu comigo voltarei se eu morrer é bem por mim*[141]

Ao me reportar ainda à análise tão conhecida de DaMatta (1979), lembro que ele considerava a "rua" um domínio controlado pelo governo, ao passo que a "casa" seria de domínio do doméstico e da intimidade. Tal situação, contudo, durante o período do Carnaval se inverte: a "rua" passa a ser de todos, um lugar onde se podia presenciar certas "intimidades" proibidas publicamente durante os outros dias do ano. Essas seriam duas das características recorrentes nos rituais, segundo análises inspiradas na antropologia social britânica: a "inversão", ou ao contrário, o "reforço".

Todavia, no caso dos caiçaras e de outros povos tradicionais de que se tem notícia, há grande intromissão do governo na "casa", quando essa

---

[141] *Cf.* PIMENTEL, Alexandre; PEREIRA, Edmundo; CORRÊA, Joana. Música da faixa 14: *Chamarrita*, de Angelo Ramos (no encarte dos CDs que acompanha o livro. "Sunci" é o *"passarinho que assovia feito um saci"*, segundo Seo Ângelo.

gente vive em áreas consideradas ambientalmente protegidas (além de em algumas outras circunstâncias igualmente dramáticas). Há vários relatos na Juréia da polícia florestal arrombando a porta de casas de caiçaras aos chutes para abrir panelas e verificar se não se cozinhava carne de caça, pois a caça é considerada pela lei ambiental em vigor uma atividade criminosa inafiançável. Esse tipo de atitude recorrente que exemplifica abuso de poder do Estado na vida privada daquele povo suscita questões óbvias relacionadas à justiça e aos Direitos Humanos. Mas aqui quero tratar desse "deslocamento" do ponto de vista simbólico, inspirando-me, por ora, nos argumentos de Roberto DaMatta (1979).

Como se pode deduzir a partir das narrativas apresentadas a seguir, colocar alguém para fora de sua casa (ou de seu "lugar", seu território, enfim) é sinônimo de destituição de uma posição social por meio de um grave tipo de "castigo" ou "penalidade".[142] Vejamos alguns relatos de caiçaras e trechos de modas mais recentes de fandango que tratam desse tema:

> *Sairam, saíram e ficou só um irmão meu lá* [onde hoje é o Parque Nacional de Superagüi] *dentre umas trinta famílias que tinha. Sairam tudo, tudo.* [Por que?] *Saímos do mato por causa desse meio ambiente. Multavam a gente por causa da roçada [...]. Por essa razão, depois de casado, fui para o Varadouro em Cananéia e agora moro no Ariri, perto do Marujá, na Ilha do Cardoso.* (Zé Pereira no Ariri, localidade situada na divisa entre S.P. e Paraná).
>
> *Pescador que sofre é o artesanal*
> **Quando o guarda vem me escondo no mangual**
> *É "os home" da lei e a fiscalização*
> *O meu gerival é meu ganha-pão* [...] (trecho da *"moda de fandango"* de Paulinho Pereirra, do Agrossolar, Cananéia).[143]

Há, portanto, aqui uma clara inversão: a polícia entra na casa da família caiçara ou em seu lugar de trabalho (domínio privado) e o penaliza por realizar suas atividades tradicionais (fazer a roça, pescar, caçar...). Nota-se então que há uma transposição de domínios que resulta em uma forte tensão entre papéis sociais.

---

[142] DaMatta: "Surrar e repreender pessoas, por exemplo, é uma ação que deve acontecer no espaço privado da residência onde esse tipo de intimidade pode ocorrer. O oposto sucede nos conflitos políticos que – em princípio – estão radicalmente banidos das casas e devem ocorrer nas ruas, sobretudo nas praças, junto aos palácios governamentais" (DAMATTA, 1979, p. 77).

[143] *Cf.* PIMENTEL *et al.* (2006) no encarte dos CDS, CD 1.

Na gramática dos ritos, sempre que houver um deslocamento de domínios e de papéis sociais, bem como de objetos e de ações, ou seja, uma "transmudação" de um elemento ou domínio para outro, ocorre um processo de simbolização caracterizado pela "passagem" ou "travessia". E nessa travessia ritual, tal como analisado detalhadamente por Victor Turner, em *O Processo Ritual* (1974), há uma nova adequação do objeto ou do sujeito, que se constitui, cria-se, inventa-se como algo diferente ou outro alguém.

No caso do povo *ndembo*, na Zâmbia, analisado por Turner (1974), os noviços submetidos ao rito de passagem, antes da circuncisão, abandonam seus nomes, suas vestes, são humilhados, subjugados, destratados, enfraquecidos, marginalizados. Só depois de inúmeras etapas do processo ritual de circuncisão é que o jovem passa a ser aceito novamente na tribo, contudo, em uma outra condição social, superior à anterior.

O mais importante seria enfatizar que é nesse momento de travessia ou na situação de *liminaridade* que as mudanças sociais se tornam possíveis:

> A liminaridade, a marginalidade e a inferioridade estrutural são condições em que frequentemente se geram os mitos, símbolos rituais, sistemas filosóficos e obras de arte. Estas formas culturais proporcionam aos homens um conjunto de padrões ou de modelos que constituem, em determinado nível, reclassificações periódicas da realidade e do relacionamento do homem com a sociedade, a natureza e a cultura (TURNER, 1974, p. 156).

É também nesse "momento especial" que pode acontecer "um fenômeno de consciência" (DAMATTA, 1979, p. 80): "o ritualizar, como o simbolizar, é fundamentalmente deslocar um objeto de lugar – o que traz uma aguda consciência da natureza do objeto, das propriedades do seu domínio de origem e da adequação ou não do seu novo local". O deslocamento, como cerne do processo ritual, deixa evidente o contraste entre objetos, permitindo comparações e, assim, a "tomada de consciência de processos e de esferas sociais básicos" (DAMATTA, 1979, p. 81).

Representaria o fandango um possível movimento de transformação, de passagem de uma situação para outra, de uma condição a outra, que, além do reviver das coisas boas do tempo no *"sítio"* (*os encontros de amigos e parentes, as músicas, danças, os namoros, as brincadeiras, os trabalhos coletivos*), possibilitaria a criação, a invenção e a travessia para um mundo melhor de acordo com a perspectiva daquelas pessoas?

Um de meus entrevistados assegurou: *"com o fandango* [a gente] *fica mais fortalecido no lugar da gente."* E que *"lugar"* é esse ao qual almejam tanto? Trata-se de um mundo parecido com aquele do *"tempo dos antigo"*? Ou um mundo totalmente novo inventado, afinado com as novas conquistas (de direitos culturais e Direitos Humanos) e as novas tecnologias das quais usufruem com tamanha desenvoltura?

A dinâmica do fandango deixa evidente o contraste entre "nós", *"caiçara de verdade"*, que toca, que dança, que festeja até de manhã, que se diverte e reza junto, que se respeita e os "outros" (quem?). No processo ritual, o deslocamento e a travessia criam símbolos, e "simbolizar é individualizar" *(ser caiçara)*, como teria afirmado DaMatta (2000). Simbolizar ainda pode estar relacionado com "curar" — vocação que esse antropólogo atribuiria aos povos tribais e tradicionais. Ambas dialéticas estão presentes no processo ritual observado no fandango do Vale do Ribeira, tanto no passado quanto no presente. Como nos alerta DaMatta (2000), o importante é saber quando os objetos passam de um domínio para outro e em que circunstâncias isso se dá.

O fandango parece significar para essa gente mais do que a ligação entre um passado (trabalhoso e árduo, mas livre e "no lugar") e um presente (incerto, frágil, "não lugar"). Tal como o fio de Ariadne no labirinto, o fandango ligaria por meio de um processo contínuo o estar "dentro" (*"lugar de caiçara", "ser caiçara": "O fandango é a cara da gente"*) e estar "fora" (da estação ecológica, fora da lei, *"avacalhado"*, fora de uma "estrutura").

Parece ainda haver alguma intencionalidade de mudança no fandango, mesmo que oculta/inconsciente. Ao que tudo indica, seus praticantes pretendem transformar esse presente doloroso em algo mais prazeroso (por meio da *"brincadeira"*, do *"respeito"*, do orgulho de ser caiçara).

Há um lugar de passagem que está ligado ao passado, mas que vislumbra o novo (de mais *"respeito"*, dignidade e liberdade). E que lugar seria esse? Qual seria essa nova condição? Onde seria o outro lado da travessia e como realizá-la?

Esse "deslocamento" ou *transportation,* de acordo como o termo utilizado por Schechner, autor recorrentemente lembrado nos estudos sobre *performance* discutido por Rubens Alves da Silva (2005), permite o sujeito ou grupo de pessoas penetrar em um mundo recriado onde é possível vivenciar novas experiências, individuais ou coletivas, sensações extraordinárias bem próximas a um estado de "transe".

Experiência semelhante me foi relatada por Ciro, violeiro *"puxador das modas"* de fandango que mencionei tantas vezes antes e relembro aqui: à medida que as horas do baile-ritual se passavam, disse-me que cantava e tocava cada vez melhor, lembrava-se de modas antigas que seu pai lhe ensinara e que normalmente não se lembrava, *"como num transe"*, confessou-me. Paulinho da Vila Nova também teria se referido ao fandango como *"uma mística"*.

Talvez, seja possível compreender os eventos de fandango como uma passagem simbólica da condição de agricultor-pescador (*"caiçara avacalhado"*) ou mesmo de infrator, marginal (*fora da lei*) para a condição de artista (*fandangueiro*), mas detentor de um bem valioso ("patrimônio cultural nacional").

Nos momentos em que o fandango acontece, seria possível "esconder" (DAMATTA, 2000) de alguma maneira simbólica as situações dramáticas enfrentadas por caiçaras, tais como a expropriação territorial, a criminalização de suas práticas produtivas tradicionais e, sobretudo, a subvalorização desses sujeitos e "inverter" os papéis sociais ou "substituir" por uma condição simbolicamente mais favorável que permite a essas pessoas vivenciar o orgulho de ser *caiçara* e/ou *fandangueiro*?

Turner sugeriria que, ao lograr um certo "deslocamento do olhar" em momentos extraordinários ou situações de *liminaridade* (nas *communitas*), torna-se possível interromper de certa forma o fluxo da vida cotidiana, possibilitando o sujeito observar com certa distância regras e papéis sociais. Trata-se de um exercício reflexivo que dialeticamente gera reflexão e possibilita mudança.

Há autores que alegam que Turner entendia os rituais como uma forma de manter *o status quo* em uma sociedade tradicional (como os *Ndembu* que estudou na África Central), já que teria afirmado em *O Processo Ritual* que, depois de uma suposta suspensão da estrutura vivenciada na situação de *liminaridade* ("antiestrutura"), institui-se novamente a "estrutura", entendida pelo autor como continuidade da realidade cotidiana. Não estou bem certa de que essa era mesmo a ênfase que ele desejava atribuir aos eventos-rituais. Em seus últimos escritos, quando Turner discute a relação entre ritos em sociedades complexas e o teatro, ele teria evidenciado o papel transformador de eventos performáticos. Nesse sentido, acredito que o autor abriu caminho para análises sobre rituais e performances de uma antropologia que seguiu a sua obra.

É de acordo com esse último ponto de vista que as contribuições analíticas de Turner, a respeito de processos sociais caracterizados como "dramas rituais", cruzam as teorias interpretativas de Geertz, a respeito de *performances*: a da possibilidade de um despertar de uma consciência crítica e a ênfase no papel transformador dos ritos em situações de conflito.

Esta análise comparativa entre ambos os autores foi conduzida por Rubens Alves da Silva, mencionado antes, interessado em entender as congadas no interior de Minas Gerais e São Paulo na atualidade. Na sua leitura, Turner teria a atenção voltada para a "experiência" do ator em *performances*, ao passo que Geertz preocupou-se em analisar o "sentido" atribuído às ações performáticas.

De toda maneira, mesmo ciente dessas diferenças, a meu ver, as duas abordagens trariam contribuições relevantes para seu estudo que sublinha a relação entre o *performer* ("congadeiros") e os diversos tipos de expectadores nos ritos de congadas:

> Observei que os congadeiros sempre se referiam aos "de fora" como aqueles que "não sabem direito o que é o congado, [e por isso] acham que é folclore" ou "carnaval"; pois, para eles, congadeiros, não havia dúvida de que o congado era "festa religiosa" (SILVA, 2005, p. 60).

No fandango acontece algo semelhante.

A respeito da importância das teorias de *performance, drama e ritual* nas ciências sociais, Silva ainda observou que em situações de conflito certas modalidades rituais fornecem "suporte para análise da realidade social", apontando, por exemplo, "questões não resolvidas e elementos suprimidos, histórica e culturalmente, das relações sociais e raciais na sociedade brasileira" (SILVA, 2005, p. 64).

Assim, ao analisar possíveis significados rituais do fandango, desde as perspectivas teórico-conceituais apontadas até aqui, creio ser possível entender o que se pretendia evocar com os dizeres na faixa fixada na parede do centro comunitário durante o evento de fandango organizado no Guaraú, que descrevi no preâmbulo deste livro: *"promovendo o fandango, artesanato e cultura caiçara. Manifestação caiçara na luta por território e cultura"*.

Sob a ótica mais performática, compreendo o fandango caiçara como uma prática social ordenada constituída por "atos"/"feitos" (*as danças; o beijamento do santo na celebração de São Gonçalo*) e por "palavras"/"ditos" (*das letras das músicas, nas narrativas, nos causos e na frase acima destacada*) orientada a um determinado objetivo (conquista do território; empoderamento, redefinição do *modo de ser caiçara*).

É nesse sentido que ao finalizar a presente obra eu poderia dizer que concordo com as palavras de um de meus entrevistados que me disse que o fandango *"é muito mais do que isto! Na verdade, o fandango acontece ao longo do ano todo, abarca a 'reiada', as outras festas de santos, o Carnaval, os bailes depois dos mutirões de roça, de pesca, quando os caiçaras vão varar uma canoa..."*.

Ou seja, ouso então dizer, apoiando-me muito mais em sua experiência de vida do que na teoria antropológica, que o fandango é bem mais que uma simples festa de caiçara.

Espero ao longo deste meu trabalho ter oferecido ao leitor, ou leitora, a compreensão de que o que importa não é o que acontece em algumas horas ou em cada noite inteira de fandango, mas em toda uma teia de interações, de reciprocidades e de diferentes experiências performáticas que me autoriza a pensar que temos diante de nós algo que pode diferenciar "cada fandango" e o "fandango como um todo".

Assim, ao invés de procurar adequar o fandango à gramática dos ritos, gostaria de destacar a multiplicidade de sua natureza, bem como a criatividade de seus agentes.

"Fandangueiros" e *"fandangueiras"* são antes de mais nada pescadores, agricultores, extrativistas, artesãos, pequenos comerciantes, constituem famílias, bairros e associações, grupos de música e de dança e estão situados ainda em suas comunidades de origem ou vivem nas periferias das cidades do Vale do Ribeira, mas ainda hoje se autorreconhecem como um grupo singular ao partilharem um *modo de ser* tradicional (*"caiçara de verdade"*, como dizem). Tais sujeitos comunicam-se — entre "eles próprios" e com os "outros", seres humanos e não humanos —, por meio dos ritmos e das *"modas"* os dramas que enfrentam nas áreas em que vivem (ou viviam), mas também celebram a alegria dos momentos de troca e de comunhão.

Destarte, antes mesmo de procurar identificar as dimensões "profana" e "sagrada" do fandango, se ambas ainda estão presentes e de certa forma imbricadas na *Dança de São Gonçalo*, que costuma sinalizar o início da maioria dos eventos, eu gostaria de finalizar este trabalho enfatizando que os/as *fandangueiros* inventam nos "movimentos do fandango" novas maneiras de enfrentarem suas dificuldades cotidianas e se recriam como novos sujeitos em diversas circunstâncias.

Com base no que vi, ouvi, debati e vivi *junto* e *com* essa gente, posso aqui afirmar, de uma maneira que me parece contrária às suposições de alguns autores que tratam de rituais, que a experiência do fandango contribui para que tais sujeitos invertam papéis sociais e desestabilizem o *status quo* a fim de garantir seus direitos.

Para além das possibilidades analíticas apontadas aqui para entender essa expressão cultural na atualidade, gostaria de sublinhar o dinamismo dos eventos de fandango e a imprevisibilidade das práticas sociais decorrentes desses "momentos extraordinários". Ao ser enfatizado o papel transformativo de rituais como o fandango, percebo nesses sujeitos a (re)invenção constante de um mundo "deles" (cosmológica) e o (re)viver de velhas e de novas experiências pessoais e coletivas. O fandango evoca, assim, a multiplicidade do ritual e a complexidade do sistema simbólico caiçara.

ALGUMAS CONSIDERAÇÕES FINAIS

Espero que fique claro que aquilo de mais relevante que eu pretendia discutir a respeito do fandango caiçara foi distribuído ao longo deste trabalho. Reservei para esta parte final um simples desfecho das análises feitas antes.

Bem no início deste trabalho, eu expliquei o que me motivou a realizar a pesquisa que resultou neste livro. Ao retornar às áreas de reservas ambientais no litoral paulista entre a Baixada Santista e a divisa do estado do Paraná, eu fiquei de certa forma intrigada ao testemunhar o "aparecimento" do fandango em locais onde poucos anos antes eu havia realizado inúmeras entrevistas e convivido com pessoas que viviam ali.

O fenômeno chamado de "revitalização de manifestações populares" ocorre há um certo tempo em muitas regiões do Brasil e em todo o mundo. Até aí, não há novidade. Mas me chamou atenção que alguns de meus principais interlocutores nas pesquisas que realizei ao analisar processos de disputas territoriais no Vale do Ribeira em um intervalo de dois ou três anos passaram a se dedicar com grande empenho e, aparentemente, com maior entusiasmo às atividades relacionadas ao fandango, quando voltei até eles e elas. Decidi então procurar entender o processo de "redescobrimento" do fandango na vida daquelas pessoas que até então eu pensava conhecer tão bem.

Ao longo da minha etnografia do fandango caiçara, comentei a respeito de alguns fatos e de certas pessoas que de maneira especial foram apontados como os principais responsáveis pelo "ressurgimento" do fandango nessas áreas. Também esclareci que esse processo foi bem diferente nas duas áreas geográficas principais tratadas nesta pesquisa: na *Juréia* e na *região de Cananéia* (que agrupa, além das ilhas de Cananéia e do Cardoso, o Ariri e os *sítios* localizados no continente, mas próximos ao estuário). Se na região de Cananéia meus interlocutores disseram que houve um período que o fandango teria "acabado" e a partir do ano de 2003 eles teriam vivenciado o *"retorno do fandango"*, na Juréia, o fandango nunca deixou de existir nos rincões isolados onde foi criada a estação ecológica em algumas circunstâncias que os caiçaras que entrevistei consideram ser uma "obrigação" organizar o fandango: depois dos mutirões de roça (que também lá nunca foram completamente abandonados), nas festas de santo (inclusive na *"reiada"*), no Carnaval.

De certa forma, o constante intercâmbio que houve a partir de 2001 entre alguns dos moradores da Juréia e de Cananéia, impulsionados pelos conflitos ambientais que todos enfrentavam (e ainda enfrentam), teria influenciado a retomada do fandango, em Cananéia. Nas duas áreas, contudo, o Projeto Museu Vivo do Fandango, criado por um grupo de produtores culturais do Rio de Janeiro, foi apontado por meus interlocutores como o principal agente responsável pelo fortalecimento do fandango, por volta de 2004, ao identificar indivíduos *fandangueiros* e/ou grupos de fandango, promover "encontros de fandango e cultura caiçara" entre "eles" e publicar um livro e dois CDs que retratam esses sujeitos.

Tanto por meio de minhas experiências pessoais quanto de minhas leituras, devo lembrar que estou consciente de que esse "ressurgimento" do fandango não ocorre apenas nas áreas geográficas onde estudei. Sabemos que vários outros rituais, cerimônias e celebrações realizadas no Brasil e na América Latina "ressurgem" após viverem momentos de uma quase desaparecimento como o fandango por mim estudado.

Lembro ainda que tanto no fandango como em outras manifestações populares, esse ressurgimento vem acompanhado de pelo menos quatro "passagens" que recordo aqui como relevantes: 1° deixam de ser apenas rituais marcadamente "de adultos e velhos" e passam a envolver de forma crescente jovens; 2° deixam de ser rituais com uma forte marca de vocação do passado e do "tradicional" e passam a envolver também o presente e mesmo o futuro (inclusive com uma dimensão política); 3° nesse sentido, deixam de envolver apenas uma temática da "cultura do tradicional" e se voltam para uma temática presente inclusive em algumas letras de uma aberta e desafiadora modernidade; e, finalmente, tal como mencionado aqui várias vezes, tendem a passar do *ritual* da própria comunidade para o *espetáculo* voltado também para uma crescente plateia de expectadores.

De toda maneira, o fandango pode ser compreendido como um *ritual* e/ou como uma *performance*, ainda que muitos de seus elementos talvez tenham sido subtraídos pelas circunstâncias que essa gente viveu ao longo de décadas nas quais foram expropriados de "seu lugar". Ao se comparar o fandango com outras manifestações populares presentes no Brasil (o *Carnaval* do Rio de Janeiro; o *boi de Parintins,* no estado de Amazonas; as *folias de reis,* em Goiás ou em Minas Gerais, dentre outras) analisadas por autores renomados como potentes rituais, pode-se até considerá-lo menos elaborado e muito mais breve do que esses mencionados. No entanto, estou certa de que o fandango coloca em foco uma série de experiências que ressignificam esses eventos, organizados de diferentes formas ou em modalidades distintas, interrompendo, assim, o fluxo da vida cotidiana das comunidades caiçaras, despertando essa gente para algo, paradoxalmente, novo e tradicional.

Mais do que isso: este trabalho evidencia a urgência da criação de um território caiçara para que os modos de vida, as memórias, os saberes, os fazeres, a sociabilidade, as crenças, as lutas, os sonhos e demais aspectos dos modos de ser caiçara, aqui *entralhados* na rede do fandango, possam ser continuamente reconstruídos. Pois, afinal, como foi dito por um ilustre fandangueiro da Juréia:

"Natureza, fandango e cultura, tá tudo junto!"

✳ ✳ ✳

REFERÊNCIAS

ABREU, Regina. Tesouros humanos vivos ou quando as pessoas transformam-se em patrimônio cultural - notas sobre a experiência francesa de distinção do "Mestre da Arte". *In:* ABREU, Regina; CHAGAS, Mário. **Memória e Patrimônio:** ensaios contemporâneos. 2. ed. Rio de Janeiro: Lamparina, 2009. Cap. 1. p. 83-86.

ALMEIDA, Alfredo Wagner Berno de. Terras tradicionalmente ocupadas: processos de territorialização e movimentos sociais. **Revista Brasileira de Estudos Urbanos e Regionais,** [*s. l.*], v. 6, n. 1, p. 9-32, 31 maio 2004.

ALMEIDA, Alfredo Wagner Berno de. Arqueologia da Tradição: uma apresentação da coleção "Tradição & Ordenamento Jurídico". *In:* SHIRAISHI NETO, Joaquim. **Leis do Babaçu Livre.** Práticas Jurídicas das Quebradeiras de Coco e Normas Correlatas. Manaus: PNCSA-UFAM/ F. Ford, 2006. p.07-12

ALMEIDA, Alfredo Wagner Berno de. **Terras de Quilombo, terras indígenas, "babaçuais livres", "castanhais do povo", faxinais e fundos de pasto: terras tradicionalmente ocupadas.** 2 ed. Manaus: PGSCA-UFAM, 2008 a. 192p.

ALMEIDA, Alfredo Wagner Berno de. **Antropologia dos Archivos da Amazônia.** Rio de Janeiro: Casa 8/F.u.A, 2008b. 192 p.

ALMEIDA, Mauro William Barbosa de. Relatividade e Relativismo: Einstein e a Teoria Social[1]. **Tempo Brasileiro,** [*s. l.*], v. 175, p. 113-134, 2009.

ALMEIDA, Mauro William Barbosa de. A etnografia em tempos de guerra: contextos temporais e nacionais do objeto da antropologia. *In:* PEIXOTO, Fernanda Areas; PONTES, Heloisa; SCHWARCZ, Lilian Moritz (org.). **Antropologias, Histórias, Experiências.** Belo Horizonte: UFMG, 2004. p. 61-81.

ALMEIDA, Mauro William Barbosa de; CUNHA, Manuela Carneiro da. Populações tradicionais e conservação ambiental. *In:* CAPOBIANCO, João Paulo Ribeiro *et al.* (org.). **Biodiversidade na Amazônia brasileira.** São Paulo: Estação Liberdade: Instituto Socioambiental, 2001. p. 540.

ANDRADE, Mário de. **Danças Dramáticas do Brasil.** 2. ed. Belo Horizonte: Itatiaia, 1935. 204 p.

ARRUTI, José Maurício Andion. A emergência dos "remanescentes": notas para o diálogo entre indígenas e quilombolas. **Mana,** [*s. l.*], FapUNIFESP, v. 3, n. 2, p. 7-38, out. 1997.

ARRUTI, José Maurício Andion. **Mocambo**: antropologia e história do processo de formação quilombola. Bauru: Edusc, 2006. 370 p.

BARTOLOMÉ, Miguel Alberto. As etnogêneses: velhos atores e novos papéis no cenário cultural e político. **Mana**, [s. l.], v. 12, n. 1, p. 39-68, abr. 2006.

BAUMAN, Zygmunt. **Modernidade Líquida**. Rio de Janeiro: Zahar, 2001. 280 p.

BAUMAN, Zygmunt. **Comunidade**: a busca por segurança no mundo atual. Tradução de Plínio Dentzien. Rio de Janeiro: Zahar, 2003. 136 p.

BAUMAN, Zygmunt. **Identidade**. Rio de Janeiro: Zahar, 2005a. 134 p.

BAUMAN, Zygmunt. **Vidas Desperdiçadas**. 1. ed. Rio de Janeiro: Zahar, 2005b. 176 p.

BELMONT, Nicole. Le Folklore refoulé ou les séductions de l'archaïsme. **L'Homme**, [s. l.], PERSEE Program, v. 26, n. 97, p. 259-268, 1986.

BOURDIEU, Pierre. O Sentimento da Honra na Sociedade Cabília. Mimeo: 1971 [1965].

BRANDÃO, Carlos Rodrigues. **O Lugar da Vida**. [S. l.: s. n.]. mimeo.

BRANDÃO, Carlos Rodrigues. **Partilha da Vida**. [S. l.]: Geic: Cabral, 1995. 173 p.

BRANDÃO, Carlos Rodrigues. **Sacerdotes de Viola**: rituais religiosos do catolicismo popular em São Paulo e Minas Gerais. Petrópolis: Vozes, 1981. 182 p.

BRANDÃO, Carlos Rodrigues. **Identidade e Etnia**: construção da pessoa e resistência cultural. São Paulo: Brasiliense, 1986. 125 p.

BRANDÃO, Carlos Rodrigues. **O Divino, o Santo e a Senhora**. Rio de Janeiro: Funarte, 1978. 159 p.

BRANDÃO, Carlos Rodrigues. **O que é Folclore**. São Paulo: Brasiliense, 1982. 41 p.

BRANDÃO, Carlos Rodrigues. Vocação de criar: anotações sobre a cultura e as culturas populares. **Cadernos de Pesquisa**, [s. l.], v. 39, n. 138, p. 715-746, dez. 2009.

BRASIL. **Lei no 9.985**. Regulamenta o art. 225, § 1o, incisos I, II, III e VII da Constituição Federal, institui o Sistema Nacional de Unidades de Conservação da Natureza e dá outras providências. Brasília, 18 jul. 2000.

BRASIL. **Decreto n° 6.040**. Institui a Política Nacional de Desenvolvimento Sustentável dos Povos e Comunidades Tradicionais. Brasília, 2 jul. 2007.

CALI, Plácido. **O processo de povoamento do litoral sul de São Paulo**: Juréia-Itatins. 1999. 190f. Dissertação (Mestrado em Arqueologia) – Faculdade de Filosofia, Letras e Ciências Humanas, Universidade de São Paulo, São Paulo, 1999.

CANCLINI, Néstor García. **Culturas Populares no capitalismo**. São Paulo: Brasiliense, 1983. 149 p.

CÂNDIDO, Antônio [1964]. **Os Parceiros do Rio Bonito**: um exame dos processos de obtenção dos meios de vida do caipira paulista. São Paulo: Livraria Duas Cidades. 1988. 376 p.

CASCUDO, Luís da Camara. **Dicionário do Folclore Brasileiro**. 10. ed. Rio de Janeiro: Ediouro, 1954.

CAVALCANTI, Maria Laura Viveiros de Castro. **Carnaval carioca**: dos bastidores ao desfile. Rio de Janeiro: Funarte: UFRJ, 1994. 240 p.

CAVALCANTI, Maria Laura Viveiros de Castro. Duas ou três coisas sobre folclore e cultura popular. *In:* SEMINÁRIO NACIONAL DE POLÍTICAS PÚBLICAS PARA AS CULTURAS POPULARES, 2005, Brasília. **Anais** [...]. Brasília: Ministério da Cultura, 2005. p. 28-33.

CAVALCANTI, Maria Laura Viveiros de Castro. Tema e variantes do mito: sobre a morte e a ressurreição do boi. **Mana**, [s. l.], v. 12, n. 1, p. 69-104, abr. 2006.

CAVALCANTI, Maria Laura Viveiros de Castro. Brincando de boi: antropologia dos bois-bumbás de parintins/amazonas. **Ciência Hoje**: Revista de divulgação da SBPC, [s. l.], v. 40, p. 18-25, ago. 2007.

CAVALCANTI, Maria Laura Viveiros de Castro; GONÇALVES, Renata (org.). **Carnaval em múltiplos planos**. 1. ed. Rio de Janeiro: Aeroplano, 2009. v. 1. 357p 2009.

CAVALCANTI, Maria Laura Viveiros de Castro. **AS FESTAS E OS DIAS**: ritos e sociabilidades festivas. Rio de Janeiro: Contracapa, 2009. v. 1. 269 p.

CHAUI, Marilena de Souza. **Cultura e Democracia**: o discurso competente e outras falas. 13. ed. São Paulo: Cortez, 2006. 368 p.

CLIFFORD, Geertz. **A interpretação das culturas**. 1. ed. Rio de Janeiro: LTC, 1989. 323 p.

CLIFFORD, Geertz. **O saber local**: novos ensaios em antropologia interpretativa. Petrópolis: Vozes, 1997.

CLIFFORD, James. Museologia e Contra-história: viagens pela costa noroeste dos Estados Unidos. In: ABREU, Regina; CHAGAS, Mário. **Memória e Patrimônio**: ensaios contemporâneos. 2. ed. Rio de Janeiro: Lamparina, 2009. 309 p.

COMERFORD, John. Reuniões camponesas, sociabilidade e lutas simbólicas. In: PEIRANO, Marisa (org.). **O Dito e o Feito**: ensaios de antropologia dos rituais. Rio de Janeiro: Relume-Dumará: Núcleo de Antropologia da Política/UFRJ, 2002. v. 1. 228 p.

COMERFORD, John. **Como uma família**: sociabilidade, territórios de parentesco e sindicalismo rural. Rio de Janeiro: Relume Dumará, 2003. 202 p.

CUNHA, Manuela Carneiro da. **Cultura com aspas**: e outros ensaios. São Paulo: Cosac & Naify, 2009. 436 p.

DAGNINO, Evelina (org.). **Os anos 90**: política e sociedade no brasil. São Paulo: Brasiliense, 1994. 172 p.

DAMATTA, Roberto. **Carnavais, malandros e heróis**: por uma sociologia do dilema brasileiro. Rio de Janeiro: Zahar, 1979.

DAMATTA, Roberto. Individualidade e liminaridade: considerações sobre os ritos de passagem e a modernidade. **Mana**, [s. l.], v. 6, n. 1, p. 7-29, abr. 2000.

DAYRELL, Carlos Alberto. Rebeldia nos Sertões. **Agriculturas**: experiências em agroecologia, [s. l.], v. 8, n. 4, dez. 2011. Disponível em: https://aspta.org.br/files/2012/04/Agriculturas_DEZ2011.pdf. Acesso em: 12 dez. 2012.

DEAN., Warren. **A Ferro e Fogo**: a história e a devastação da Mata Atlântica brasileira. São Paulo: Companhia das Letras, 1996.

FELDMAN-BIANCO, Bela. Reinventando a localidade: Globalização heterogênea, escala da cidade e a incorporação desigual de migrantes transnacionais. **Horizontes Antropológicos**, Porto Alegre, 2015, n. 31, p. 19-50, jan./jun. 2009.

FRASER, Nancy. Reconhecimento sem ética? **Lua Nova**: Revista de Cultura e Política, [s. l.], n. 70, p. 101-138, 2007.

FREIRE, José Ribamar Bessa. A descoberta do museu pelos índios In: ABREU, Regina; CHAGAS, Mário. **Memória e Patrimônio**: ensaios contemporâneos. 2. ed. Rio de Janeiro: Lamparina, 2009. v. 1, p. 217-253.

FREIRE, Paulo. **Pedagogia da Autonomia** - Saberes Necessários à Prática Educativa. São Paulo: Paz e Terra., 1996.

FREUD, Sigmund. **Obras Completas**. Vol 23 - Moisés e o Monoteísmo, Esboço de Psicanálise e Outros Trabalhos (1937-1939). Disponível em: https://psicanaliseemformacao.com/freud-vol-23-moises-e-o-monoteismo-esboco-de-psicanalise-1937-1939-download/. Acesso em: 27 out. 2012.

GERHARDT, Cleyton Henrique. **Pesquisadores, Populações Locais e Áreas Protegidas**: entre a instabilidade dos "lados" e a multiplicidade estrutural das "posições". 2008. 542f. Tese (Doutorado em Desenvolvimento, Agricultura e Sociedade) – Universidade Federal Rural do Rio de Janeiro, Rio de Janeiro, 2008.

GOLDSTEIN, Ilana. Reflexões sobre a arte: o caso do musée branly. **Horizontes Antropológicos**, [s. l.], v. 14, n. 29, p. 279-314, jun. 2008.

GONÇALVES, José Reginaldo Santos. **A retórica da perda**. Os discursos do patrimônio cultural no Brasil. Rio de Janeiro: UFRJ: Iphan, 1996

GONÇALVES, José Reginaldo Santos. Ressonância, materialidade e subjetividade: as culturas como patrimônios. **Horizontes Antropológicos**, [s. l.], v. 11, n. 23, p. 15-36, jun. 2005.

GONÇALVES, José Reginaldo S.; CONTINS, Márcia. A Escassez e a Fartura: categorias cosmológicas e subjetividade nas festas do divino espírito santo entre imigrantes açorianos no Rio de Janeiro. *In:* CAVALCANTI, Maria Laura Viveiros de C.; GONÇALVES, José Reginaldo S. (org.). **As Festas e os Dias**: ritos e sociabilidades festivas. 1. ed. Rio de Janeiro: Contracapa- CNPq, 2009. v. 1, p. 11-35.

GONÇALVES, José Reginaldo S.; CONTINS, Márcia. Entre o Divino e os homens: a arte nas festas do divino espírito santo. **Horizontes Antropológicos**, [s. l.], v. 14, n. 29, p. 67-94, jun. 2008.

GRAMANI, Daniella da Cunha. **O aprendizado e a prática da rabeca no fandango caiçara**: estudo de caso com os rabequistas da família Pereira da comunidade do Ariri. 2009. Dissertação (Mestrado em Música) – Programa de Pós-Graduação em Música, Universidade Federal do Paraná, Curitiba, 2009.

GUIMARÃES, M. S. "Aspectos Coletivos das Relações de Consumo". **Jus**, [s. l.], 1 fev. 2003. Disponível em: http://jus.com.br/revista/texto/3789/aspectos-coletivos-das-relacoes-de-consumo#ixzz2LNhoBhG3. Acesso em: maio 2012.

HAESBAERT, Rogério. **O Mito da Desterritorialização**: do "fim dos territórios" à multiterritorialidade. 3. ed. Rio de Janeiro: Bertrand Brasil, 2004.

HALL, Stuart. **Identidade cultural na pós-modernidade**. 11. ed. Rio de Janeiro: DP&A, 2006. 104 p.

HOGAN, Daniel Joseph *et al*. Sustentabilidade no Vale do Ribeira (SP): conservação ambiental e melhoria das condições de vida da população. *In:* HOGAN, Daniel Joseph *et al*. (org.). **Migração e meio ambiente em São Paulo**: aspectos relevantes da dinâmica recente. Campinas: Núcleo de Estudos de População: Unicamp, 2000. p. 385-410.

HONNETH, Axel. **Luta por reconhecimento**: a gramática moral dos conflitos sociais. 2. ed. São Paulo: Ed. 34, 2003.

KANT DE LIMA, Roberto. **Pescadores de Itaipu**: meio ambiente, conflito e ritual no litoral do Estado do Rio de Janeiro. Rio de Janeiro: EDUFF, 1997. 331 p.

KUPER, Adam. **Cultura, a visão dos antropólogos**. Bauru, SP: Edusc, 2002.

LANGDON, Ester Jean. A fixação da narrativa: do mito para a poética de literatura oral. **Horizontes Antropológicos**, [*s. l.*], v. 5, n. 12, p. 13-36, dez. 1999.

LARA, Larissa Michelle. O SENTIDO ÉTICO-ESTÉTICO DO CORPO NA CULTURA POPULAR E A ESTRUTURAÇÃO DO CAMPO GESTUAL. **Movimento (Esefid/Ufrgs)**, [*s. l.*], Universidade Federal do Rio Grande do Sul, v. 13, n. 3, p. 111-129, 17 abr. 2008.

LATOUR, Bruno. **Jamais Fomos Modernos**. Rio de Janeiro: Editora 34, 1994. 152 p.

LEACH, Edmund R. Ritualization in man. Philosophical Transactions of the Royal Society of London. **Biological Sciences**, Series B, v. 251, n. 772, p. 403-408, 1966.

LÉPINE, Claude. **O inconsciente na Antropologia de Lévi-Strauss**. São Paulo: Ática, 1979.

L'ESTOILE, Benoit. **Du Musée de l'Homme au quai Branly**: les transformations des musées des Autres en France. Nouveaux Musées, Nouvelles Identités, Paris, França, 2006.

LEROY, Étienne. Juridicidade como categoria intercultural no contexto de mundialização. *In:* ENCONTRO NACIONAL DE ANTROPOLOGIA DO DIREITO REALIZADO NA FFLCH-USP, 2., 31 de agosto a 2 de setembro de 2011, São Paulo. **Anais** [...]. São Paulo: Universidade de São Paulo, 2011. CD-ROM.

LEROY, Jean Pierre. Territórios e bens comuns. **Revista Agriculturas**: experiências em agroecologia, [*s. l.*], v. 8, n. 4, dez 2011. Disponível em: http://aspta.org.br/revista-agriculturas/. Acesso em: 12 dez. 2012.

LÉVI-STRAUSS, Claude [1962]. **O pensamento selvagem**. Campinas: Papirus, 1997.

MALDONADO, Simone Carneiro. **Mestres & Mares**: espaço e indivisão na pesca marinha. São Paulo: Annablume, 1993. 194 p.

MALINOWSKI, Bronislaw. **Crime e costume na sociedade selvagem**. Brasília: Editora Universidade de Brasília, 2003. 100 p.

MANSANO, C. F. **Do tempo dos antigos ao tempo de hoje**: o caiçara de Cambury entre a terra e o mar. 1998. Dissertação (Mestrado em Educação) – Faculdade de Educação, UNICAMP, Campinas, 1998

MARCÍLIO, Maria Luiza. **Caiçara**: terra e população: estudo de demografia e da história social de Ubatuba. São Paulo: Editoras Paulinas: Cedhal, 1986. 244 p.

MONTEIRO, John M. **Tupis, Tapuias e Historiadores**: estudos de História Indígena e do Indigenismo. 2001. 235f. Tese (Doutorado em Antropologia) – IFCH, Unicamp, Campinas, 2001.

MONTEIRO, Fernanda Testa; FÁVERO, Claudenir. A luta dos(as) apanhadores(as) de flores sempre-vivas frente à expropriação territorial provocada por unidades de conservação de proteção integral da natureza. **Revista Agriculturas**: experiências em agroecologia, [s. l.], v. 8, n. 4, dez. 2011. Disponível em: http://aspta.org.br/revista-agriculturas/. Acesso em: 6 dez. 2012.

MORAES, Eduardo Jardim de. **Brasilidade Modernista**: sua dimensão filosófica. Rio de Janeiro: Edições Graal, 1978. 193 p.

MOURÃO, Fernando Augusto Albuquerque. **Os Pescadores do Litoral Sul do Estado de São Paulo**. 1971. 98f. Tese (Doutorado em Geografia Humana) – Faculdade de Filosofia, Letras e Ciências Humanas, Universidade de São Paulo, São Paulo, 1971.

MUSSOLINI, Gioconda. **Ensaios de antropologia indígena e caiçara**. Rio de Janeiro: Paz e Terra, 1980. 290 p.

OLIVEIRA, João Pacheco (org.). **A Viagem de Volta**: etnicidade, política e reelaboração cultural no nordeste indígena. Rio de Janeiro: Contracapa, 1999.

OLIVEIRA, João Pacheco. Uma etnologia dos "índios misturados"? Situação colonial, territorialização e fluxos culturais. **Mana**, [s. l.], v. 4, n. 1, p. 47-77, abr. 1998.

OLIVEIRA, Luís Roberto Cardoso de. A dimensão simbólica dos direitos e a análise de conflitos. **Revista de Antropologia**, [s. l.], Universidade de São Paulo,

Agência USP de Gestão da Informação Acadêmica (ÁGUIA), v. 53, n. 2, p. 451-473, 10 ago. 2012.

OLIVEIRA, Roberto Cardoso de. **Caminhos da identidade**: Ensaios sobre etnicidade e multiculturalismo. São Paulo: Editora Unesp: Paralelo, 2006.

ORTIZ, Renato. **Românticos e Folcloristas**. São Paulo: Olho D'Água, 1992. 102 p.

OSTROM, Elinor. **Governing the commons**: The evolution of institutions for collective action. Cambridge: Cambridge University Press, 1990.

PAREKH, Bhikhu. **Rethinking Multiculturalism**: Cultural Diversity and Political Theory, Houndmills London: Macmillan, 2000.

PEIRANO, Mariza (org.). **O dito e o feito**: ensaios de antropologia dos rituais. Rio de Janeiro: Relume-Dumará: Núcleo de Antropologia da Política: UFRJ, 2002.

PEIRANO, Mariza. **Rituais ontem e hoje**. Rio de Janeiro: Zahar, 2003.

PENTEADO JR, Wilson Rogério. **Uma trilha ao intangível: olhares sobre o jongo no espetáculo da brasilidade**. 2010. Tese (Doutorado em Antropologia Social) – Instituto de Filosofia e Ciências Humanas, Unicamp, Campinas, 2010.

PIMENTEL, Alexandre; GRAMANI, Daniella; CORREA, Joana (org.). **Museu Vivo do Fandango**. Rio de Janeiro: Associação Cultural Caburé, 2006.

PIMENTEL, Alexandre; PEREIRA, Edmundo; CORRÊA, Joana. Museu Vivo do Fandango: aproximações entre cultura, patrimônio e território. *In:* ENCONTRO ANUAL DA ANPOCS GT19 – "MEMÓRIA SOCIAL, MUSEUS E PATRIMÔNIOS", 35., Caxambu. **Anais** [...]. Caxambu: Anpocs, 2011.

PIMENTEL, Alexandre; PEREIRA, Edmundo; CORRÊA, Joana. **Museu Vivo do Fandango**. Rio de Janeiro: Associação Cultural Caburé, 2006.

QUEIROZ. Maria Isaura Pereira. Relatos orais: do "indivizível" ao "dizível". *In:* SIMPSON, Olga de Morais Von (org.). **Experimentos com histórias de vida (Itália-Brasil)**. São Paulo: Vértice, 1988. p. 14-43.

QUEIROZ, Renato da Silva. **Caipiras Negros no Vale do Ribeira**: Um Estudo de Antropologia Econômica. 2. ed. São Paulo: Editora da Universidade de São Paulo, 2006. 136 p.

RODRIGUES, Carmem Lúcia. **Limites do Consenso**: territórios polissêmicos na Mata Atlântica e gestão ambiental participativa. 2001. Tese (Doutorado em

Geografia Humana) – Faculdade de Filosofia Letras e Ciências Humanas, Universidade de São Paulo, São Paulo, 2001.

RODRIGUES, Carmem Lúcia. Abordagem Participativa e Arranjos Institucionais Voltados à Conservação na Mata Atlântica". *In:* ENCONTRO DA ASSOCIAÇÃO NACIONAL DE PÓS-GRADUAÇÃO E PESQUISA EM AMBIENTE E SOCIEDADE (ANPPAS), 4., 2008, Brasília. **Anais** [...]. Brasília: Associação Nacional de Pós-Graduação e Pesquisa em Ambiente e Sociedade – ANPPAS, 2008.

RODRIGUES, Carmem Lúcia; SILVA, André Luís Ferreira da. Processos de territorialização e articulação identitária em comunidades caiçaras na Mata Atlântica. *In:* REUNIÃO DE ANTROPOLOGIA DO MERCOSUL, 9., 2011, Curitiba. **Anais** [...]. Curitiba, 2011.

SAHLINS, Marshall. Por que a cultura não é um "objeto" em via de extinção. **Mana**, [s. l.], v. 3, n. 2, p. 103-150, out. 1997.

SAHLINS, Marshall. **Ilhas de História**. Rio de Janeiro: Zahar, 1990. 252 p.

SANT'ANA, Diegues Antonio Carlos. **O mito moderno da natureza intocada**. São Paulo: Hucitec, 1998.

SARKAR, Sahotra. Restaurando o Mundo Selvagem. *In:* DIEGUES, Antônio Carlos (org.). **Etnoconservação da Natureza**: enfoques alternativos. São Paulo: Hucitec: Nupaub-Usp, 2000. p. 47-65.

SCHRITZMEYER, Ana Lúcia Pastore. **Jogo, ritual e teatro**: um estudo antropológico do tribunal do júri. São Paulo: Terceiro Nome, 2012. 289 p.

SCHWARCZ, Lilian K. Mortiz. A Era dos Museus de Etnografia no Brasil: o Museu Paulista, o Museu Nacional e o Museu Paraense em finais do século XIX. *In:* FIGUEIREDO, Betânia Gonçalves; VIDAL, Diana Gonçalves (org.). **Museus**: dos gabinetes de curiosidades ao museu moderno. Belo Horizonte: Argumentum, 2005. p. 113-136.

SILVA, Rubens Alves da. Entre: a noção de performance e drama no campo das ciências sociais. **Horizontes Antropológicos**, [s. l.], v. 11, n. 24, p. 35-65, dez. 2005.

SILVA, André Luiz Ferreira da. **Onde os direitos ambientais sobrepõem direitos humanos na mata Atlântica brasileira**: Estudo a respeito da diversidade cultural em comunidades tradicionais sobrepostas por unidades de conservação no Vale do Ribeira, SP. 2012. Dissertação (Mestrado em Ecologia Aplicada) – Ecologia de Agroecossistemas, Universidade de São Paulo, Piracicaba, 2012.

SOUSA, Reginaldo Silva. Direitos Humanos através da História Recente em uma Perspectiva Antropológica. *In:* NOVAES, Regina; KANT, Roberto Kant de (org.) **Antropologia e Direitos Humanos**, Brasília, Associação Brasileira de Antropologia, 2003. 222 p. p. 47-80.

SILVA, Rubens Alves da. Entre: a noção de performance e drama no campo das ciências sociais. **Horizontes Antropológicos**, [s. l.], v. 11, n. 24, p. 35-65, dez. 2005.

TAMBIAH, Stanley J. **Culture, thought, and social action**: an anthropological perspective. 1. ed. Harvard University Press, 1985.

TAMBIAH, Stanley J. **Conflito Etnonacionalista e Violência Coletiva no Sul da Ásia**. Caxambu: Anpocs, 1976.

TAYLOR, Charles. A Política de Reconhecimento. *In:* TAYLOR, Charles (org.) **Multiculturalismo, examinando a política do reconhecimento**. Lisboa: Instituto Piaget, 1994. p. 45-93

TURNER, Victor W. **O Processo Ritual**: Estrutura e Antiestrutura. Petrópolis: Vozes, 1974. 248 p.

VANDER VELDEN, Felipe Ferreira. **Inquietas companhias**: sobre os animais de criação entre os Karitiana. 2010. Tese (Doutorado em Antropologia Social) – Instituto de Filosofia e Ciências Humanas, Unicamp, Campinas, 2010.

WAGNER, Roy. **The Invention of Culture**. 2. ed. Chicago: The University of Chicago Press, 1981. 168 p.

WOORTMANN, Klaas. "Com parente não se neguceia": o campesinato como ordem moral. **Anuário Antropológico**, Brasília, p. 11-73, 1987.

YOUNG, Robert C. J. **Postcolonialism**: An historical introduction. 1. ed. Oxford: Blackwell Publishing, 2001.

✼ ✼ ✼